권력과 풍수

땅으로 읽는 과거·현재·미래

권력과 風水

풍

수

김두규 지음

HOLIDAYBOOKS

땅과 사람의 삶에 대한 철학 이야기

풍수라고 하면 일반적으로는 잡술이나 미신에 다름없는 이야기라고 치부하거나, 발복을 위한 사상이라고 비판할지 모른다. 또 오늘날과 같이 우주에 로켓을 쏘아 올리는 과학시대에 무슨 풍수이야기냐고 말할지 모르나 이는 풍수에 대한 잘못된 인식에서 비롯된 것이다. 풍수지리는 고려시대 전반에 걸쳐 크게 유행하였으며, 조선시대에는 풍수가 지리학 시험과목으로 자리하고 있었을 정도로 학문의 한 부분을 차지하고 있었다.

단군신화에서 보이는 풍백風伯과 우사雨師, 운사雲師 등의 내용도 바람과 물의 중요함을 말해주고 있는 것이다. 이렇듯 바람과 물에 대한 관리는 고대부터 오늘날에 이르기까지 우리 삶에 있어 가장 중요한 화두이며, 자연환경과의 조화로운 해결을 위한 기초적이고 근본적인 문제인 것이다. 풍수는 한마디로 이야기해서 오랜 경험에서 얻은 교훈과 과학이며, 우리의 역사이고 문화이다.

이번에 간행된 김두규 교수의『권력과 풍수』는 그의 넓은 시야와 탁견으로 쓴 땅과 사람의 삶에 대한 철학 이야기이다. 풍수에서 바라본 땅의 환경과 사람이 가지는 운명, 인화와 믿음, 재앙 예방을 위한 비보(마음가짐) 등을 다룬 핵심 정보가 다양한 예시 및 해설과 함께 펼쳐진다. 이와 함께 건물과 조상 묘소의 입지를 통해 부와 권력을 얻고 또 유지하고자 했던 권력자들의 보이지 않는 심정을 엿보게 된 점에서 역사소설보다 더 큰 흥을 느낄 수 있다.

풍수를 경시하면서도 풍수에 기대려고 했던 이중적인 모습을 지닌 권력들에 대한 비판과 권력자가 은퇴한 뒤에 보여야 할 모습 등 도덕적 교훈도 담겨 있음은 물론이다. 인화를 강조하고 신중과 겸허함을 배울 수 있는 풍수의 가치가 우리에게 설득력 있게 다가온다. 풍수의 인문적 관심을 가지게 한 점에서 큰 의미를 지닌다 하겠다.

글쓴이는 학문으로서의 풍수지리를 천착해왔을 뿐만 아니라, 탁월한 이론과 시야를 가지고 능동적으로 활약하는 자타가 공인하는 큰 학자이다. 풍수와 관련된 현장을 국내는 물론 외국까지 직접 답사함으로서 이론과 실제가 얼마나 들어맞는지를 확인하고 주체적으로 설명하는 그 학문적 태도가 참으로 극진하다. 동·서양의 다양한 고전을 인용하는 폭 넓고 깊은 지식을 가졌으면서도 일반에게는 쉬운 개설서로 풍수에 대한 교육홍보에까지 힘쓰고 있다. 문화재 전문가로서는 문화재환경과 생태에 이르기까지 광범위한 자문활동을 펼치고 있는 그야말로 한국의 으뜸 지식인이다. 그를 통해 풍수는 우리의 전통문화로 자리매김 하게 되었다. 우리 풍수에 대해 관심을 가진 모든 분들에게 특별한 책으로 기억되도록 『권력과 풍수』의 일독을 권해 보며 추천사에 대신한다.

이건무

전 문화재청장 · 전 국립중앙박물관장

풍수 산책으로 자연 회복의 숨터를 찾으며

心齊 김두규 교수는 독일 뮌스터대학교(Universität Münster)에서 독문학·사회학·중국학을 공부하고 1991년 독문학으로 박사학위를 취득한 다재다능한 학자이다. 독문학을 전공하면서 또 한편으로 30여 년 전부터는 돌연변이처럼 우리 문화에 깊은 관심을 가지고 한국의 풍수지리, 국운과 풍수, 사주 이론 등을 연구하고 있는 대표적인 우리나라 민족문화학자(Ethnologist)로서 자리매김을 하고 있다.

김 교수는 종교학, 지리학, 인류학, 민속학 등 기존 대학의 교과 과정에서는 일정한 거리를 두고 있던 사주명리학, 풍수지리학의 이론과 역사, 활용 등에 있어 새 길을 개척하였다. 그는 다소 난해한 전통문화의 유산이라고 할 수 있는 풍수와 사주를 미신이나 주술, 요행의 울타리를 벗어나 삶의 이상적인 환경을 창조하는 실천과학의 한 방식이라고 설명한다. 특히 황토의 아들 시진핑의 동기감응론 실사구시 속 세계 제국건설이라는 중국몽을 꿈꾸는 것과 트럼프의 섬광같은 지혜로 동양 풍수를 버무려 비튼 부동산 무한증식의 서프라이즈는 별천지의 이론이 아닐까 생각한다.

점과 사주, 풍수 등 한국인이 즐겨 믿고, 좋아하면서도 혼자만 알고 싶어하는 '감추어진 문화(covert culture)'를 경험과학의 양지로 끌어내어 '나타난 문화(overt culture)'로 풀어낸 김두규 교수의 풍수 이론, 그리고 친절하게 안내해주는 설명에 독자들은 긍정의 고개를 끄덕일 것이다. 또 풍수와 권력, 세계화된 현대 풍수라는 주제에 대해서는 인문학과 생태지리학이 새로운 문화지평으로 만나는 소통과 감동을 만나게 할 것이다.

실상 나는 여기에 추천의 글을 쓰고 있지만 사주, 명리, 풍수지리에는 문외한이라고 할 수 있다. 하지만 이 책을 읽으면서 풍수를 새롭게 보는 개안開眼을 얻었을 수 있었다. 조상들의 지혜를 활용한 그의 학문이 발현하여 국토 재생이라는 큰 뜻 속에서 이 땅이 자연의 숨터로 거듭나고, 깨끗한 대기와 맑은 물, 산소 재생의 숲과 산으로 변화해 나갈 것을 기대한다.

국토 풍수지리의 본령인 한국의 대자연 속 산, 강, 땅이 생기를 얻고, 이용후생, 경세치용의 지식과 지혜를 바탕으로 자연 속의 생기生氣와 지기地氣를 되찾아 자연과의 공생, 상호 교섭을 통한 건강한 생명 에너지가 솟아나도록 해야 한다.

국토와 자연의 원천인 공기, 삼림, 흙, 강과 바다 등 전반에 온난화가 급속히 진행되면서 세상은 재앙의 수준에 이르렀다. 지진, 홍수, 산사태 등 자연재해가 끊임없이 일어나고, 그 바탕에는 무분별한 자연 파괴와 오염으로 인한 인위적인 재앙이 자리잡고 있다.

이런 죽어가는 폐허의 땅과 자연을 생명의 숨터로 재생시켜야 하는 책무가 우리에게 있다. 21세기 절체절명의 위기에 빠진 지구의 부활이 우리의 당면한 과제이며, 이것을 풍수지리의 원론으로 접근할 때 길을 찾을 수 있다고 생각한다.

풍수의 원리를 통해 자연 회복을 위한 영감과 교훈의 새로운 시작의 장이 마련되길 바라며, 그것이 긍정의 氣 에너지로 충만해질 것으로 믿으며 글을 마무리 짓겠다.

이종철

국립민속박물관 6·8대 관장 / 한국전통문화대 2·3대 총장

목차

1장 / 권력과 풍수

1. 트럼프는 어떻게 풍수를 활용하여 미국대통령이 되었는가?

트럼프 풍수 어록

2017년 11월 초 도널드 트럼프 미국 대통령이 방한하였다. 신문은 "한·미 외교 당국은 지난 7~8일 방한한 도널드 트럼프 미국 대통령이 국회의사당을 방문하는 길에 서울 여의도에 있는 '트럼프월드' 빌딩을 볼 수 있도록 동선을 짰다"고 보도하였다(조선일보 11월 28일자). '트럼프월드'는 사업가 시절 트럼프와 대우의 합작품이다. 트럼프는 세계적인 부동산 재벌, 그리고 이를 바탕으로 미국의 대권을 거머쥔 자수성가형 인물로 잘 알려져 있지만, 그의 성공에 풍수가 절대적이었음은 알려지지 않은 사실이다.

트럼프 풍수는 우리나라 것과는 다르다. 지금의 한국 풍수가 미신적 수준을 벗어나지 못하고 있는 데는 몇 가지 이유가 있다. 한국의 풍수술사들이 음택(묘지)풍수의 울타리를 벗어나지 못한 데다가, 풍수 원전(한문과 영어)들을 읽어내지 못하여 '텍스트' 해석과 응용을 할 수 없는 것이 가장 큰 원인이다. 반면 트럼프는 일찍이 사업차 홍콩과 중국 그리고 세계의 화상華商들과 접촉하면서 양택(주택) 풍수의 이점을 간파하고 이를 응용하여 부동산 개발에서 큰 성공을 거두었다. 머지않아 트럼프 풍수는 한국의 건축·조경·부동산·인테리어·부동산 투자와 개발에 큰 영향을 미칠 것으로 예상되기에 트럼프 풍수의 핵심을 소개한다.

트럼프가 처음부터 풍수를 안 것은 아니었다. 트럼프는 풍수와의 인연을 다음과 같이 소개한다.

사진 1 | 서울 여의도와 용산에 있는 '트럼프' 빌딩

"나(트럼프)는 아시아의 부호들에게 매우 비싼 아파트들을 분양 중이 었는데 갑자기 중단되었다. '풍수'라 불리는 어떤 것 때문이었다. 그 당시 결코 들어보지 못한 단어였다. 내가 물었다. 도대체 풍수가 무 엇인가?"

부동산 개발 및 투자에서 아시아 부호들에게 풍수가 필수임을 알게 된 그는 풍수를 적극 활용한다. 그리고 이 전략은 아시아 고객뿐만 아니라 세계적인 명사와 부호들에게 어필하여 '대박'을 터트린다. 트럼프는 평소 다음과 같은 말을 자주 한다.

"굳이 풍수를 믿어야 할 필요는 없어요. 그저 풍수를 이용해요. 왜 냐하면 그것이 돈을 벌어다 주기 때문이지요(I don't have to believe in

Feng Shui, I use it because it makes me money)."

이렇게도 말한다.

"당신은 풍수를 굳이 믿을 필요는 없어요. 나는 다만 그것이 돈이 되다는 것은 알지요*(You don't have to believe in Feng Shui, I just know it brings me money).*"

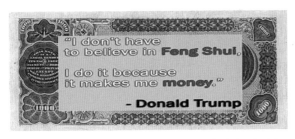

그는 '풍수란 사람이 살고 일하는데 필요한 이상적인 환경을 창조하는 실천 기준을 제공해주는 것'이라고 풍수를 정의한다.

사진 2 | 미국 야후에 자주 등장하는 '트럼프 풍수 어록' 가운데 하나(인터넷 캡처)

부동산업자로서 그의 목적은 '풍수를 통한 부동산 가치의 극대화'였다. 그는 풍수사들의 자문에 따라 건물 입구 디자인을 주변과 조화를 이루게 하였다. 심지어 풍수사들로 하여금 빌딩을 축복하게 하고, 방송에 출연시켜 홍보를 하게 하였다.

트럼프는 왜 부동산과 건축업에 투신하였는가?

도널드 트럼프는 부동산 및 건축업자였던 아버지 프레드 트럼프의 영향을 받아 부동산에 관심을 가졌으며, 일찍이 자신이 부동산 투자와 개발에 능력이 있음을 스스로 발견하였다. 그는 훌륭한 디자인을 통해 특별한 건물을 만들 때 쾌감을 느꼈고, 본능적으로 부동산이 큰 부자가 되는 지름길임을 터득하였다.

한국 재벌들 가운데에서도 부동산을 통해 성공한 이들이 적지 않다. 그러나 트럼프와는 다르다. "한국의 재벌들이 빠른 속도로 부를 축적하는 비결이 인근 지역의 개발이 이루어질 때 발생하는 천문학적 개발이익 덕분이다. 공장부지 등

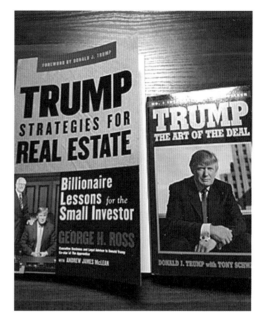

사진 3 | 트럼프 자신이 풍수를 자주 활용했다는 언술이 담긴 트럼프 저서들

순수한 업무용으로 부동산을 구입하기도 하지만, 투기용 부동산은 재벌로 가는 지름길이다."(강철규 전 공정거래위 위원장). 그렇다고 하여 땅을 통해 모두 재벌이 되는 것은 아니다. 부동산으로 인해 망한 기업이 한둘이 아니다.

땅과 사람과의 궁합이 맞아야 한다. 대만 출신으로 일본의 큰 기업가이자 동시에 기업 컨설턴트 및 주식의 대가로 이름을 날린 규에이칸丘永漢(1924-2012)은 말한다.

"주식에 궁합이 맞는 사람이 있고 그렇지 않은 사람이 있다. 증권에 맞지 않은 사람이라도 부동산에 투자한다던가, 사업을 하여 거부가 되는 것은 얼마든지 있다."

트럼프는 부동산과 궁합이 맞았고, 한국의 일부 재벌들처럼 편법에 의지하지 않고 직관과 풍수를 통해 세계적 재벌로 성공하였다. 게다가 그는 늘 냉철한 오성을 견지하도록 술과 담배를 하지 않았다. 천부적 능력·풍수·절제, 이 3가지가 그를 사업가로서 그리고 정치가로서 세계 최정상에 이르게 하였다. 트럼프는 부동산 투자 및 개발이 다음과 같은 이점을 다음과 같이 정리한다.

① 현금이 매달 들어온다.
② 은행들이 돈을 빌려주기 위해 줄을 선다.
③ 세입자가 대출금을 대신 갚아 준다.
④ 부동산 가치가 하락하는 일은 잘 일어나지 않는다.
⑤ 부동산 투자와 개발에는 합법적으로 세금을 피하는 방법들이 있으며, 세금을 안 내면 빨리 부자가 된다.
⑥ 부동산은 안전하게 투자하기에 좋은 대상이며 완전한 파산은 없다.

　부동산 투자와 개발 그리고 마케팅에 트럼프가 활용한 풍수는 구체적으로 어떤 것일까?

트럼프의 부동산 개발에서 중요한 3가지

　부동산 투자와 개발에서 가장 중요한 3가지가 있다. 그 3가지란 다름 아닌 '입지(location)·입지·입지'이다. 그만큼 입지가 중요하다는 뜻이다. 뉴욕시의 상징이자 '트럼프 오가니제이션'(트럼프 재벌의 총본부)의 상징인 '트럼프타워'도 그 시작은 입지였다. 맨해튼 5번로 725에 자리하는 위치와 418,064 ㎡에 달하는 연면적이 마음에 들었기 때문에 트럼프는 오랜 기다림과 협상 끝에 사들여 68층 최고급 주상복합단지를 만들었다. 본래 그곳은 본위트 텔러(Bonwit Teller)라는 11층의 허름한 건물이었다.

그런데 트럼프의 입지 결정에서 가장 중요한 것은 '뛰어난 전망'을 확보할 수 있는가 여부이다. "전망을 최대한 활용하여 아주 특별한 건물을 지어라."는 것이 트럼프의 핵심 철학이다. 전망이란 '내다보이는 풍경'을 말한다. 풍수의 핵

사진 4 | 미국 뉴욕 맨해튼의 트럼프타워(야후 미국 인터넷 캡처)

심 내용 가운데 하나가 좌향론坐向論이다. 좌坐는 건물이나 무덤이 등을 대고 있는 뒤쪽을 말하고, 향向은 건물이나 무덤이 마주하는 앞쪽을 말한다. 따라서 좌와 향은 서로 반대방향을 의미한다. 예컨대 자좌子坐는 건물이나 무덤이 등을 대는 중심축 방향이 정북正北임을 의미한다. 이 경우 그 반대방향, 즉 향向은 오향午向이 되는데 정남正南을 말한다. 따라서 무덤이나 건물에 향을 표기할 때 '자좌오향子坐午向'이라고 표기하기도 하지만, 子坐라고만 표기하기도 한다. 이 때 당연히 午向이 전제되기 때문이다. 청와대·경복궁의 경우 좌는 북악산이고 향은 광화문과 청계천이다.

그런데 풍수에서 좌향은 단순한 방향표기 이상의 철학적 의미가 있다. 좌는 뒤쪽으로 과거를 의미하며, 향은 앞쪽으로 미래를 의미한다. 좌는 지나온 과거·집안 내력·인물 등을 상징하며, 향은 그 집안이나 공동체

가 지향하는 미래를 나타낸다. 좌는 산 쪽을 가리키며 향은 들판과 물을 바라본다. 전통적으로 한국 풍수는 좌를 중시한다. 그러한 까닭에 무덤 앞 비석에도 좌만 표기하지 향은 표기하지 않는다. '산은 인물을 주관하고, 물은 재물을 주관한다山主人, 水主財.'는 풍수격언이 있다. 좌를 중시함은 훌륭한 인물의 배출을 염원하는 것이고, 물을 중시함은 재물의 번창을 염원함이다. 트럼프가 전망, 즉 향을 중시하는 것도 이와 같은 맥락에서 해석할 수 있다.

트럼프가 최고의 전망으로 꼽은 것은 무엇일까.

첫째, 강이나 바다, 즉 물이다. 풍수에서 '물은 재물을 주관한다.'고 하였다. 1970년대 중반, 트럼프가 뉴욕에서 부동산 개발을 시작할 때 남들이 거들떠보지 않던 땅에서 그는 성공가능성을 찾았다. 다름 아닌 허드슨강변의 버려진 땅이었다. "뉴욕에 있는 여러 부동산들 중 가장 나의 마음을 매료시켰던 것은 59번가에서 시작해서 72번가까지 허드슨강을 따라 쭉 이어진 거대한 철도 부지였는데, 그것은 당시만 해도 쓸모없이 방치되어 있었다." 트럼프는 이곳이 전망이 좋아 분양과 임대에 강점을 지닐 것으로 판단하였다. 모든 아파트를 서쪽이나 동쪽 혹은 양쪽 모두 허드슨강 쪽으로 시야가 탁 트이도록 지으면 전망이 좋을 뿐만 아니라 건물자체가 장엄하고 멋지게 보일 것이다. 거기에다가 세계 최고층 빌딩을 짓는다면 금상첨화가 될 것이라고 생각하였다.

트럼프의 이러한 기본 철학은 이후 모든 부동산 개발 및 빌딩건축에 적용된다. 예컨대 뉴욕 웨스트 34번가부터 39번가 사이에 있는 두 개의 부지를 매입한 것도 바로 강이라는 전망이 있었기 때문이다. 1997년 트럼프는 유엔본부 맞은편에 있는 허름한 2층 건물을 발견한다. 미국 엔지니어링협회가 소유하여 본부로 활용하고 있는데, 47번가와 48번가 사이에 있었다. 이스트리버라는 강이 훌륭한 전망을 제공할 것으로 판단한 트럼프는 이곳을 구입하여 '트럼프월드타워'(90층 높이지만 실제로는 72층)를 완공하여 5성급의 호화로운 아파트로 성공시킨다.

둘째, 입지가 좋다면 트럼프는 프리미엄 지급도 마다하지 않는다. "50-100%까지 돈을 더 주고서라도 기꺼이 땅을 구입하라."는 것이 트럼프의 지론이다. '트럼프월드타워'가 세워진 엔지니어링협회 건물도 마찬가지였다. 터무니없이 요구하는 가격을 트럼프는 기꺼이 지불하였다.

뉴욕 월스트리트 40번지에 있는 '트럼프오피스빌딩'도 높게만 지으면 뉴욕항이 잘 보일 것이라고 확신하고, 그 땅을 구입하기 위하여 소유주가 사는 독일까지 직접 가서 협상을 벌여 성사시킨다. '웨스트사이드타워' 역시 허드슨강이란 전망 때문에 건설되었다. 애틀랜틱에 있는 '트럼프플라자호텔카지노' 역시 주변의 다른 호텔과 달리 호텔의 방과 식당 위치를 바다가 내려다보이는 곳에 배치하여 성공시켰다. 이렇게 물(강과 바다)이 제공하는 전망이 확보된 빌딩들은 주변의 다른 빌딩보다 훨씬 높은 분양 및 임대료를 받게 되어 트럼프는 세계적 부동산 재벌이 되었다.

셋째, 자연적인 전망이 없을 경우 전망을 만든다. 그는 "미켈란젤로가 대리석 조각에 취미가 있었듯이 땅을 조각하는데 취미가 있는 사람도 있다."고 하였다. 바로 그 자신이 그렇다. 트럼프는 모든 것은 변할 수 있다고 확신하는 사람이다. 풍수 고전 『금낭경』의 핵심은 "시이군자탈신공개천명是以君子奪神功改天命"이란 문장이다. "이것(풍수)을 이용하여 통치자[君子]는 신이 하는 바를 빼앗아 하늘이 인간에게 부여한 운명을 고친다."는 뜻이다. 여기서 군자君子는 성현이 아닌 통치자 혹은 지도자를 의미한다. 이러한 의미에서 트럼프는 진정 동양풍수를 자기식대로 구현한 군자인 셈이다.

트럼프의 '전망 만들기'

트럼프의 인위적 전망 만들기에는 어떤 방법이 있을까?

첫째, 출입구를 경관이 아름다운 곳, 즉 강이 있는 쪽으로 낸다.

둘째, 전망을 확보하기 위해 대지를 인위적으로 높인다. 예컨대 플로리다 주에 있는 '트럼프인터내셔널골프클럽' 가운데 18개 코스의 대지를 80피트나 높여 그 일대에서 가장 높은 곳으로 만들었다. 이때 소요된 흙은 트럭으로 14만 4천 500대 분량이었지만 이로 인해 가장 값비싼 골프장이 되었다.

셋째, 더 확실한 전망확보의 방법으로 마천루(초고층아파트)를 짓는다. 건물을 높게 지으면 지을수록 전망도 더 좋아지고 아파트에 대한 값을 더 많이 매길 수 있다. 그에게 마천루(초고층건물)는 '돈 버는 기계(machine for making money)'였다. 한때 미국에서 가장 높았던 트럼프타워도 그와 같은 발상에서 건축되어 성공시켰다(트럼프타워는 영화감독 스티븐 스필버그가 입주하면서 유명세를 탔고, '어프렌티스·The Apprentice'라는 NBC TV 프로그램을 통해 이 빌딩이 소개되면서 더 유명해졌다). 1985년 트럼프가 뉴욕 웨스트사이드 강변 부지에 150층 세계 최고층 빌딩을 짓는다는 계획을 발표하자 미국인들은 환호하였고, 당시 '뉴욕타임즈'도 사설에서 이를 다룰 정도였다. 칼럼니스트 조지 윌은 다음과 같이 트럼프를 평가하였다.

"도널드 트럼프는 이성적인 인물은 아니다. 그렇지만 다행스럽게도 인간은 이성에 의지해서만 살 수 없다. 과도한 것이 미덕이 될 수 있다고 믿는 사람이 트럼프다. 그는 미국의 분출하는 에너지를 상징하는 맨해튼의 마천루와 같은 미국인이다. 그는 초고층빌딩은 필요 없다는 이유 때문에 필요하다고 말한다. 그는 건축상의 풍요가

우리를 유익하게 만든다고 믿는데 일리 있는 주장이다. 성급함과
열정 그리고 충동이 미국의 특성 중 일부이다."

'마천루 프로젝트'는 부동산업자로서의 성공뿐만 아니라 훗날 그가 정치적 지도자로서 성공할 수 있는 발판이 되었다. 2000년 전후 거품 경제의 붕괴, 9·11테러에 의한 무역센터 붕괴 등으로 미국의 자존심이 무너지고 있었다. 이때 트럼프는 "세계 최고층의 마천루를 미국으로!"라는 슬로건으로 미국인의 애국심을 자극하였다. 게다가 이 무렵 미국은 아시아에게 세계 제1의 마천루 자리를 빼앗겼다. 말레이시아 '페트로나스타워'(452m, 1998)가 당시 세계 제1의 마천루였다. 그것도 기독교 국가가 아닌 이슬람국가에서였다. 세계 최강국인 미국의 국민들에게 굴욕적 대사건이었다. 이때 트럼프는 시카고에 609m의 '뉴트럼프타워' 건설을 발표하였다(2009년 423m 높이로 축소 완공). 그의 주장인 "세계 제1의 마천루를 미국으로"는 다름 아닌 다시금 '미국을 세계 제1강국으로!'의 다른 표현이었다. 미국인들의 트럼프 선택은 예정된 일이었다.

넷째, 전망을 좋게 하는 또 하나의 인위적 방법은 빌딩 벽면의 다면화이다. '트럼프타워'는 '톱니디자인'식으로 빌딩을 28면으로 지었다. 들쭉날쭉한 톱니바퀴 모양의 건물 외벽은 기존의 박스형 건물들보다 더 많은 시야를 확보함과 동시에 시각적으로 외부인들의 관심을 끄는 효과가 있다. 외부에서 바라볼 때 인상적이고 눈에 띄는 빌딩이 되며, 내부에서는 전망을 확대한다. 우리나라에도 몇 개의 트럼프빌딩이 있다. 용산의 '대우트럼프월드' 역시 한강이란 강을 조망으로 하되 다면체로 하여 전망을 더 확대하였다.

이러한 벽면의 다면화는 풍수의 환상적 응용이다. 풍수에서 가장 이상적인 건물 벽면은 원형→팔각형→육각형→오각형→사각형(정사각형→직사각형→마름모꼴)→삼각형 순이다. 과거에는 원형 건물을 짓기에 기술적 어려움이 있기에 고작 8각형이 할 수 있는 최선이었다. 벽면을 다면화하는 것은 시공상 어려움이 많은데다가 표면적이 넓어지므로 더 많은 재료와 공사 기간을 필요로 한다. 트럼프는 좋은 재료에 돈 쓰는 것을 서슴지 않았다. 이를 공기 단축을 통해 공사비를 줄였다. 공기工期 단축을 위해서 보너스 제도를 활용한다. 단 며칠만이라도 공사 기간을 줄이면 그만큼 인건비를 줄일 수 있다는 것이 트럼프의 지론이다.

다섯째, 트럼프는 리노베이션을 부동산투자의 좋은 수단으로 활용하였다. 리노베이션은 신축보다 적은 돈으로 큰 효과를 얻을 수 있고 부동산 가치를 높이는 장점이 있다. 예컨대 허름한 빌딩을 인수해 개조·확장하거나 품질을 높이는 것도 하나의 방법이다. 이때 빌딩 출입구와 창문들을 더 크게 만들어 전망을 확보한다. 트럼프는 센트럴파크 사우스 100번지의 '바비존플라자'를 '트럼프파크'로 개명·개축하면서, 창문을 넓혀 밖에 있는 아름다운 경관을 그대로 빨아들이게 하였다. 이를 통해 트럼프는 간단히 1억불의 수익을 올렸다. 천장을 더 높게 하는 것도 전망확보에 도움이 된다.

여섯째, '아트리움' 만들기이다. 아트리움(atrium)이란 본디 로마 시대 주택의 중앙 뜰[中庭]을 일컫는 말이다. 풍수에서는 집이나 무덤 앞에 펼쳐지는 뜰(마당이나 논밭) 부분으로 '명당'이라 부른다. 경복궁의 경우 근정전 앞 품계석이 있는 곳을 말한다. 명당은 밝고 넓어야 한다. 그런데 초고층 건물 정문 앞에 드넓은 뜰을 만들 수 없기에 그것을 건물 내부에 끌어들인다. 트럼프는 '트럼프타워'를 지을 때 '아트리움'을 화려하게 만들었다. '브레시아 퍼니시'라는 화려한 대리석을 바닥 전부와 6층 벽에 깔

사진 5 | 트럼프타워 안의 화려한 아트리움(야후 미국 인터넷에서 캡처)

고 붙였다. 대리석 색상은 장밋빛·복숭앗빛·분홍빛이 조화를 이루게 하였다. 이를 통해 건물에 생기와 활기를 불어넣었다. 건축평론가들조차 이러한 아트리움을 보고 "가장 기분 좋은 실내 공간으로 따뜻하고 화려하고 기분을 좋게 만들어 준다."고 찬사를 아끼지 않았다. 당연히 이곳 아트리움에는 세계적인 명품(부첼라티·마르타·까르띠에·해리윈스턴)을 판매하는 소매업자들이 입주하였다. 이를 통해 트럼프는 투자대비 천문학적 이익을 남겼다.

일곱째, 반사거울 활용이다. 공간이 협소하거나 외부건물의 모서리가 뾰족하면 심리적 불편함을 야기한다. 풍수에서는 이를 극복하는 방법으로 거울을 활용한다. 홍콩에서 거울이 잘 팔리는 것은 바로 이러한 풍수적 이유 때문이라고 홍콩에서 오랫동안 금융인으로 활동하였던 남종원(전 JP모건 한국대표)은 말한다. 트럼프는 트럼프타워 아트리움 에스컬레이

터 양쪽 벽면에 반사거울을 사용하여 작은 중심공간을 훨씬 크고 인상적으로 만들었다.

여덟째, 작은 숲이나 정원 조성이다. 작은 숲이나 정원도 전망확보에 도움이 된다. 내 땅이 아니더라도 이웃에 있는 숲이나 공원이 좋은 전망을 제공한다. 트럼프는 뉴욕에 있는 센트럴파크를 훌륭한 전망으로 활용하였다. 공원이나 숲이 없는 경우, 건물 주변 혹은 테라스에 나무 몇 그루를 심어 이와 같은 효과를 창출한다. 트럼프타워 6층의 테라스에 작은 숲을 조성한 것도, 맨해튼 56번가와 5번가 코너에 위치한 5층 건물 정면에 전략적으로 나무를 심는 것도 한 예이다. 또 트럼프는 플로리다 팜비치에 있는 '트럼프인터내셔널골프클럽' 코스에 2,000그루 나무를 심게 하였는데, 이를 통해 훌륭한 전망을 창출하였다.

아홉째, 인공폭포 조성이다. 물이 돈의 기운을 유혹하는 훌륭한 수단임을 트럼프는 태생적으로 알았다. 그의 풍수 특징 가운데 하나가 물길 만들기였다. 트럼프타워의 아트리움에는 백만 달러를 들여 8피트 폭포수를 흘러내리게 하였는데, 벽에다 그림을 거는 것보다 훨씬 사람들의 관심을 끌었다. 풍수에서 물은 재물을 상징한다. 중국과 일본의 정원에 물이 필수 요소인 것은 바로 이와 같은 풍수관념 때문이다. 또 웨스트체스터골프장에 120피트 높이의 폭포수를 만드는데 700만 달러를 썼다. 그 결과 골프를 치지 않는 사람조차 이것을 구경하러 올 정도였고, 이곳 회원이 되려고 서로 경쟁할 정도였다.

트럼프 풍수의 특징: "신비한 분위기"를 지니게 하라!

트럼프 풍수의 핵심은 "신비한 분위기(mystical aura)"를 만드는 것이다. 풍수에서 말하는 이른바 생기生氣(vital energy)를 타게 하는 것이다. 그렇게 함으로써 트럼프가 지은 건물들에 세계적인 명사와 부호들이 입주하면서 그도 세계적인 부자가 되었다. 일부러 언론에 광고를 내는 것보다 생기가 가득한 땅과 건물을 만들어 사람들이 꼬이게 한 것이다. 마치 화려한 꽃을 피우게 함으로써 벌과 나비들이 찾아오게 하는 것과 마찬가지였다.

머지않아 한국의 부동산 개발에도 트럼프식 풍수가 수용될 것이다. 이미 그러한 트렌드로 가고 있다. 강변을 따라 수많은 아파트와 단독주택들이 들어서는 것도, 마천루가 하나둘씩 올라가는 것도 그 예이다. 거기에다가 트럼프가 활용하였던 세부적인 전망확보의 방법들이 수용되어 한국의 건축양식을 바꿀 것이라는 것도 충분히 예상 가능하다. 분명 트럼프는 풍수 역사를 새롭게 쓴 인물이다.

2. '황토의 아들' 시진핑 중국 주석과 풍수

세계 천자를 꿈꾸는 시진핑 주석

2017년 12월 중순 문재인 대통령이 중국을 방문하여 시진핑 주석과 정상회담을 가지면서 시 주석이 새삼 관심의 대상이 되었다. 2012년 말과 2013년 초 동양 3국에 새로운 지도자들이 등극하였다. 박근혜 전 대통령·시진핑 주석·아베 신조 총리가 그들이었다. 이들의 집권 시기가 몇 개월 차이로 비슷하였고 나이 또한 한두 살 차이이다(1952년·53년·54년생). 이들은 모두 최고 권력자의 자녀들이다.

5년 후인 2017년 12월 박근혜는 파면당하고 감옥으로 갔다. 나라 망신이다. 이와 달리 일본 아베 총리는 역대 수상으로서는 드물게 장기집권을 하다가 2021년에 수상직을 그만두었다.

반면, 2021년 현재까지도 강력한 '天子' 체제를 굳히며 세계 강국 미국과 맞상대한다. '中國'이란 뜻 자체가 '천하의 중심[中] 국가[國]'를 의미하고, '天子'는 하늘[天]의 아들[子]로서 천하의 유일한 권력자를 뜻한다. 세계의 유일한 임금이다.

> "시진핑 주석은 강력한 제국을 건설하였던 청나라 옹정제를 롤모델로 하여 위대한 중국문화의 부흥을 바탕으로 한 세계 제국 건설을 꿈꾸는데, 그것이 다름 아닌 '중국의 꿈[中國夢]'이다."
>
> 정영록, 서울대 국제대학원 교수

필자가 시진핑 주석에게 관심을 갖는 것은 그가 말하는 '황토의식黃土意識'과 풍수와의 관계이다. '황토의식'이란 무슨 뜻인가?

시진핑 주석의 '황토의식'

시진핑이 주석에 오르기 훨씬 전인 2002년 그는 『전국신서목全国新书目』이란 잡지에 「나는 황토땅의 아들이다我是黃土地的儿子」라는 회고문을 발표하였다. 중국 개국 공신인 시중쉰 부총리의 아들로서 부족한 것 없이 호화롭던 어린 시절을 보냈던 그가 15살 때 문화대혁명의 소용돌이 속에 상산하향上山下鄉을 당한다. 상산하향이란 1968년 12월 마오쩌둥 주석이 "지식청년[知青]은 농촌에 내려가 가난한 농민의 재교육을 받는 것이 필요하다"는 지시로 시작되어 1,600만여 명의 중고등학생이 농촌으로 내려가 노동에 참가한 사건을 말한다.

15살 소년 시진핑도 1969년 1월 산베이陝北(산시성) 량자허梁家河라는 오지 마을에서 22살까지 7년 동안 토굴[야오둥·窯洞]에서 생활하며 농민과 일체화가 된다. 「나는 황토땅의 아들이다」는 7년의 생활을 5,000여 자로 서술한 회고문이다. 처음 그곳에 내려갔을 때 득실거리는 이[蝨]·조악한 음식·힘든 노동 등을 견디지 못하였으나, 7년 동안 이곳에서 생활하면서 농민과 농민을 키워주는 황토와 하나가 된다.

> "나는 농민의 실사구시를 배웠고 (…) 그들 속에 생활하였고, 그들 속에 노동을 하여 그들과 나 사이의 구분이 없어졌다. (…) 20살 때 그들은 나를 서기로 뽑아주어 그들과 함께 우물과 방죽을 팠고 도로를 수리하였다. (…) 그곳은 나의 제2고향이 되었다. (…) 15살 나이로 이곳 황토에 왔을 때 나는 미망에 빠져 방황하였으나 22살 나이로 이곳 황토를 떠날 때 나는 이미 견고한 인생목표를 가졌고 자신감으로 충만하였다."

그는 옛 시인 정판교郑板桥(1693-1765)의 시 "청산은 소나무를 꽉 물어 놓아주지 않으니 본디 바위틈에 뿌리를 내렸네咬定青山不放松，立根原在破岩中"를 인용하여 22세 자신의 의식 상태를 표현하였다. 민중 속에 굳건히 뿌리를 내려 확고한 인생관과 국가관을 세웠다는 자신감의 표현이다. 황토는 자신의 뿌리이고 영혼이며, 인생의 출발점이었다. 이것이 시 주석의 '황토의식'이다.

'황토의식'과 풍수의 동기감응론

필자가 여기서 굳이 '의식'이란 용어를 인용한 것은 풍수의 동기감응과도 밀접한 관련을 맺고 있기 때문이다. 15살의 소년 시진핑과 량자허라는 황토와 그곳에 사는 농민은 전혀 별개의 대립적 관계였다. 베이징이라는 도시와 황토 량자허와도 대립적 관계로 설정된다. 그러나 7년 동안의 그곳 생활 속에서 소년 시진핑은 이전의 자아와 베이징을 버리고 농민화農民化하고 황토화黃土化한다. 헤겔(Hegel)의 이른바 "타자他者(여기서는 황토와 농민)"가 되면서 그 타자가 다시 자기 자신으로 자각되는 과정이다. 그렇지만 타자화他者化된다하여 자기 자신을 폐기하는 것은 아니다. 그곳 농민들은 처음에 경원시하던 그에게 다가와 베이징이라는 세계와 새로운 지식을 구한다. 상호 교호작용 속에 농민 역시 계몽되어 새로운 의식 세계로 진입한다.

풍수는 태어난 생가와 어린 시절을 보낸 고향이 그 사람에게 깊은 영향을 끼친다는 양택 풍수와, 조상의 무덤이 후손에게 영향을 끼친다는 음택 풍수로 대별된다. 현재 시중 술사들은 이를 잘못 이해하고 있다. '좋은 땅(주택과 무덤)에 살면 무조건 잘 되고, 나쁜 땅에 살면 재앙을 받는다.'는 오해가 바로 그것이다.

풍수의 동기감응론과 비슷한 관념은 서구철학자들에게서도 종종 드러난다. 말파스(J. Malpas; 호주 태즈메이니아 대학 철학과) 교수는 '인간의 정체성이 장소와 일정한 관계가 있다'고 전제하면서 땅이란 생명이 없는 것이 아니라 '능동적인 자연이며 인간화되고 인간화하는(humanized and humanizing)' 것으로 파악한다. 인간 스스로가 땅으로부터 '영향을 받을 수 있는 감수성(affectivity)'을 대지에게 열어놓아야 한다는 것이다. 즉 땅과 인간 사이의 대화와 감응을 전제한다.

풍수에서 말하는 동기감응론 역시 마찬가지이다. 인간이 땅에게 자신의 마음을 열어두어야 함을 전제한다. 15살의 어린 시진핑은 처음에는 '황토'를 받아들이지 못하고 석 달 만에 베이징으로 도망을 친다. 그러나 반년 만에 다시 돌아온다. 처음에 시진핑과 량자허에 온 지식청년은 모두 15명이었지만 그 사이 여러 방법과 수단을 동원하여 모두 떠나고 시진핑 혼자 남았다. 7년 동안 그는 황토를 인간화하고 체화하였다. 시진핑에게 그가 태어난 북경보다 이곳의 황토가 그의 심령心靈에 깊은 영향을 끼쳤다. 빈농貧農·하농下農·중농中農 가운데에서도 가장 가난한 빈농貧農 속에서 7년을 보낸 시진핑은 중국의 밑바닥과 하나가 되었다. 그렇게 그는 '황토의 아들'이 되었다.

시진핑 주석의 '황토'는 풍수상 어떤 곳일까? 풍수고전『탁옥부』는 "1년 현장 답사가 풍수서적을 10년 읽은 것보다 낫다遍觀一年勝讀十年"라고 현장 답사를 중시한다. 그 가르침에 따라 필자는 시진핑의 제2의 고향인 량자허와 부친 시중쉰의 생가와 초장지初葬地·이장지移葬地 등을 답사하였다.

황토와 풍수

시안西安에서 옌촨현延川縣 량자허라는 오지를 향해 출발하였다. 시안에서 400㎞ 거리였지만 협곡과 시골길이 많아 시간이 오래 걸렸다. 아침 6시 30분에 자동차로 출발하여 오후 2시 넘어서 도착하였다. 황토고원으로 끝없이 일자문성一字文星(산정상이 아주 길게 一字모양으로 이루어짐)의 산들만 보일 뿐이었다. 일자문성의 산들이 하늘과 맞닿아 있어 '산평선山平線'이란 단어를 연상케 하였다. 저런 산 아래 협곡에 사람이 살까? 하는 의문이 들었다.

도로 옆 곳곳에 "토양수분을 보존함이 국가와 인민에게 이익水土保持 利國利民"이라는 표어가 보였다. 절대적으로 물이 부족하기에 생겨난 표어이다. 황토고원은 물이 귀하여 이곳 사람들은 평생 딱 두 번, 즉 태어나서 그리고 결혼하기 전날 목욕을 하였다는 우스갯소리가 있다. 량자허도 황토협곡에 자리하고 있다. 집들은 황토협곡의 절벽에 굴을 판 토굴[야오둥·窯洞]들이다. 황토는 본디 진흙에서 모래까지 골고루 포함된 양토로서 물과 섞이면 비옥해져 경작에 좋은 땅이다. 그러나 물이 없는 황토는 단단하고 척박해져 만물을 키울 수 없는 외로운 땅이다. 게다가 바람 또한 드세다. 나무는 흙을 얻어야 뿌리를 내리고, 흙은 물어 얻어야 만물을 키울 수 있는데, 이곳은 물도 부족하고 바람이 드세어 나무조차 제대로 자랄 수 없는 곳이다.

사진 6 | 시진핑 주석이 15세부터 7년 동안 살았던 토굴[야오둥·窯洞](우)과 토굴 입구에 선 필자(좌)

15살 시진핑 소년은 이곳에서 샘과 방죽을 파야 했던 실존적 이유를 터득하였다. 사람 하나가 대지 위에 발을 딛고 살고자 할 때 얼마나 많은 환경 요소들이 필요한지를 알았고, 자기 위주가 아닌 사람들과의 단결만이 생존의 유일한 도리임을 몸으로 터득한다. 드센 바람[風]을 잠재워 갈무리[藏]하고 부족한 물[水]을 얻는[得] '장풍득수藏風得水', 즉 풍수 행위가 무엇인지를 체화한다. 풍수지리가 말하는 동기감응의 핵심 내용이다.

그러나 이것만으로 시진핑이 주석의 자리에 오르게 된 요인을 설명하기에는 부족하다. 시진핑 말고도 수많은 지식청년[知靑]들이 상산하향 활동을 하였기 때문이다. 또 하나의 결정적 풍수 요인이 있었다.

시진핑 부친 묘의 이장

2002년 5월 24일 시진핑 아버지 시중쉰习仲勋이 향년 89세로 사망한다. 시중쉰은 중국 공산당 개국 원로였다. 5월 30일 베이징 서쪽 바바오산八寶山 혁명공묘革命公墓에 안장된다. 이곳 바바오산은 '여덟 가지 보물이 나는 산'이란 지명이 암시하듯 명·청 두 왕조 이래 길지로 알려진 곳이다. 평지돌출平地突出의 낮은 언덕으로 정상에 오르면 사방이 다 전망된다. 죽은 자도 그 후손들도 이곳에 안장되는 것을 자랑으로 여긴다. 중화인민공화국이 수립된 이후 이곳은 혁명열사와 고급 간부들의 묘원으로 지정되었다. 주더朱德·취추바이瞿秋白·둥비우董必武·천이陈毅·천윈陈云·리셴녠李先念·런비스任弼时 등 중국혁명의 주역들뿐만 아니라, 6·25때 중국군 지원군 총사령관과 부사령관으로 참전하였던 펑더화이彭德怀와 양융杨勇의 무덤도 보인다. 한때 '중국천자' 자리를 두고 라이벌 관계였던 보시라이薄熙来의 아버지 보이보薄一波 전 부총리 부부의 무덤도 여기에 있다. 혁명 과정에 주요 역할을 하였던 인물들의 무덤을 볼 수가 있어 마치 한 권의

사진 7 | 중국 북경 바바오산[八寶山]에 있는 혁명열사묘[革命公墓]

'중국혁명사'가 이곳에 페이지를 펼치는 느낌이다.

그런데 사회주의 중국에서 드문 일이 발생하였다. 이러한 천하의 길지를 버리고 시진핑은 아버지 묘를 이장한다. 정확하게 세 번째 기일인 2005년 5월 24일 아침 유족들이 시중쉰의 유골을 들고 시안西安역에 도착한다. 미리 와 있던 아들 시진핑이 아버지 유골을 푸핑富平현 타오이촌陶藝村에 안장하였다. 푸핑현은 시안에서 약 75㎞ 떨어진 거리이다. 이날 이장식에서 시중쉰의 부인 치신齊心은 다음과 같은 유족대표 인사말을 한다.

> "(…) 시중쉰 동지가 마침내 광활한 황토땅黃土地인 고향으로 돌아왔
> 습니다. (…) 우리는 그의 유지를 받들어 각자의 업무에 최선을 다

하며 혁명 후손을 양성할 것입니다."

여기서 의미심장하게 들리는 것이 '황토땅'과 '혁명 후손 양성'이란 단어이다. '황토땅'은 시진핑 주석이 자주 언급했던 말이다. 그렇다면 '혁명 후손 양성'에서 그 '후손'은 누구를 지칭할까?

"장안(시안)을 얻으면 천하를 얻는다."

왜 시안으로 이장을 하였을까?

시안은 시중쉰 부총리가 나서 자란 고향이기도 하지만, 1926년 13살의 나이로 혁명에 참가하여 1952년 베이징 중앙정부로 가기 전까지 활동하였던 정치적 고향이다. 그는 이곳에서 서북왕西北王으로 불렸다. 죽어서 다시 돌아온 것이다. 그런데 시안은 단순히 그의 고향이자 정치적 근거라는 물리적 공간 그 이상의 장소성場所性이 있다.

'장안을 얻으면 천하를 얻는다得長安得天下.'는 말이 전해진다. 장안은 시안西安의 옛 이름으로, 풍수 고전 『감룡경』은 "시안(장안) 일대가 태미원太微垣의 정기가 서려있기에 천자의 도읍지가 되었다"고 말한다. 태미원이란 자미원·태미원·천시원의 삼원三垣 가운데 하나로서 천제天帝가 정치를 펼치는 곳이다.

전통적으로 중국의 역대 왕조들이 가장 선호하였던 도읍지 3개가 있다. 베이징과 난징 그리고 시안(장안)이다. 그런데 난징은 이곳에 도읍을 세운 왕조마다 망했다. 장제스의 국민당 정부도 마찬가지였다. 명나라를 세운 주원장(홍무제)이 난징에 도읍을 정했지만, 후계자이자 손자인 주윤문(건문제)은 재위 4년 만에 삼촌인 주체(영락제)에게 천자 자리를 빼앗긴다. 난징에서 망한 것이다. 3대 천자 주체(영락제)는 도읍을 난징에서 베

사진 8 | 시안西安 푸핑富平현에 안장된 시진핑 아버지 시중쉰 부총리 묘

이징으로 옮겨버린다. 진시황이 천자의 기운이 서린 것을 보고 맥을 잘라 버렸기에 그렇다는 전설이 전해진다. 따라서 베이징과 시안만이 역대왕조들이 선호했던 도읍지이다. 그러한 까닭에 시안은 중국 여러 왕조의도읍지가 되었으며, 천하를 도모하였던 수많은 영웅호걸들이 시안을 취하려고 하였다.

시진핑 부친 묘 풍수 독법讀法

시안에 부친 묘를 이장한 뒤 8년 후, 시진핑은 '중국의 천자'로 등극하였다. 풍수상 시중쉰의 이장된 묘는 어떠할까? 시주석 부친묘는 푸핑현 중심지에서 2㎞ 쯤 떨어진 외곽에 자리하는데, 가는 길목마다 '산시성 애국주의 교육기지'라는 안내판이 있다. 시중쉰 묘역을 가리키는 안내판이다.

평지 풍수이기에 땅을 읽어내기가 쉽지 않다. 그러나 후덕한 내룡(지맥)이 어슴푸레 평원 위에 뻗어 있음을 알 수 있다. 산이나 언덕조차 없는허허벌판에 숨어 있던 용이 자신의 모습을 드러내는 이른바『주역』건괘의 '현룡재전見龍在田'의 땅이다. '나타난[見] 용龍이 밭에 있음在田'이란 지도자[龍] 자격을 인정해주는 세력이 있어 나타났지만[見], 아직 전 사회적 지지를 얻지 못하는 낮은 단계에 있으므로(밭에 있음), 자기를 후원해줄 큰 어른[大人]을 만나는 것이 이롭다'는 뜻이다.

이를 위해서는 어떻게 해야 하는가?『주역』건 괘는 말한다. "나타난 용이 밭에 있음[見龍在田]은 덕의 베품을 널리 하는

사진 9 | 시진핑 주석 아버지 시중쉰이 태어난 곳(대나무 빗자루 있는 방에서 태어남: 마당의 나무는 시중쉰이 태어날 때에도 있었다 함).

것이다德施普也." 널리 덕을 베풀어 대중을 제도하겠다博施濟衆는 뜻과 자신의 소문을 듣고 함께 일어나주기를開風興起 염원하는 것이다. 이것이 바로 군자의 덕[君德]인데, 여기서 말하는 군자는 통치자를 말한다. 제왕지지帝王之地이다.

묘역 조경 또한 예사롭지 않다. 바바오산 혁명공묘에 안장된 시중쉰 동지들의 무덤과는 규모와 질에 있어서 현격한 차이를 보여준다. 단순 조경작업이 아니라 고도의 풍수 행위가 드러난다. 우선 시중쉰의 유골과 석상이 안치된 뒤쪽에 나무를 겹겹이 심어 주산을 돋우었다. 일종의 비보 숲이다. '산을 인물을 주관하고 물은 재물을 주관한다山主人水主財'는 풍수격언이 있다. 중국인들이 풍수에서 선호하는 물은 보이지 않는다. 재물보다 명예를 추구하는 자리임을 말해준다. 주산 뒤로는 용이 머리를 들이민 입수入首의 흔적을 뚜렷하게 살린다. 주산 좌우로 또 숲을 조성하여 청룡·백호를 만들었다. 또 안치된 유골과 석상 앞은 평평한 공간, 즉 명당明堂을 만들었다. 본디 명당은 제후가 천자를 알현하는 공간인데, 지

금은 수많은 방문객이 참배를 하는 공간이다. 필자가 이곳을 답사하던 날도 수많은 참배객들이 줄을 이었다. 명당 앞으로 주작대로가 길게 펼쳐진다.

조성된 비보 숲에 식재된 수종을 살펴보면 묘 주인의 의도를 알 수 있다. 이곳에는 소나무·향나무·측백나무 등이 묘역을 둘러싸고 있으며, 그보다 조금 떨어진 곳에 모란 밭을 조성하고 있다. 소나무는 뭇나무의 어른[宗老]이다. 또 거북 등처럼 툭툭 갈라지는 소나무 껍질은 현무[玄武]를 상징한다. 향나무는 예부터 사당이나 왕릉에 한두 그루씩 심는 나무이다. 측백은 불로장생을 상징하는 신선의 나무이고, 모란은 꽃의 왕[花中之王]을 상징한다.

묘역의 공간구성은 역대 황릉의 작은 축소판이다(참고로 2013년 5월 이곳을 답사하였을 때는 묘역 안을 자유롭게 참배할 수 있었고, 사진 촬영도 자유로웠으나 2년 후인 2015년 다시 이곳을 찾았을 때는 외국인에게는 참관이 허용되지 않았다).

시진핑이 부친 묘를 이장할 때 그는 저장성 서기로 중요 정치인이었으나 몇 년 후 중국의 천자가 될 것을 아무도 예상하지 못하였다(2005년 저장성 서기→2007년 정치국 상무위원→2008년 부주석→2012년 11월 주석).

시진핑을 '중국 천자'로 만든 결정적 요인은 운명인가 풍수인가?

전통적으로 중국인들은 한 사람의 흥망성쇠에는 다섯 가지 요인이 작용한다고 믿는다. 다섯 가지를 중요도에 따라 열거하면 다음과 같다.

일명一命.

이운二運.

삼풍수三風水.

사적음덕四積陰德.

오독서五讀書.

첫째는 명命이다. 금수저·흙수저로 태어난 것도 명이다. 시진핑이 1953년 베이징에서 태어났을 때 아버지 시중쉰은 중국 중앙선전부장이었고, 시진핑이 여섯 살이었을 때는 부총리였다. 권력의 핵심층이었다. 시진핑의 명은 참으로 좋았다. 행복한 어린 시절을 보냈다. 그것은 그의 명이었다.

둘째는 운運이다. 같은 명으로 태어났어도 시간의 흐름에 따라 좋고 나쁨이 달라진다. 가는 길이 다르면 훗날 삶의 결과는 달라진다. 1965년 아버지 시중쉰이 부총리에서 뤄양의 기계공장으로 내쳐졌을 때 시진핑의 운은 험난한 길을 예고한다. 1969년 15살의 시진핑이 부모형제와 헤어져 량자허에서 가난한 농민들과 힘든 노동을 해야 했을 때 그의 운은 최악이었다. 그러나 그것 또한 하나의 반전이었다.

한 개인의 흥망성쇠에 영향을 주는 세 번째 요인이 풍수風水이다. 어느 곳에 터를 잡느냐에 따라 한 사람의 성공과 실패가 좌우된다. 시진핑이 '지식청년[知靑]'으로 량자허로 갔을 때 그의 운은 최악이자 가장 나쁜 터에 처했다. 그런데 반전이 일어난다. 그곳에서 7년 동안 농민과 함께 하면서 '황토의 아들'로 거듭난다. 함께 왔던 다른 14명이 여러 방법과 수단을 동원하여 떠났지만 그는 끝까지 남아 '황토의 아들'이 된다.

중국전문가 정영록(서울대 국제대학원·전 주중공사) 교수는 '7년 동안 량자허에서 최후의 1인으로 견뎌낸 점, 바로 이 부분에서 시진핑이 주석이 되는 데에 다른 라이벌들, 특히 보시라이가 감히 넘볼 수 없는 절대적 강점을 확보했다.'고 밝힌다. 또한 그는 다른 라이벌과 달리 아버지 무덤을 베이징에서 시안으로 이장을 하는데, 바로 이 점 역시 사회주의 중국에서 매우 이례적 사건이었음을 앞에서 소개하였다. 시진핑의 부친 묘소는 풍수의 전통을 그대로 수용한 곳에 자리했다.

인간의 흥망성쇠에 영향을 주는 네 번째 요소는 음덕 쌓기이다積陰德. 인맥 쌓기의 다른 말이다. 이 부분은 시진핑의 다른 라이벌과 다를 바 없을 것이다.

성공에 영향을 주는 마지막 다섯 번째 요인은 공부이다讀書. 공부를 잘하면 인생 초반에는 분명 유리하게 작용한다. 그러나 나이 50쯤 되면 공부를 잘한 사람이나 못한 사람 모두 평준화되거나 역전되기도 한다. 시진핑은 15살 이후 공부할 기회를 놓쳤다. 22살인 1975년 칭화清華대학에 농민 자격으로 입학을 하지만 공부에 애를 먹었다. 그에게 있어 학교공부는 그리 결정적인 것은 아니었다. 그가 칭화대학에 입학할 수 있었던 것도 공부를 잘해서가 아니라 농민 자격 덕분이었다. 그가 량자허라는 오지에서 농민으로 거듭난 덕분이었다. 따라서 이 역시 세 번째 요인, 즉 풍수 덕분이었다고 말할 수 있다.

G2의 첫 번째 지도자인 트럼프 미국 대통령이 실용적 풍수를 통해서 세계적인 부동산 재벌이 되었고 이를 바탕으로 대통령이 되었다. 시진핑 주석은 전통적 풍수를 통해 그 음덕으로 '중국의 천자'가 되었다.

3. 제왕의 풍수학
-대통령이 누가 될지 풍수로 알 수 있는가?-

봉황이 알을 낳는 자리?

2015년 11월 하순 어느 날, 구로동 어느 음식점에서 필자는 풍수학자 최창조(전 서울대) 교수와 노자키 미쓰히코野崎充彦 일본 오사카시립대大阪市立大(한국고전문학) 교수와 점심을 하던 중이었다. 노자키 교수가 잠시 한국을 방문하였기에 셋이 자리를 한 것이다. 마침 그날은 며칠 전 타계한 김영삼 전 대통령의 장례가 끝난 직후라 TV에서 김영삼 전 대통령 생애와 무덤에 대해 패널들이 이야기를 하고 있었다. 그 가운데 많은 사람들의 관심을 끌었던 것은 동작동 현충원에 안장된 김영삼 전 대통령의 무덤 터였다. '봉황이 알을 낳은 자리'라고 그 자리를 잡았던 풍수 술사 모씨의 인터뷰가 방송 중에 잠깐 삽입·소개되었다. 그 증거로 '광중에서 일곱 개의 큰 바위들이 나왔는데 바로 그 바위들이 봉황의 알'이라는 것이다.

TV화면을 보던 최창조 교수는 모씨의 인터뷰가 끝나자마자 "봉황이 알을 일곱 개 낳았다고? 그 봉황, 항문 파열로 죽겠는데…"라고 평을 하였다. 물론 농담이었지만 김 전 대통령 후손들이 이 말을 들었으면 어쨌을까? 이 말을 듣던 노자키 교수는 "왜 대통령들이 풍수상 길지에 묻히고자 하는 것일까요?"라고 진지하게 물었다. 이에 최 교수는 망설임 없이 "자기 후손 잘되기를 바라기 때문이지요."라고 답변하였다.

권력자들이 풍수상 길지에 쓰고자 하는 이기적 목적을 직설적으로 밝힌 것이다. 또 그가 '봉황의 항문 파열'이라는 다소 과격한 발언을 한 근거는 풍수에서 광중에 돌이 나오는 것은 흉지임을 증명하는 금기사항이기 때문이다.

조선왕조에서 돌이 나온 땅을 왕릉으로 소점한 지관들이 곤장을 맞아 죽거나 유배를 당한 적이 몇 번 있었다. 조선 중종 때 성담기와 황득정이라는 풍수 관리가 돌이 나온 곳을 왕비(장경왕후 윤씨)의 능 자리로 잡았다는 이유로 곤장을 맞아 죽었다. 1901년에는 풍수 관리 6인이 장기 유배형을 받았다. 명성황후 능역 조성 중 광중에서 '돌흔적[石痕]'이 보였다는 이유였다. 그만큼 광중의 돌은 흉지[凶地]의 상징이었다. 그런데 김 전 대통령 묘지를 선정한 모씨는 그 돌이 다름 아닌 '봉황의 알'이라고 언론에 호도하였고 언론들은 이를 대서특필한 것이다. 당시 동아일보 안영배 기자(풍수학 박사)는 이것을 '뻥풍수(사기풍수)'의 전형이라고 평하였다. 그런데 또 그 술사는 그 무렵 박정희 대통령 묘를 재정비하였다고 한다. 자칭 '국장[國葬]을 주관'한 사람이라고 자랑하였다. 이에 대해서도 "까닭 없이 묘를 건드리는 것은 아니다"면서 최 교수는 모씨의 행위에 큰일 낼 사람이라는 반응을 보였다. 그로부터 1년 후 그 딸 박근혜 전 대통령이 파면되고 구속되는 사건이 벌어졌다. 까닭 없이 묘지를 건드렸던 것과 파면과는 어떤 관련이 있을까? 언제 최 교수를 만나면 한번 물어보고 싶다.

중국 천자들의 풍수 사랑

지금부터 1,400여 년 전, 소길[蕭吉]이란 학자가 있었다. 그는 멸망한 양나라 무제[梁武帝]의 형 장사선무왕[長沙宣武王]의 손자였다. 왕족의 후손이다. 박학다식하여 음양과 풍수지리에도 능했으나 자존심이 강하여 조정 대신들과 어울리지 못하였다. 그 때문에 그는 권력의 주변을 맴돌 뿐이었다. 권력의 핵심으로 들어가기 위해 소길은 자신이 터득한 풍수설을 활용한다. 서기 594년 그는 수문제[隋文帝]에게 그해의 황제 운이 아주 좋다는 글을 올려 황제의 신임을 얻는다.

"금년(594)은 갑인년입니다. 11월 초하룻날이 육십갑자로 신유일로서 동짓날이 되기도 합니다(고대 중국에서는 음력 11월 초하루에 동지가 드는 것이 20년 만에 한번 씩 돌아오기 때문에 아주 좋은 경사로 여겼다). 음양서 『낙줍도징』에 '동짓날이 초하루에 들면 임금에게 하늘의 큰 복이 내린다'고 하였습니다. 이제 황제께서 즉위하시어 이와 같은 복날을 맞이하니 이것이 폐하의 경사입니다."

『수서·隋書』: 이하 인용문 출전도 같음

소길의 글을 읽은 황제(수문제)는 큰 선물을 내렸다. 얼마 후 수문제의 부인 헌황후獻皇后가 죽었다. 황제는 소길로 하여금 장지를 잡게 하였다. 소길은 무산葂山 땅을 소점하면서 황제에게 말했다.

"이곳은 2천년지지二千年之地에 자자손손 2백세 후손까지 보존해줄 자리입니다."

이에 황제는 다음과 같이 편잔을 주었다.

"길흉화복이란 인간에게 있지, 땅의 좋고 나쁨에 있지 않다. 북제北齊의 황제 고위高緯가 그 아버지를 장사지내면서 어찌 명당을 고르지 않았겠느냐? 그럼에도 고위가 다스리던 나라는 얼마 가지 않아 망했다. 만약 우리 집안 선조 무덤 자리가 나쁘다고 한다면, 나는 천자가 될 수 없었을 것이다. 또 만약 흉하지 않다면 왜 내 동생은 전쟁에서 죽었는가?"

황제는 묘지와 인간의 길흉화복이 관계없다는 전제에서 풍수학자 소길을 비웃었다. 그러나 수문제의 다음 태도가 흥미롭다. 그렇게 말해놓고도 끝내는 소길의 말을 따랐을 뿐만 아니라 소길에게 큰 상을 내렸다. 자기 부인 헌황후의 무덤자리에 대한 다른 대안이 없어서였을까, 아니면 풍수설을 은근 믿어서였을까?

수나라 황실 이야기를 좀 더 소개하자. 수문제보다 좀 더 솔직한 사람은 그 둘째 아들 방릉왕房陵王이었다. 어머니(헌황후) 장지 선정에 소길이 관여함을 알고 그에 접근하여 다음과 같이 말한다.

> *"내가 빨리 천자의 자리에 오를 수 있도록 자리를 잡아주시오. 내가*
> *천자가 되면 마땅히 그대를 부귀로 보답하겠소."*

방릉왕의 은밀한 부탁을 받은 소길은 그가 황제가 될 자리를 잡아주며 말했다. "4년 후에 황제가 될 것입니다." 4년 후인 604년 수문제가 죽자 방릉왕이 황제의 자리에 올랐다. 바로 수양제煬帝이다. 양제는 소길의 공을 높이 인정하여 태부소경의 벼슬을 주었다. 비록 정사正史에 수록된 이야기이지만 모두 믿을 수는 없다. 세월이 흐르면 늘 부풀려지는 것이 '도사'들의 과장된 이야기이기 때문이다. 그러나 많은 부분은 역사적 사실이다.

20세기 초의 일이다. 중국 난징南京 자금산紫禁山에 가면 중국의 국부 쑨원孫文의 무덤인 중산릉中山陵이 자리하고 있다. 쑨원이 생전에 직접 잡아 놓은 자리이다. 그가 불행하게도 베이징 부근에서 병으로 임종을 할 즈음 가족과 측근들이 사후 장지를 어디로 할 것인가에 대해 의견이 분분하였다. 이때 의식이 가물거리던 쑨원이 희미하게 이들의 대화를 듣고 벌떡 일어나 말했다. "나를 난징 자금산 신후지지에 묻어주시오." 그리고 얼마 후 죽었다. 얼마나 쑨원이 난징 자금산 터를 소중히 했는지를 이야기한 에피소드이다. 쑨원의 무덤 중산릉은 그렇게 만들어졌다.

실제로 그곳을 답사해 본 사람이라면 풍수 문외한이 보아도 참으로 좋은 자리임을 인정할 것이다. 뒷산은 일자一字모양인 토형土形의 산이다. 오행상 토는 중앙이자 황제를 상징하며, 일자모양의 산은 임금을 배출할 땅이라고 한다. 쑨원의 무덤에 서서 앞을 바라보면 좌우와 앞의 수많은 산들이 머리를 조아리고 절을 하는 모습이다. 이른바 뭇 신하들이 임금에게 절을 하는 군신봉조형群臣奉朝形의 길지이다.

쑨원의 후계자가 장제스蔣介石다. 그는 쑨원을 존경하기에 자신도 그의 옆에 묻히고 싶다면서 중산릉이 조성된 직후부터 이곳을 자주 들려 자신의 무덤 자리를 찾았다. 중산릉 좌측(정면에서 바라볼 때)의 다른 지맥에 자

사진 10 | 중국 난징 자금산에 자리한 쑨원 무덤 '중산릉'

신의 무덤자리를 잡고 그 표지로 정자를 세워놓았다. 정자 이름을 '바른 기운이 흐르는 곳'이란 뜻의 '정기정正氣亭'이라고 지었다. 쑨원을 존경하기에 쑨원의 무덤 중산릉보다 등고선상 조금 낮은 자리에 잡았다고 그는 말하였다. 그러나 실제로는 조금 높거나 거의 같다고 한다. 자신이 중국 역사에서 쑨원보다 더 높은 권력을 쥐고자 하는 속마음의 반영이다. 장제스가 자신의 무덤자리로 정해놓은 곳은 풍수상 중산릉 못지않게 절묘하다. 주산(산 정상)인 중산릉과 마찬가지로 일자一字모양으로 오행상 토형土形에 속한다. 산 정상에서 무덤자리로 이어지는 중간 부분에 작은 봉우리가 하나 맺혔는데, 종을 엎어놓은 듯한 모양으로 오행상 금형金形에 속한다. 그리고 무덤자리가 정해지고 다시 그 아래로 수 백m 내려가면 자하호紫霞湖라는 호수가 있다. 1930년대 장제스의 지시로 만들어진 인공호수이다. 흐르는 지기를 멈추게 하는 진압풍수의 흔적이다. 산 정상에서

사진 11 | 중국 난징 자금산에 있는 장제스의 신후지지 '정기정正氣亭'

호수까지 오행의 상생관계, 즉 토土→금金→수水를 만들어 생생불식生生不息으로 좋은 기운이 끊이지 않게 하였다. 이렇듯 장제스는 생전에 자신이 묻힐 천하의 명당을 잡아놓았지만 마오쩌둥의 공산당에 의해 타이완으로 쫓겨나면서 그 자리에 묻히지 못하고 만다. 아직도 그 자리는 주인을 기다리며 그대로 있다.

중산릉(쑨원 무덤)과 정기정(장제스 신후지지)身後之地 좌측(정면에서 보아) 산줄기가 밑으로 쭉 내려오는 곳에 황릉이 하나 있다. 다름 아닌 명나라 창업자 주원장의 무덤 효릉孝陵이다. 주원장이 생전에 심혈을 기울여 잡은 길지이다. 그런데 수 백 년 후 쑨원과 장제스는 효릉보다 등고선상 더 높은 곳에 자신들의 무덤 자리를 잡는다. 쑨원은 주원장보다 더 높은 권력을 갖겠다는 야심을 보였다. 또 그 후계자 장제스는 쑨원과 동급 혹은 약간 더 큰 권력을 갖기를 원했음은 그가 잡은 무덤 터의 입지에서 드러난다.

다시 주원장의 이야기이다. 원래 이곳 자금산에는 『삼국지』의 주인공 오나라 임금 손권의 무덤이 있었다. 당연히 손권도 당시 최고의 길지를 찾아 이곳에 자신의 무덤을 쓰게 하였다. 그러나 1,000년 세월이 흐르면서 손권도 오나라도 역사에서 사라졌고 무덤 흔적만이 남아 있었다. 주원장은 이곳에 자신의 무덤을 잡을 때 손권의 무덤이 있음을 알게 되었다. 신하들이 손권의 무덤을 없애자는 의견을 내자 주원장은 말했다. "내 두어라. 내 발밑에서 시중이나 들게 하자." 주원장도 손권보다 더 높은 곳에 자리하기를 원했다. 비록 동시대인은 아니나, 손권·주

사진 12 | 명태조 주원장 무덤 효릉

원장·쑨원·장제스 그들은 자금산에서 서로 권력을 다투고 있었다.

제왕지지를 풍수를 통해서 안다: 조선과 대한민국의 경우

생가나 무덤을 보고 다음번 대통령이 누가 될지를 소개하는 수많은 기사들이 넘쳐난다. 자칭 '도사'들의 예언성 기사가 넘친다. 그러나 정작 지나고 보면 예언이 적중하는 경우는 전무하다. 왜 그러한가? 선영과 생가를 보고 대통령 당선 여부를 가늠하려면 몇 가지 전제가 필요하다. 앞에서 소개한 것은 중국의 사례였다. 조선과 해방 이후 우리나라 대통령들은 어떠했을까?

정조는 조선 최고의 풍수학자였다. 세손世孫시절인 1774년 아버지 사도세자의 능을 성묘하면서 그곳이 소문대로 흉지凶地임을 확인하고 뉘우치는 바가 있어 풍수공부를 시작한다. 그는 자신의 풍수공부 방법과 과정을 다음과 같이 말한다.

> "처음에는 옛사람들이 풍수지리를 논한 여러 가지 책을 취하여 전심으로 연구하여 그 종지를 얻은 듯하였다. 그래서 역대 조상 왕릉의 용혈사수龍穴砂水를 가지고 옛날 방술과 참고하여 보았더니, 하자가 많고 길격吉格은 하나도 없었다. 그러나 오히려 자신을 갖지 못하여 세속의 지사로서 안목이 있는 자를 널리 불러 그 사람의 조예를 시험해 본바 그들의 언론과 지식이 옛 방술에 어긋나지 않아 곧 앞뒤로 전날 능원을 논한 것을 찾아 살펴보았더니 그들의 논한 바가 상자에 넘칠 정도였다."
>
> 『홍재전서』

정조의 풍수 공부과정은 다른 풍수술사들과 비슷하다. 우선 풍수지리서를 많이 읽어 대략을 이해한 뒤 조상의 능역을 답사하였고, 마지막으로 당시의 유명하다는 지사들을 불러 미진한 것들을 확인하였다. 정조에게는 개인적으로 슬픈 일이 많았다. 나이 30이 넘어 얻은 왕자 문효세자가 다섯 살 때 석연치 않게 죽고, 이어서 문효세자의 생모가 다시 임신을 하였으나 갑자기 죽는 등 왕실에 불길한 일들이 계속 일어났다. 이것이 모두 생부 사도세자의 무덤(배봉산 : 삼육서울병원) 터가 나쁜 탓이라는 소문과 상소가 이어지자 1789년 그는 사도세자의 무덤을 수원으로 옮긴다(현재의 융릉).

왕릉을 옮기고 나서 1년 안에 국가의 큰 경사가 있을 것이라는 예언(『정조실록』에 기록)이 있었는데, 예언대로 왕자가 태어났다(훗날 순조). 정조 입장에서는 생부 사도세자의 무덤이 나빠 왕실에 불행한 일들이 일어났는데, 좋은 땅으로 모시니 그 발복으로 왕자를 얻었다고 믿지 않을 수 없었다.

이러한 정조의 사례를 몰락한 왕손 흥선군이 모를 리 없었다. 흥선군은 1846년 경기도 연천에 있던 아버지 남연군의 무덤을 많은 정성과 노

사진 13 | 정조임금의 무덤 융릉

력 끝에 2명의 천자가 나올 땅이라고 믿었던 충남 예산 가야사 터로 옮긴다. 그로부터 7년 뒤인 1853년에 둘째 아들 명복이 태어나고, 명복은 나이 12살 되던 1863년 임금이 된다. 그 후 그는 임금에서 황제로 즉위한다. 결국 고종 황제와 순종 황제 두 명이 나왔으니 예언된 풍수설이 그대로 실현된 셈이다. 당연히 흥선대원군은 풍수를 더욱 믿게 된다.

흥선대원군이 직접 고른 며느리 명성황후가 시아버지의 풍수를 통한 권력 쟁취 사건을 모를 리 없었다. 1866년 그녀는 왕비가 되자마자 가장 먼저 친정아버지의 묘를 이장하였다. 1858년 친정아버지 민치록이 죽었을 때 여주 선영에 안장되었다. 비록 몰락하였지만 명문가 선영이라 지세가 좋았다. 그런데 어찌된 일인지 제천·이천·광주로 이장을 거듭한다. 그리고 1894년에는 경기도를 떠나 멀리 서해안 바닷가 충남 보령으로 이장을 한다. 이곳을 추천한 이는 충청도 수군절도사 이봉구였다. 여주·제천·이천·광주의 땅들이 나빴던 것은 아니었다. 왕비가 올바른 풍수관·인생관·국가관이 없었기 때문이었다. 왕비의 정성이 부족하였던

사진 14 | 흥선대원군의 아버지 남연군 무덤

지 명당발복은 고사하고 재앙만 일었다. 이장 다음 해인 1895년 그녀는 일본인에게 시해되어 시신도 추리지 못한다.

홍선대원군과 며느리 명성황후의 풍수 행위에서 본질적 차이는 무엇일까? 홍선군은 아버지 묘를 이장하고 그곳이 분명 천자가 나올 자리임을 굳게 믿고 그렇게 되도록 처신하고 행동하였다. 명성황후는 풍수행위는 시도하였으나 믿지를 못해 계속 이장을 반복하였다. 풍수에 대한 믿음 즉 풍수신앙이 없었다. 이장을 거듭할수록 국고는 탕진되었고 백성들의 원한은 하늘에 뻗쳤다. 새로 무덤이 조성될 때마다 그곳에 살던 사람들은 전답을 빼앗기고 정든 고향에서 쫓겨났다.

1990년대 중반, 필자는 보령에 있던 명성황후 친정아버지 묘를 답사하였다. 그때 그곳 촌로들은 그들의 아버지와 할아버지가 당했던 고통과 원한을 생생하게 기억하고 있었다. 1894년 보령으로 이장한 뒤 다시 110년 후의 일이다. 2003년, 명성황후 친정아버지 묘는 초장지初葬地(맨처음 묻힌 곳)로 다시 이장된다(여주 가남읍 안금2리 마을 뒤). 다섯 번 이장하고 여섯 번 장사를 치른 이른바 '오천육장五遷六葬'은 조선풍수사의 진기록이다. 한 마디로 풍수 코미디였다. 명성황후는 풍수가 진정 지향하는 바가 무엇인지를 몰랐다.

해방 이후 우리나라 대통령들의 풍수 이야기이다.

윤보선 대통령 집안의 경우이다. 윤 대통령 부인 공덕귀 여사의 자서전에 따르면 윤 대통령 5대조 할아버지 묘를 이순신 장군 후손들의 땅에 암장을 하였다. 굶주려 죽기 직전의 스님을 구해준 보답으로 그 스님이 좋은 자리를 찾아주었는데, 그 땅이 이순신 장군 후손에게 국가가 내렸던 사패지지賜牌之地였던 까닭에 부득불 암장을 하지 않을 수 없었다. 그 발복으로 집안이 번성하였다고 믿고 있고, 윤 대통령도 그 땅을 사랑하여 사후 국립묘지가 아닌 이곳에 안장되었다.

문제는 박근혜 전 대통령의 경우이다. 그 아버지 박정희 전 대통령의 생가가 있는 구미시 상모동의 조상 묘는 이전부터 길지라고 소문이 났던 곳이다. 그런데 그 자리는 박정희 전 대통령이나 그 아버지가 잡은 것이 아니었다. 박정희보다 12살 많은 셋째 형 박상희가 젊은 시절에 잡은 자리였다. 박상희는 누구인가? 흔히 원로 정치인 김종필 전 국무총리의 장인으로 더 잘 알려진 인물이다.

'박상희는 1905년 음력 8월 12일 경북 칠곡군 약목면에서 태어났다. 1920년대 말 박상희는 선산청년동맹의 준비위원과 상무위원을 겸직하고, 1928년 집행위원직으로 올라간다. 1927년 2월에 비타협적 민족주의자와 사회주의자들이 결집해 결성한 신간회 창립 후에는 신간회 간부로 항일활동에 앞장섰다. 1935년 동아일보 구미지국장 겸 주재기자로 활동했다. 박정희는 띠동갑이었던 친형 박상희를 가장 잘 따랐으며 존경했다. 박상희는 독립운동으로 일본 순사에게 끌려가는 일이 많았으며 그것은 박정희가 군인이 되려고 결심한 계기가 되었다.

8·15광복 이후 박상희의 영향력은 대단하였다. 이는 일제강점기 때 동아일보 등 언론인으로 그리고 신간회 간부로서 항일투쟁에 앞장섰던 경력 덕분이었다. 1946년 10월 대구 항쟁 사건이 발생하였고 박상희는 10월 3일 2,000여 명의 군중의 선두에 서서 오전 9시에 구미경찰서를 공격, 경찰관과 우익인사들을 감금했다. 이어 구미면사무소와 선산군청을 타격하여 식량 130여 가마니를 탈취하고, 관청 서류를 전량 소각했다. 10월 6일 경찰이 발포한 총을 맞고

사살되었다.'

해방 이후 좌익으로 사살되었으나 해방 전에는 언론인으로 독립운동에 적극적으로 활동하였음을 알 수 있다. 그런 그도 당시 지식인들이 그러했듯 풍수에도 깊은 관심을 가졌다. 현재 구미시 상모동 금오산 자락에 자리한 박 전 대통령의 선영은 박상희가 숙부들(박일빈·박용빈)과 공동 출자하여 구입한 것이라고 한다(1990년대 구미 상모동 답사 당시 그 마을 80 넘은 노인들 및 박정희 생가보존 회장인 김재학씨의 증언: 모두 작고). 그렇게 잡은 자리는 풍수상 길지였다. 특히 무덤의 조산朝山은 구미의 명산 천생산天生山이다. 경부고속도로로 구미를 지나가다보면 좌측에 보이는 산이다(하행선 방향).

이 산의 생김새는 풍수 용어로 박두樸頭라고 부르는데 이러한 산의 정기에 감응되면 왕후와 열사를 배출한다고 한다. 박상희는 제왕지지를 꿈꾸었다. 그런데 그는 피살되었고 열두 살 어린 아우가 훗날 대통령이 되었다. 그런데 이러한 천하의 대길지도 완전할 수 없다. 반드시 흠이 있기 마련이다. 그래서 풍수고전마다 '아무리 좋은 땅이라도 완벽할 수 없다好地無全美'라는 단서를 단다.

이 터의 흠은 무엇일까? 바로 묘역 앞에 우뚝 솟아있는 큰 바위 및 여러 자잘한 바위들이다. 풍수 용어로 이것을 역룡逆龍이라고 부른다. "이러한 역룡은 하극상을 일으키는 자손이 나오며, 명당발복이 다하면 쇠붙이金로 인한 죽음 즉 이금치사以金致死한다."고 풍수술사 김종철(작고) 선생이 현장에서 단언하였다. 아직도 그분의 목소리가 생생하다(1990년대 초). 박근혜 전 대통령도 '이곳 선영의 명당기운을 받았으나 동시에 역룡逆龍의 기운에서 자유롭지 못하며, 동시에 동작동 국립묘지에 안장된 부모의 묘가 물이 차서 그로 인한 수재水災의 재앙을 피할 길이 없다'고 일부 술사들은 이야기하기도 한다(실제 박정희 대통령 부부 묘는 광중에 물이 차서 묘 옆으로 배수시설을 해 놓았다. 잔디가 잘 자라지 않아 해마다 교체하는 것도 그 까닭이다. 10여 년 전 답사 당시 그곳 관리인 증언).

부당하게 무력으로 정권을 탈취한 전두환과 그 후임 노태우의 풍수관 련 이야기는 여기서 생략한다. 노벨 평화상을 수상한 김대중 전 대통령 의 풍수 관련 이야기도 잘 알려진 사실이다. 1995년 당시 국민회의 총재 인 김 전 대통령은 부모님 묘를 전남 하의도 선영에서 경기도 용인시 이 동면 묘동으로 옮겼다. 그 자리는 천선하강天仙下降(신선이 하강하는 형상)의 명당으로 '남북통일을 완수할 영도자가 날 자리'라고 1996년 월간『신동 아』가 보도하였다. 또 동교동 자택을 두고 일산 정발산 아래로 이사하였 다. 동교동에서는 절대 대통령이 되지 못하니 제왕의 기운이 있는 정발 산 아래로 가야 한다는 참모들의 의견을 수용하였다고 한다. 그 뒤 가능 성이 없어보이던 김대중 총재가 DJP 연합을 통해 이회창 후보를 누르고

박정희 조부모묘 및 부모묘

험석(칼)

사진 15 | 박정희 대통령 선영의 칼바위

대통령이 되었다.

김대중 전 대통령 말고도 많은 정치인들 가운데 대통령을 꿈꾸었거나 출마한 사람들은 풍수설을 믿었다. 2001년 자민련 김종필 명예 총재, 한화갑 민주당 대표가 조상의 무덤을 전설적인 '자미원紫微垣' 명당이 있다는 충청도로 옮겼고, 이회창 전 한나라당 대통령 후보도 2002년 17대 대선에서 낙선한 후 조상 묘를 이장하였다. 대통령 후보였다가 낙선한 이인제 전 국회의원도 2005년 부모 묘를 옮겼다. 정동영 전 국회의원도 17대 대통령 선거에서 낙선하고 풍수설을 믿어 조상 묘 이장에 많은 관심과 '이해 못할 작업'을 하였다. 이에 대해서는 구차하여 자세한 이야기는 생략한다.

풍수행위와 풍수신앙: 독일 신학자의 풍수 신봉

지금까지 중국과 우리나라 역대 임금과 대통령의 사례에서 본 것처럼 풍수를 통해 권력을 잡고자 한다면 그에 상응하는 '풍수행위'와 '풍수신앙'이 있어야 한다. 풍수행위와 풍수신앙이란 무엇인가?

에른스트 아이텔(Ernst Eitel; 중국명: 欧德理: 1838-1908)이라는 독일인이 있었다. 튀빙겐 대학에서 신학과 철학을 공부하고 박사학위를 취득한 그는 '복음주의 루터 교단'에 의해 중국 선교사로 파견된다. 1896년 홍콩을 떠나기 전까지 30년간 중국에서 선교 활동을 하였다. 그런 그가 1878년 '풍수: 혹은 중국에서의 자연과학의 근원(Feng-shui: or, The rudiments of natural science in China)'이라는 책을 영어로 출간한다. 서구 유럽에 풍수의 본질을 소개한 최초의 책이다. 그가 풍수를 공부한 것은 복음을 전파하는데 가장 큰 장애물이 풍수라는 것을 알고부터였다.

주택·무덤·관공서·도로에서 광산개발에 이르기까지 풍수가 관여하지 않는 바가 없었다. 백성뿐만 아니라 관리들도 풍수에 절대적 신앙심을 가지고 있었다. 아이텔은 중국인들의 이 어리석은 미신을 반박하고 계몽하기 위하여 풍수를 공부한다. 그런데 처음 의도와 달리 점차 그는 풍수에 빠져들기 시작한다. 나중에 그는 풍수가 하느님의 말씀과 배치되지 않는다는 확신에 이른다. 그는 풍수를 하늘과 땅을 잇는 조화의 이론으로서 중국적 자연과학으로 정의한다. '풍수의 목적은 이러한 자연의 법칙을 읽어내는 것'이며 그 부산물로서 대지 위에 거주하는 피조물들의 길흉을 알아내는 것은 어렵지 않다고 말한다.

> "당신의 운명을 알고 싶은가요? 그렇다면 다음 세 가지 가르침을 인정하십시오. 첫째, 하늘(하느님)이 이 땅을 지배합니다. 둘째, 하늘과 땅이 모든 피조물에 영향을 끼치는데, 이것의 활용 여부는 당신에게 달려있습니다. 셋째, 운명은 당신의 선한 의지와 돌아가신 조상의 영향력에 좌우됩니다."

세 번째 문장과 관련하여 저자는 '후손이 돌아가신 조상을 진심으로 공경하면 조상의 혼령이 나에게 다가온다.'고 친절한 설명을 덧붙인다. '간절히 기도할 때 주님이 함께 하신다'는 것과 같은 맥락이다. 그는 조상에게 제사 지내는 것 역시 하느님의 뜻에 벗어나지 않는다고 하면서 조상을 지극 정성으로 잘 모실 것을 주문하기도 한다. 철저히 중국화하여 기독교 복음을 전파하고자 하였다.

아이텔의 이러한 주장은 앞에서 언급한 '풍수행위'와 '풍수신앙'을 전제한다. 풍수행위란 풍수설을 바탕으로 땅을 고르고 건물을 짓고 묘지를 쓰는 행위를 말한다. 풍수설을 믿어 길지로 이사를 하거나 이장을 하는 행위도 포함된다. 풍수신앙이란 그를 통해서 더 나아질 것이라는 믿음을 말한다. 그러한 확고한 믿음에는 풍수이론의 근간을 이루는 동기감응同氣感應을 전제한다. 동기감응은 『주역』에 등장하는 개념이다. 이에 대한 공자의 부연설명이다.

"같은 소리는 서로 응하고, 같은 기운은 서로를 구한다. (만물 가운데) 물은 습한 곳으로 흐르고, 불은 건조한 곳으로 번지고, 용이 승천하는 데에는 구름이 뒤따르고, 호랑이 포효에 골짜기 바람이 흔들린다. 성인의 출현에 만인이 우러러본다. 하늘에 뿌리를 두고 있는 해와 달과 별[日月星辰]은 위로 친하고, 땅에 뿌리를 둔 것은 아래와 친하니, 만물도 각기 그 동류끼리 공감 상통하는 것이다同聲相應. 同氣相求. 水流濕. 火就燥. 雲從龍. 風從虎. 聖人作而萬物覩. 本乎天者親上. 本乎地者親下. 則各從其類."

후세의 많은 유학자들이 인용하는 것이 앞에서 인용한 '동성상응. 동기상구同聲相應. 同氣相求'란 문장이다. 즉 '같은 소리는 서로 응하고, 같은 기운은 서로를 구한다.'는 의미인데 풍수의 동기감응론同氣感應論의 토대가 된다. 자기가 진정 이루고자 하는 바를 위하여 그에 상응하는 땅을 찾아서 무덤을 쓰고 집터를 정한다는 풍수신앙의 전거로 삼았다. 이때 '서로서로 응하고 서로서로 구하는' 행위에서 전제되는 것은 한 치의 흔들림도 없는 믿음이다. 이를 『주역』 중부괘中孚卦는 다음과 같이 설명하고 있다.

"우는 학이 언덕 모퉁이에서 우니 새끼가 화답을 하는구나鳴鶴在陰. 其子和之."

어미와 새끼들이 교감하고 화답하는 것은 지성한 마음 때문이다. 조상과 후손과의 관계도 마찬가지이다. 어미가 새끼 새를 발톱에 쥐고 하늘을 날아 다른 곳으로 이동할 때 새끼 새는 그 어미가 자신을 떨어뜨리리라는 생각을 단 한 번도 하지 않는다. '풍수신앙' 역시 그러하다. 조상을 좋은 자리에 모시고 나면 그로 인해 좋은 일이 생기는 것은 분명한 '사실'이다. 추호의 의심도 없다. 조선의 유학자들이 풍수설을 맹신하였던 것도 이와 같은 사상적 토대 때문이었다. 바로 그 점에서 앞에서 소개한 명성황후는 실패하였다. 그녀는 늘 의심하였다. 풍수신앙이 없었다. 그래서 친정아버지 묘를 이장하고 또 이장을 거듭하였다. 풍수행위의 실패였다.

중국에서 7세기 수나라 황제 양제에서 20세기 쑨원과 장제스에 이르기까지, 우리나라의 경우 19세기 정조와 흥선대원군에서 20세기 김대중 대통령에 이르기까지 그들은 대권을 장악하기 위한 수많은 수단 가운데 하나로 풍수를 활용하였으며(풍수행위), 일단 일을 도모하였으면 그 결과에 대해 전혀 의심하지 않았다(풍수신앙). 모두 다 그런 것은 아니다. 앞에서 언급한대로 유력 대통령 후보가 낙선 뒤에 선영을 이장하고 이장을 거듭한 이들도 있다. 그 이유가 대통령 낙선과 당내에서의 흔들리는 불안한 입지 때문이라고 한다. 풍수행위는 있었으나 풍수신앙이 없었다.

제왕지지는 어떤 곳일까?

그렇다면 대통령의 나올 터[제왕지지·帝王之地]는 어떤 곳일까? 전통적으로 제왕지지는 하늘이 내는 것이라서 술사들이 함부로 논해서는 안 된다는 것이 풍수고전들의 기본 전제이다. 조선조 풍수학 필수과목이었던 『감룡경』은 다음과 같은 문장으로 시작한다.

"자미원(제왕지지)에 있는 북극성이 하늘에서 가장 존귀하며, 상상上相(재상)과 상장上將(상장군)의 별자리가 네 모퉁이에 이를 보좌하고 있다. 천을과 태을天乙太乙은 명당을 비추고, 화개華蓋와 삼태三台 별자리가 앞뒤에서 보좌하고 있다. 이 별北辰의 조응을 받은 혈(제왕지지)은 만 리에 걸쳐 하나 얻을까 말까하는데, 이 별에 상응하는 용龍을 세속의 술사들은 인식할 수 없다. 설사 알았다 할지라도 그 땅을 쓸수 없고, 임금에게 주어지거나 나라를 평안케 하는 용도로 쓰일 뿐이다."

『감룡경』

'제왕지지는 하찮은 풍수술사들이 함부로 관심을 가져서는 안 된다. 평범하게 일반인들이 쓸 수 있는 땅에나 관심을 가져라!'

『감룡경』 첫 대목이다. 그렇다고 하여 풍수술사들이 제왕지지에 대한 관심을 포기할 수는 없었다. 가장 오래된 풍수서이면서 역시 조선왕조에서 풍수학 필수과목이었던 『청오경』은 공후公侯가 나올 땅, 재상이 나올 땅, 높은 벼슬을 할 땅, 문사가 나올 땅, 큰 부자가 나올 땅, 가난하고 천하게 될 땅 등을 세분하여 그 입지 조건을 설명한다. 여기서 공후가 나올 땅이라면 5년짜리 보통 대통령 자리에 버금할지 모르겠다. 『청오경』은 말한다.

"공후가 나올 자리는 용마龍馬가 뛰어오르는 듯 날아오르는 듯하고, (앞쪽의) 면대한 옥규玉圭봉이 작지만 봉우리가 날렵한 곳으로 좌향만 제대로 되면 배움이 없이도 공후에 이를 것이다不學而至."

풍수의 묘미는 바로 위 인용문의 줄친 문장과 같은 부분일 것이다. 제대로 된 자리만 쓰면 '배우지 않아도 절로 공후의 자리에 오른다.'니 누군들 욕심을 내보지 않겠는가? 중국과 우리나라 역대 수많은 권력자들이 풍수라는 '아편阿片'에서 벗어나지 못하는 이유를 설명해주는 문장이다.

조선조에서 풍수관리(지관)가 되려면 달달 외워야 했던 『금낭경』은 "형세가 병풍을 둘러쳐 놓은 것 같은데, 그 가운데 우뚝 솟은 산능선이 있어, 그 끝 지점에 장사를 지내면 왕후가 나온다."고 하였다. 또 "산능선의 기세가 마치 만 마리의 말이 하늘에서 절도 있게 내려오는 듯 멀리서 웅장하게 내려오면 그러한 땅에 장사지내면 왕이 나오며", "산능선 기세가 큰 파도같이 산봉우리가 중첩하여 이어져 있으면 큰 제후가 나올 땅이다."라고 하였다.

『청오경』과 『금낭경』보다 훨씬 후에 쓰여진 『九天元女青囊海角經(구천원녀청낭해각경)』은 "왕이 나올 땅은 큰 물결이 강을 가로지르듯 하며, 운기가 서로 따르되 그 변화가 마치 구름이 연이어 흘러가면서 구불구불하며 큰물이 감싸 도는 형세"라고 서술한다. 이어서 "공경 제후가 나올 땅은 소가 누워 있는 모습이며, 흙은 두텁고 초목은 무성하며, 구부린 다리에 머리를 수그린 형상(즉 좌우 산들이 안으로 감싸고, 주산은 머리를 숙이고 있는 형상)"이라고 묘사한다.

이처럼 여러 풍수 고전들이 묘사하는 제왕지지는 산과 물 모두가 힘이 있어야 한다. 단지 규모가 웅장해야 함을 말하는 것이 아니다. 단 한 평의 땅일지라도 강한 기운과 사방을 감싸는 산들의 정치精緻함이 있어야 한다. 아버지 사도세자를 위해 정조가 터를 잡은 융릉이 그렇고, 홍선군이 천자 자식을 두기 위해 이장한 예산군 남연군묘가 그러하다. 또한 윤보선·김대중·김종필 등 이전 정치인들의 선영 역시 '단독주택(개인묘지)'

으로서 주변 산들을 압도하며 중심적 역할을 하면서 풍수고전들이 말하는 제왕의 땅과 어울리는 분위기들이었다.

문재인 대통령 선영

박근혜 전 대통령의 파면으로 대선 일자가 12월이 아닌 5월 9일로 당겨 잡혀지면서 각 당의 후보들이 정해졌다. 후보들이 있으나 현재의 지지율로 보면 다른 실제로 문재인과 안철수 두 후보의 대결로 결국 귀착될 것이다(이 글은 대선 1달 전에 『월간조선』에 기고한 것임). 5년 전인 2012년 18대 대선과 비슷한 상황이다. 그 당시 박근혜·문재인·안철수의 지지율이 가장 높았기에 3인 가운데 누가 될 것인가가 관심사였다. 이번에는 박근혜 전 대통령이 빠진 2인의 대결이다. 5년 전 필자는 3인의 대선후보 생가와 선영을 답사하였다. 그리고 다시 1년 전인 2016년 5월 다시 문재인과 안철수 두 후보의 생가와 선영을 다시 답사하였다. 5년이란 시차가 있었지만 보고 느끼는 바는 같았다. 기존의 역대 대통령이나 대권후보들의 선영과는 많은 부분에서 달랐다. 박근혜 당시 새누리당 후보만이 구미 선영에서 그 윗대 조상들, 즉 큰 아버지인 박상희와 작은 할아버지들인 박일빈·박용빈의 풍수행위 흔적을 볼 수 있었을 뿐, 안철수와 문재인의 생가와 선영에서는 별다른 풍수행위를 찾아볼 수 없었기 때문이다. 두 후보의 선영 모두 공원묘지에 자리하고 있다.

문재인(당시 대선후보) 부친 묘는 양산시 상북면 천주교 하늘공원에 자리하였고(묘번호: 8-11) 그 윗대 조상묘는 이북에 있기에 확인할 방법이 없다(문재인 부모는 전쟁 때 이남으로 피난하였다). 안철수 조부모 묘는 부산 기장군 정관읍 대정공원묘지에 자리하고 있다(묘번호: 35-563). 공원묘지이기는 하나 안 후보 조부모의 좌측 상단의 높은 산 정상의 바위는 벼슬봉으로 강한

사진 16 | 안철수 국민의당 대표 조부모 묘와 산정상의 바위

힘을 보여주고 있다.

　현재 사설 공원묘지는 풍수설을 고려하기보다는 더 많은 수익창출 목적으로 묘역을 조성한다. 더 많은 무덤을 조성하기 위한 넓은 부지를 값싼 임야에서 찾기 때문에 대통령이 나올만한 길지를 기대하기는 어려운 곳들이다. 성묘와 묘지관리의 편의성 때문에 조성된 자리들이지 풍수설에 근거하여 잡은 곳은 아니다. 양지바른 곳임은 분명하나 이곳을 제왕지지를 운운한다면 옛 풍수선생들이 웃을 것 같다. 필부필부匹夫匹婦의 무덤 터들이다. 물론 필자의 의견이다. 필자와 다른 의견을 주장하는 분들도 있다.

　지난 2016년 5월 답사에 필자와 동행한 유기상 박사(전북대 사학과: 2021년 현재 고창군수)는 필자와 다른 의견을 개진한다. 유 박사는 '조선후기 호남파 실학자의 풍수인식과 풍수생활'로 박사학위를 취득하였기에 참고로 그의 의견을 소개한다.

"문재인 부친 묘는 공원묘지 내 중출맥中出脈에 있으므로 최상의 혈자리를 차지한다. 좌청룡이 없는 듯 있는 것이 특이하고 멀리 안산의 귀인貴人봉이 아름답다. 문재인의 귀인은 노무현 전 대통령일까? 공동묘지에도 명당이 있다는 말이 빈말이 아님을 실감하는 혈처이다. 북한에 있을 문 후보 조부모 이상의 묘도 살펴보아야 할 것 같다. 안철수 조부모 묘소도 공동묘지 안에 있다. 백운산 너른 품안에 있는 수백 기 공동묘지 속에서도 결혈結穴지를 차지한다. 일종의 괴혈怪穴로 여겨진다. 안산이 기울고 달아나는 것이 좀 아쉽다. 안 후보 고조부모 묘소(양산시 용주로 부근)는 조부모 묘소보다 더 좋다. 무덤 앞 바위

사진 17 | 문재인 대통령 부모 묘

맥[石脈]이 큰 기운을 응축한다(좋은 바위는 권력을 거머쥐게 한다고 한다). 안산은 노적봉과 천마사天馬砂가 있어 부귀겸전의 땅이다. 용띠의 문재인과 호랑이띠인 안철수는 문자 그대로 용호상박龍虎相搏이다."

대선후보들의 생가

한 인간의 흥망성쇠에서 집터가 중요할까 조상 묘가 중요할까? 양택풍수 고전『황제택경黃帝宅經』은 이를 다음과 같이 정리한다.

"묏자리가 흉하고 집터가 좋으면 자손은 벼슬길이 좋다.
묏자리가 좋고 집터가 나쁘면 자손이 먹을 것과 입을 것이 모자란다.
묏자리와 집터가 모두 좋으면 자손이 영화를 누린다.
묏자리와 집터가 모두 나쁘면 자손이 타향살이에 손이 끊긴다."

묏자리와 집터 가운데 집터가 더 중요함을 말하고 있다. 그 가운데 특히 생가와 어린 시절을 보냈던 집터가 중요하다.

금구몰니金龜沒泥형의 문재인 생가?

더불어민주당 문재인 후보의 생가는 거제시 거제면 명진 1길 27번지이다. 6·25 전쟁 때 이북에서 가족이 배를 타고 피난 와서 처음 세를 얻어 산 곳이다. 이곳에서 태어나 6세까지 살다가 산 넘어 용산에서 다시 1년을 더 살고 7세에 부산으로 이사를 갔다. 따라서 문 후보에게는 거제가 진정한 고향인 셈이며, 거제의 땅 기운을 충분히 받고 성장하였다 말할 수 있다. 문 후보 생가는 거제의 진산 계룡산(570m)에서 뻗어 나온 선자산을 주산으로 하고 있다.

흔히 계룡산하면 충남의 계룡산이 떠오르지만 원래 우리 민족에게 3개의 계룡산이 존재하였다. 북조선의 계룡산(만주 소재), 중조선의 계룡산(충남 소재), 남조선의 계룡산(거제)이 바로 그것이다. '계룡산 제왕지지설'은 아주 옛날부터 있었으며 조선조에서 『정감록』에도 등장한다. 계룡산 정기를 끌어온 마을 주산 선자산扇子山은 이름 그대로 '부채 모양의 산'이다. 마을을 병풍처럼 감싸주는 산으로 주산이 되기에 충분하다. 계룡산과 선자산의 강한 바위 기운이 부드러운 땅의 기운으로 바뀌고[박환·剝換] 그 가운데 숨은 지맥 하나가 밭과 논으로 숨어들어 들판 한가운데 작은 터를 이루고 있다. 이른바 금거북이 진흙 속에 숨어드는 금구몰니형金龜沒泥形이다. 또 생가 앞으로는 명당수明堂水 오수천이 흘러 한산도 섬을 바라보고 객수客水 남해로 흘러들어간다. 섬이기는 하지만 드넓은 들판이 펼쳐지고 사방의 산과 섬들이 아름답게 펼쳐지는데 그것은 밤하늘 수많은 별

사진 18 | 문후보 생가와 안철수 생가(위 아래 순)

들이 오롯이 내려와 자신의 모습들을 드러낸 것들이다. 바로 한려해상공원이 바로 그곳이다. 아름답고 신비스러운 땅이다(문제는 이곳에서 자라기는 했으나 실재 생가가 아니라는 점이다. 이에 대해서는 다음 장에서 소개).

조선조 풍수학 필수과목 『감룡경』은 이와 같은 땅을 다음과 같이 찬미하였다.

> *"산의 형상은 땅에 있지만 그 형상의 원형은 하늘에 있으며, 하늘의 참 기운이 땅에 내려와 감응을 하면 그 결과가 그 땅위에 사는 사람들에 대한 길흉화복으로 응험한다山形在地星在天. 星氣下感禍福驗."*

"천지동남제일天地東南第一"의 땅: 안철수 생가와 고향

국민의당 안철수 대표 생가와 고향은 두 곳으로 보아야 한다. 그가 태어난 곳은 밀양이지만 청소년 시절을 보낸 곳은 부산이다. 부친 안영모 선생이 밀양에서 군의관으로 재직할 때 안 후보가 태어나 그곳에서 2살까지 자랐다(밀양시 내일상가 1길 10). 현재 이곳은 '향촌'이라는 음식점이 있는데 필자가 2012년 이곳을 답사하였을 때도 성업 중이었는데, 수년 전 이곳을 답사하였을 때도 여전히 손님들이 북적거리고 있었다. 이후 안영모 선생이 부산 범천동에서 범천의원을 개업하면서 그곳에 자란다(부산 동구 망양로 911). 따라서 안 후보는 이 두 곳을 모두 살펴야 한다.

안철수 국민의당 대표 생가는 영남루(영남루)를 좌청룡左靑龍으로 하여 그 안쪽에 작은 지맥이 내려와 뭉친 곳으로 전체적으로 영남루 지기地氣권이다. 영남루는 조선 최고의 명승지 가운데 하나로 밀양의 뒷산 추화산(243m) 지기가 흘러가다가 밀양천을 만나 땅기운이 멈춘 곳에 세워졌다.

수많은 시인묵객들이 영남루에 대한 평을 누각 현판에다가 남겼는데,

그 가운데 '天地東南第一樓. 洗來千古丈夫愁.'란 문장이 압권이다. '영남의 제일 좋은 터에 자리한 누각은 옛날부터 장부의 근심을 씻어주었다.'란 뜻이다. 이 땅의 기운을 단적으로 표현한 문장이다. 맑은 선비의 정신과 부합하는 땅이다. '장부의 근심'이란 다름 아닌 국가와 백성을 위한 선비의 근심이다. 그러한 근심을 씻어줄 인물을 배출할 터이다. '청아한 선비[淸儒]'의 땅이다.

안 대표의 부친 안영모 선생이 개업하여 몇 년 전까지 49년 동안 서민을 위해 의료 활동을 하였던 범천의원은 안후보가 청소년 시절을 보낸 그의 고향집이다. 그리 높지 않지만 단엄한 호천산虎川山 지맥을 받은 곳이다. 범[虎]이 작은 내[川]를 뛰어 넘은 형국, 즉 맹호도천형猛虎跳川形의 땅이다. 호랑이가 비록 뭇 짐승의 으뜸이지만 작은 내 하나를 건너려 할 때도 신중함을 기하여 일에 실패가 없게 한다는 것이 '맹호도천형'이다. 안 대표 생가와 고향, 이 두 곳은 안 후보에게 어떤 땅기운을 주었을까? '맑은 선비의 정신으로 조심스럽고도 치밀하다.' 어떨까? 의심과 겁이 많다.

제왕의 일어남[帝王之興]은 덕에 있다.
'제왕의 풍수학'의 결론이다.

'帝王之興也以德而不以力. 其守也以道而不以地.'를 번역하면 다음과 같다. '제왕의 일어남은 덕에 있는 것이지 힘에 있는 것이 아니며, 그것을 지킴은 도에 있는 것이지 땅에 의한 것이 아니다.'

사람의 덕에 달려있다. 그 덕이란 누가 좀 더 정확하게 시대정신을 읽어내고 그것을 구현할 수 있는 의지와 능력을 말한다.

4. 용(대통령)들의 건축관

조작된 대통령 생가!

한때 문재인 대통령 생가라 알려진 곳(거제시 명진 마을 소재)에 외부관광객 출입을 차단하는 사건이 언론에 보도가 되었다. 극성스러운 탐방객 때문에 주인의 사생활이 너무 침해받는다는 이유에서이다. 관광객이 줄어들까 걱정하는 거제시는 난감해했다. 이곳이 관심을 끌게 된 것은 당연 2017년 5월 10일 문재인 후보가 대통령에 당선되면서부터였다.

필자도 당선 다음 날 그곳을 찾았다. 터를 살피기 위함이 아니라 찾아오는 사람들과 마을사람의 반응을 보기 위함이었다. 오전 9시 좀 넘어서였다. 이미 생가 옆 공터에 천막을 치고 잔치 준비를 하고 있었다. 주최 측은 민주당 그곳 '면당조직책들'이었다. 어디서 무엇 때문에 왔느냐고 물었다. 그저 생가 구경하러 왔다 하면 되었을 것을 솔직하게 대답한 것이 화근이었다. "직업은 교수이고, 목적은 조선일보에 연재하는 '국운풍수'에 글을 쓰기 위해서이다"라고 하였다. 대뜸 그중 한 사람이 "조선일보와는 상대하지 않으니 나가세요!" 했다. 무안하기도 하고 화가 나서 "불원천리하여 온 손님에게 무슨 예의입니까?"라고 받아쳤다. 중간에 말리는 이가 있어 분위기는

사진 19 | 문재인 대통령 생가(경남 거제)

누그러졌다. 생가에 거주한다
는 배영철 씨도 다시 만났다.
그보다 5년 전인 2012년에도
이곳을 답사하였고 그때도 만
났다. 5년 전 인터뷰를 하였
을 때 필자가 들은 기억과 기
록이 있었다.

"이곳이 문재인 후보(2012
년 당시) 생가라 하지만 실
제 태어난 곳은 아니다. 어
머니(추경순)가 그 당시 임신
을 하고 있었기에, '한 집에
서 동시에 출산하면 안 된
다'하여 문재인 모친은 이
웃에 가서 출산하였다. 물
론 우리 집에서 여섯 살까
지 살았던 것은 맞다."

사진 20 | 문재인 대통령이 당선 직전 살았던 양산 매곡
사저-풍수상 길지

그런데 이번에 갔을 때는 그 말은 빠지고 생가가 맞다고 하였다. 거제
시도 생가복원을 추진한다. 관광객유치를 위함이다. 그런데 청와대는 생
가복원에 난색을 표한다. 생가는 아니나 6살까지 이곳에서 자랐으니 어
린 시절 원초적 체험이 가득한 고향 가운데 하나임은 분명하다. 하지만
셋방살이하던 이곳이 문재인 대통령에게 어떤 잔영으로 남았을까? 오히

려 7살 때 이사하여 살았던 부산이 그에게는 더 큰 고향으로 여겨지지 않을까? 생가복원에 대해 청와대측이 부정적인 것이 옳다. 오히려 대통령이 되기 전 집을 짓고 살았던 양산 매곡 사저가 문 대통령의 풍수관을 엿보는데 도움이 될 것이다.

'용龍'들의 사저私邸: 잠룡·비룡·은룡

왜 사람들은 '용'들의 고향에 관심이 많을까?

태어난 터와 그 사람과의 동기감응에 따른 운명의 흥망성쇠가 있다는 풍수관념 때문이다. 잠룡潛龍(대선후보)과 비룡飛龍(대권을 거머쥔 자)들의 풍수관을 추적하기를 근 30년 가까이 하였다. 저마다 달랐으나 크게 보면 다르지 않았다. 흥미로운 사건들도 많았으나 진부하였다. '진부'함이란 선영이 좋지 않다하여 이장을 한 잠룡과 비룡들의 행태였다. 김대중·이회창·이인제·김종필·한화갑·고건·정동영·김무성 등 거물들이 풍수설을 좇아 대선을 전후로 선영을 옮긴 사연들을 추적하였던 적도 있었다. 이 가운데 비룡으로 승천한 이도 있었지만 여전히 비룡을 꿈꾸고 있거나 포기한 이들도 있다. 그들의 묘지 풍수관을 보면 '천박하다'는 표현이 적절하다.

그들의 퇴임 후 사저관은 어떠한가?

현재 우리나라 헌법상 5년마다 새로운 비룡이 나타나고 5년마다 은룡隱龍(퇴임한 대통령)이 생기게 된다. 잠룡이 비룡이 되었다가 은룡이 되면 그들이 머물 곳은 어디가 마땅할까? 이명박 전 대통령은 퇴임 전 내곡동 사저를 지으려다 대통령답지 못한 행동으로 물의를 일으켰다. 최순실은 퇴임 후 박근혜 대통령을 위해 평창에 '아방궁'을 기획한 사실이 드러나 문제가 되었다. 박 전 대통령은 파면당한 후 삼성동에 머물다가 구속 와중에 뜬금없이 내곡동으로 이사를 하였다(2021년 경매처분). 왜 갑자기 그곳으로 갔는지 궁금하다. 퇴임 후 대통령들은 서울에 거주하며 '사무실'을 만들어 출근하며 '상왕上王'노릇을 하다가 죽어서는 대전 현충원이 아닌 동작동 국립현충원 비좁은 곳으로 끼어들어 가려 할 것이다. 대통령답지 못하다. 은룡隱龍들이라면 그들의 머물고자 하는 곳과 사저 건축에 대해 최소한의 철학이 있어야 한다. 그래야 국민들에게 존경받는다. 그런데 철학이 없다.

고향을 떠나지 않는 자 고향으로 돌아오지 못한다. 그는 '촌놈'이다. 하지만 '고향을 떠났다가 고향으로 돌아오지 않는 자도 '군자君子'라 할 수 없다. 우리나라 대통령의 경우 퇴임 후 귀향은 거의 없다. 외국의 대통령이나 총리들은 퇴임 후 지역사회로 내려가 사회봉사를 하며 새 인생을 시작하는 경우가 많다. 미국의 역대 대통령들을 보아도 퇴임 후 워싱턴을 배회하지 않는다. 그들이 죽어 묻히는 곳도 국립묘지보다는 생전에 인연이 깊었던 곳이나 고향에 묻힌다.

특히 수도권으로 모든 것이 집중된 우리나라의 경우, '용龍'들이 저마다의 연못[淵]으로 되돌아가면 권력 분권과 지방균형발전에 도움이 된다. 태어나고 자라고 일하고 은퇴 후 머물고 그리고 죽어서 돌아가야 할 곳들에 대한 '용'들의 평소 지론은 국민들에게 큰 영향을 줄 수밖에 없다. 고향으로 돌아가지 않고 서울을 배회하는 은룡들과, 퇴직 후 귀향하지 않고 '파고다 공원 앞'으로 '출근'하여 어슬렁거리는 사람들과 무엇이 다른가?

안철수 국민의당 대표의 '전통문화관'

거주에 관한 전통이론으로서 풍수를 통해 '용'들을 살펴보는 것도 '은룡'의 대지관과 거주관을 해석하는 하나의 방법이다. 2017년 3월 하순경의 일이다. 헌재가 박근혜 대통령 파면을 확정하자 잠룡潛龍(대선후보)들이 분주히 움직였다. 당시 유력한 잠룡 가운데 하나인 안철수 국민의당 대표의 풍수관을 알아보고 싶었다. 당시 국민의당 3선 의원으로 활동하는 유성엽 의원을 통해 본가나 처가의 고향과 선영 소개 혹은 안 의원과의 인터뷰를 부탁하였다. 유 의원은 안철수 의원(당시)에게 의견을 전달했으니 직접 연락을 해보라며 휴대폰 번호를 알려주었다. 전화를 하였으나 받지 않아 메모를 남겼다. 아무 연락이 없었다. 얼마 후 유 의원에게서 연락이 왔다. 안 의원에게 필자의 부탁을 다시 전달하였더니 무뚝뚝한 표정으로 '전통문화는 잘 모른다!'라는 무색한 답변을 주더란다. 전통문화를 모르되 현대문화와 외국문화는 잘 안다는 말인가?

수년 전 당시 유력한 잠룡으로 부상하던 손학규(당시 경기도지사)측에 안 의원에게 하던 것과 똑같은 부탁을 한 적이 있었다. 얼마 후 '가족회의 결과 선영을 알려주지 않기로 하였다'는 연락이 왔다. 이것이 무슨 가족회의를 할 만한 큰일인가? 고향과 선영조차 세상에 알리기 싫은 사람들이 어떻게 공인이 될 수 있을까? 비슷한 시기에 이미 고인이 된 김근태 의원 사무실로 같은 연락을 취한 적이 있었다. 바로 답변이 왔다. "자기의 고향과 생가는 부천인데 이미 도시개발로 흔적도 없이 사라졌으며, 선영은 어찌어찌하여 현재 찾을 수 없다." 솔직한 답변이 인상적이었다.

노무현 전 대통령의 사저 뒷이야기

또 하나의 솔직한 '비룡'이 있었다.

노무현 전 대통령이다. 2002년 초에 월간 『신동아』로부터 원고청탁을 받아 그해 12월에 있을 대선을 준비하는 잠룡들의 선영과 생가를 답사한

적이 있었다. 잠룡들의 고향과 생가는 어떻게 찾을 수 있으나 선영 찾기는 매우 어렵다. 고향 뒷산에 있다는 말만 듣고 무작정 찾아가기도 하지만, 문자 그대로 백사장에서 바늘 찾기와 같다. 잠룡들의 지인이나 친척이 알려주지 않으면 답사는 불가능하다. 그런데 노무현 당시 민주당 상임고문만은 달랐다. 빠르고 간결한 답변이 왔다. "고향에 가서 ○○○을 만나면 안내해줄 것이다." 진영읍 봉하마을에 도착하여 만난 이들은 노전 대통령의 친구인 이재우 당시 진영조합장과 형인 노건평 씨였다. 선영과 생가 그리고 봉화산 정상까지 모두 둘러보았다. 답사 안내가 끝나자 멀리서 왔으니 점심이나 먹고 가란다(글은 2002년 2월호 월간 『신동아』에 기사화하였다). 인연은 그것이 전부인가 하였다.

노무현 대통령은 재임 당시 "퇴임 후 임대주택에 살다가 귀촌하겠다."고 발언한 적이 있었다. 이 발언에 가장 민감하게 움직인 곳이 주택공사(현재 LH로 통합됨)였다. 당시(2005) 주택공사 한행수 사장은 노무현 대통령

사진 21 | 노무현 대통령의 생가터

의 부산상고 선배였기에 더욱더 책임감이 강했다. 기존의 임대주택에 퇴임 후 입주하는 것이 아니라 주택공사가 가지고 있던 땅 위에 새로이 임대주택을 지어 입주를 해야 할 상황이었다. 그때 주택공사가 가지고 있던 빈 땅들 가운데 임대주택을 지을 만한 곳은 판교·청계산·수유리·연희동·일산 등 다섯 곳이었다. 주택공사에 풍수 강연을 몇 번 하였던 인연을 계기로 위 후보지들을 둘러보고 자문을 하게 되었다. 다섯 후보지에 대한 의견을 제출하였다. 그런데 얼마 후 어인 일인지 대통령은 퇴임 후 바로 귀향하겠다는 발표가 나왔다.

그가 귀향하여 사저를 짓고 싶었던 곳은 생가터였다. 그러나 그때 생가는 남의 소유였다. 집주인이 팔려하지 않았다(나중에 구입). 하는 수 없이 생가 뒤에 있는 단감나무 밭을 사저부지로 계획하고 있었다.

2006년 6월 어느 토요일 필자는 청와대 관계자 10여 명과 건축설계를 맡은 정기용 선생과 현장답사를 하였다(김포공항에서 김해공항으로 그리고 봉하마을로 움직였다). 당시 총괄책임은 정상문 총무비서관이었다. 그날은 마침 노건평 씨의 자녀 결혼식이 있는 날이어서 오전에는 노건평 씨가 현장에 동행하지 못하였다. 각자 사저 예정지에서 의견 개진이 있었다. 필자의 차례가 되어 다음과 같은 의견을 개진하였다.

"1. 고총古冢과 가시덤불이 우거진 곳이라서 양택으로서 좀 부적합하다.
2. 봉화산 쪽 바위가 지나치게 강하다.
3. 사저 예정지 바로 옆(봉화산 부엉이바위쪽)으로 냇물이 흐르는데 그쪽으로 골바람이 분다. 그쪽은 북동쪽으로 풍수에서는 황천살黃泉煞이라 하여 꺼린다."

3항의 말을 옆에서 듣던 경호실 담당자가 '이곳은 경호상에도 문제가 있다'라고 거든다(사전에 경호실 담당자라고 소개를 받았는데, 나이나 행동으로 보아 상당히 높은 직책인 듯했다). 이에 또 다른 행정관도 "여사님(권양숙 여사)께서도 '여기가 왠지 무섭다'고 하셨어요."라고 덧붙인다. 필자는 한 가지를 참고해야 할 것으로 더 이야기할까 하다가 그것은 풍수설이 아닌 단순 속설이기에 꺼내지 않았다. 다름 아닌 '집 뒤로 이사 가지 않는다'는 속설이다. '집을 물려 앉히지 않는다', '굴뚝 뒤로 이사 가면 안 된다', '부엌 뒤로 이사 가면 안 된다' 등으로도 전해지는 속설인데 사저 예정지가 바로 이에 해당된다.

총무비서관은 "그럼 어디가 좋겠는가?"라는 대안을 묻는다. 일행은 사저 예정지에서 내려와 생가와 마을을 지나 마을 입구(진영읍 방향) 산자락 부근을 지목하였다. 마을 입구인데다가 기존 주택들과 조금 떨어져 진입이나 경호도 좋을 뿐만 아니라 멀리 좌청룡이 되는 봉화산이 편안하게 감싸준다. 뿐만 아니라 들판 건너 앞산인 '뱀산'이 유정하게 마주하고 있기 때문이다.

건축가 정기용 선생과 풍수

정상문 총무비서관과 다른 일행들은 먼저 떠나고 건축가 정기용 선생과 행정관 한 명이 남았다. 정기용 선생이 "점심을 함께 하자!" 하시어 택시를 타고 인근 횟집으로 이동하였다. 건축가 정기용 선생은 그날 처음 만났다. 프랑스로 유학을 다녀왔으며 한국에서 건축가로 활동하기 전에 파리에서 건축 및 인테리어 사무실을 운영한 국제적 감각의 소유자였다. 건강이 안 좋은지 얼굴이 수척하였다. 그럼에도 소주 한 잔을 나누며 필자의 이야기를 더 듣고자 하였다(2011년 지병으로 작고). 다음날(일요일) 청와대로 가서 대통령께 사저 건축에 대해 보고할 예정인데, 그때 필자의 이야기를 전달하고자 함이란다. 건축과 풍수와의 관계를 알고 싶어 하시는 것 같았다.

그가 '전통 집짓기 예술'로서 풍수에 조금이나마 관심을 둔 것은 사대주의에 경도된 한국 건축계에 대한 비판의식과 관련이 있다. 그는 '삼병일약설三病一藥說'을 말한다. 한국 건축계에 세 가지 병[三病], 즉 건축과에 들어오면 막연하게 문화인이 된 듯 착각하는 문화병, 서양 대가의 건축만을 건축으로 아는 대가병, 자신의 프로젝트만이 세상을 구원한다고 착각하는 유토피아병이 그것이다. 정기용 선생은 '지금 여기 현실의 구체성 속에 우리들의 문제와 해법이 있다'며 한국 건축계의 병을 치유하기 위한 한 가지 약을 제시한다.

서양건축사에서 가장 오래된 고전『건축십서建築十書』를 남긴 비트루비우스(Vitruvius)는 '건축가는 기후문제·공기·토지의 적합도·물의 이용과 같은 문제 때문에 의학에 관한 지식을 구비할 필요가 있는바, 이러한 고려사항을 도외시하면 쾌적한 주택을 만들 수 없다.'고 하였다. 이와 같은 기본 건축관을 전제로 정기용은 '지금 여기 현실의 구체성'의 하나로 전통 풍수도 포함될 수 있다고 보았다.

흔히 한국의 풍수학자와 술사들이 풍수風水를 정의할 때 바람을 갈무리하고 물을 얻는다는 뜻의 장풍득수藏風得水의 줄임말이라고 종종 소개하나 구체성이 떨어진 개념정의이다. 이 문장은 풍수고전『청오경』이 출전으로 풍수이론이 형성되던 초창기의 극히 부실한 내용일 뿐이다. 풍수서적의 많음을 '한우충동汗牛充棟'이란 사자성어로 대변한다. '수레에 실으면 소가 땀을 흘릴 정도이고 방 안에 쌓으면 들보에 닿는다.'는 뜻이다. 수많은 풍수서적들이 말하는 풍수 개념을 종합하자면 대략 다음과 같이 정의할 수 있다.

살 만한 터를 잡고[卜之], 건물을 짓고[營之], 부족한 부분을 보충하고[補之: 조경행위], 그 건축물에 대해 이름을 지어주고[名之], 거주하기[居之] 등 일련의 행위들이 길한가 흉한가를 사전에 충분히 점쳐보는 것[占之]까지를 포괄하는 행위가 풍수이다. 터를 잡는 것은 토질·수리水利·기후 전문가, 건물을 짓는 것은 건축가, 부족한 부분을 보충하는 것은 조경가, 건물에 이름을 지어주는 것은 작명가, 길한가 흉한가를 점치는 것은 역술인들이 분담할 것이다.

옛날에는 이 모든 행위를 총괄하였던 것이 풍수였다. 물론 이러한 행위들의 주체는 그곳에 살게 될 주인이다. 건축가는 고객(주인)의 의도가 무엇인지를 정확하게 파악함이 중요하다. 풍수사상이 당당하게 서양철학과도 만날 수 있음은 바로 이 부분이다. 마틴 하이데거(M. Heidegger)의 집짓기와 거주 문제에 관한 성찰은 동양의 풍수와 유사한 관념구조를 가진다.

독일 철학자 하이데거의 풍수관

하이데거가 거주의 문제에 본질적 질문을 던진 것은 2차 대전에서 패망한 독일이 급격히 부흥하는 과정에서 주택문제가 '시대문제'가 되었기 때문이다.

> "우리의 거주(wohnen)는 주택 부족으로 인해 고통을 받고 있다. 오늘날 우리의 거주는 상황이 좀 다를지언정 노동에 의해 휘둘리고, 이익과 성공만을 추구함으로써 끊임없이 동요하고, 또한 오락과 레저 산업에 매료되어 있다."

부동산, 특히 아파트를 축재의 수단으로 여겨 아파트 가격 관리가 국토부의 핵심과제가 되고, 강변과 바닷가 전망 좋은 곳에 전원주택을 지어 성공의 상징으로 자신을 드러내려는 오늘의 한국에 그대로 적용되는 발언이다. 하이데거는 '집을 짓고 산다'는 것을 다르게 생각한다.

　집을 짓는 행위의 본질을 하이데거는 「BAUEN WOHNEN DENKEN: 집을 지음 살아봄 생각함」(1951)이란 논문에서 명쾌하게 밝히고 있는데, 동양의 풍수관과 흡사함을 보여준다(본질적으로 하이데거는 대지에 깊은 관심을 가졌기에 동양의 풍수관과 친화성을 가질 수밖에 없다). 「BAUEN WOHNEN DENKEN」은 기존의 독일어 문법상 있을 수 없는 일이다. 하이데거가 만든 문법이다. 철학자이기에 가능하다. 제목을 보면 명사처럼 쓰였지만 3개의 동사를 쉼표(,)를 찍지 않고 이어서 표기하여 하나의 단어를 만들었다. '집을 짓고 거기에 살아보고 사유하는 것', 이 셋이 각자 별개의 것이 아니라 하나의 '삶을 이루는 것'이라는 전제에서 그리고 동시에 이것이 이루어짐을 전제한다. 풍수와 유사한 관념이다.

　그는 말한다.

　　"땅을 구원하는 사람만이 참으로 그 땅 위에 살 수 있다. 땅을 구원한
　　다는 것은 그 땅을 파괴나 폭력적 개발의 위험으로부터 구해내는 것
　　이 아니라, 그 땅의 고유한 본질에 자유롭게 존재케 하는 것이다."

　땅 자신의 재능과 본질을 드러내 그로 하여금 자신의 역량을 자유롭게 발휘케 하는 것이다. 아무 곳이나 터를 잡지 않고, 아무렇게나 집을 짓지 아니하고, 조경에는 자연이 요구하는 일정한 원칙이 있고, 집의 이름을 짓는 데는 그 땅과 건축주의 철학이 반영되어야 하고, 그때 진정 그 땅과

건물은 길吉하다는 점괘가 나온다. 풍수에서는 점占이라 하였고, 하이데거는 이를 '구원'과 '자유'로 표현하였다.

일본 안도 다다오의 풍수관과 집짓기

건축주는 터잡기와 집짓기에 정확한 지식과 신념이 있어야 한다. 특히 '용'들의 경우 국격國格을 대변하기에 더욱 그렇다. 그렇지 못함이 문제이다. 흔히 건축가는 자신이 전문가라는 이유로 건축주를 무시하려 든다. 잘못된 관행이다. 건축계의 노벨상이라 불리는 프리츠커상을 수상한 일본의 안도 다다오安藤忠雄의 주장에 건축가들은 귀 기울일 필요가 있다. 필자는 2016년 2월 일본 오사카 그의 사무실에

사진 22 | 안도 다다오

서 그와 인터뷰를 한 적이 있었다. 안도 다다오는 세계적인 건축가인데다가 독특한 성격 때문에 인터뷰가 어려울 뿐만 아니라, 인터뷰를 하다가도 자리를 박차고 나간다는 말을 들었던지라 최대한 핵심적인 질문을 준비했다. 인터뷰는 1시간 동안 진행되었고, 한국의 건축계와 풍수에도 깊은 관심을 보여주었다. 대화의 핵심 질문과 답변이다.

"김두규: 클라이언트에게 의뢰를 받고 건물을 지으려 할 때 지어질 땅을 보게 될 터인데, 땅을 볼 때 어떤 원칙을 갖고 보십니까?

안도 다다오: 클라이언트의 생각을 중요하게 생각합니다. 클라이언트가 나에게 전달하는 마음과 생각을 제일 우선시합니다. 우리가 어떤 생각을 갖고 건축하고자 하는지 클라이언트에

사진 23 | 일본 오사카 안도 다다오 사무소에서 인터뷰 준비하는 필자 (한복)와 노자키 미쓰히코 오사카시립대 교수

게 전달하는 것도 중요합니다. 건축은 개인 작업이 아니라 공동으로 행하는 작업이기 때문입니다. 건축은 지은 뒤 그냥 두는 것이 아닙니다. 건축물은 앞으로 계속 남아 이용되기 때문에 클라이언트가 어떤 마음을 갖고 있는지 읽는 것이 제일 중요합니다. 그리고 제일 중요하게 생각하는 것 두 가지가 있습니다. 하나는 주변 자연 환경이고, 다른 하나는 역사성입니다. 건물 자체는 사람을 위해 만들어지는 것이기 때문에 그 곳을 이용하는 사람들과 장소에 대한 역사성을 이해하는 것이 매우 중요합니다. 이를 위해 지역 풍토나 그 지역의 오래된 건축물에 대한 책도 많이 읽으면서 건물을 완성해 나갑니다."

다시 노무현 대통령 사저와 건축가 정기용 선생 이야기이다.

정기용 선생과 점심을 마치고 헤어지면서 앞으로 가끔 찾아뵙겠다고 하였다. 그때 행정관에게도 풍수적 의견을 써주었다. 행정관은 앞으로 자문할 것이 많겠다고 하였다.

용龍과 풍수술사의 터 잡기에서의 차이

둘과 헤어진 필자는 다시 봉하마을로 왔다. 결혼식을 마치고 귀가한 노건평 씨와 이재우 씨를 만났다. 처음엔 몰라보더니 수 년 전(2002) 월간 『신동아』 취재 때의 기억을 되살려내어 편안하게 다시 이야기를 나눌 수 있었다. 생가 뒤 예정지와 마을 입구 쪽 산자락 두 곳을 다시 살폈다. 후자는 지금은 단감밭이 되었지만 일제강점기에는 일본인이 살았던 곳이었으며, 이재우 씨가 아는 사람의 소유이기에 구입에 어려움이 없다 하였다.

며칠 후 대통령의 형 노건평 씨로부터 전화가 왔다.

사진 24 | 당시 노무현 대통령 사저후보지로 잠시 언급되던 곳, 사진 속에 필자, 노무현 대통령 형 노건평 씨, 노무현 대통령 친구 이재우 진영조합장 모습이 보인다.

"대통령은 '봉화산 바위가 보이는 곳에 거실과 안방이 있는 곳에 사저를 짓기를 원한다'하니, 원래 계획대로 생가 뒤밖에는 대안이 없을 것 같습니다."

그에게 사저예정지와 봉화산 바위는 무엇이었을까? 하이데거는 횔더린의 시를 인용하여 '인간은 시적으로 거주한다(Dichterisch wohnet der Mensch).'고 하였다. 시적 태도란 사물(바위, 들판)들 스스로 자신을 드러낼 수 있도록 하여 사물의 성스러운 신비를 경험하면서 사는 것이다. 집을 짓는 것[BAUEN]은 생활의 안전을 도모하기 위한 것도 아니며, 건물을 미학적으로 아름답게 만들기 위한 것도 아니다. 그가 살아가게 될 땅과 바위 그리고 그 존재 이유를 환히 드러낼 수 있는 터전을 마련해주는 것이다. 그렇게 하였을 때 고향은 자신의 존재를 드러낸다. 고향이란 태어나서 자란 곳 그 이상의 의미이다. 나날이 줄어드는 농촌 인구, 농약으로 뒤범벅된 대지, 각종 거대 농기구들로 파괴되는 산하는 하이데거의 표현을 빌자면 '고향 상실의 시대'이다.

사진 25 | 독일 철학자 마틴 하이데거

이러한 잃어버린 고향을 되살리는 것이 귀촌과 그곳에 집짓기의 본래 목적이었다. 하지만 그 부분에서 노 전 대통령은 자기 주관이 뚜렷하였다. 영부인(권양숙 여사)이 '무섬증이 든다'는 것도, 경호책임자가 경호에 문제가 있다는 말도 듣지 않았다. 주변의 의견에 구애받지 않고 자기의 철학을 끝까지 극대화하여 관철하고자 하였다. 한마디로 대지와 화해하기보다는 대지를 지배하고 자기화自己化하려는 분이었다. 인연은 그것이 마지막이었다.

그 후 봉하마을에 많은 변화가 있었다. 2011년 즈음 권양숙 여사가 사저를 떠난다는 짤막한 언론 보도가 있었다. "여사께서 무섬증을 타시는구나"라는 생각이 얼핏 들었다. 이후 여사는 이곳을 나와 인근 다른 곳에 거주하는 것으로 알려졌다.

세월이 흘러 2017년 9월 다시 봉하마을을 찾았을 때 마을은 완전 도깨비 시장이 되어 있었다. 식당·가게·장터 등등이 마을을 덧칠하고 있었다. 우리나 사찰입구에 늘어선 각종 음식점과 술집을 연상시키는 분위기였다. 생전의 노무현 대통령이 꿈꾸었던 농촌 마을 모습이었을까? 분명한 것은 수많은 용들 가운데 진정한 의미에서 한 인간으로 이 땅에 태어나 집을 짓고 거주함을 실현하고자 한 사람 가운데 한 사람이었다. 훗날의 많은 '은룡'들이 본받아야 할 점이다.

5. 대통령집무실과 풍수
-불운한 청와대?-

문화융성과 박근혜 전 대통령

'2017년 10월 25일 승효상 건축가가 청와대 공부 모임인 상춘포럼에서 강연을 하였다.'고 그 즈음 여러 신문이 보도했다. '청와대 터가 풍수상 문제가 되니 옮겨야 한다.'는 내용도 포함되었다 한다.

2013년 3월 조선일보 필자의 칼럼 '국운풍수'에서 갓 취임한 박근혜 대통령의 청와대 입성을 주제로 덕담삼아 다음 글을 썼다.

"금강산·설악산·삼각산·팔공산·계룡산·모악산 등등의 산봉우리들은 북악산처럼 화강암으로 양명陽明하면서도 '웅雄'하고 '장壯'하다. 산 높고 물 곱고[山高水麗], 그 위를 비추는 아침 해는 선명하다[朝日鮮明]. 이런 터에 큰무당들이 몰려들고 큰 종교들이 자리를 잡은 것도 우연이 아니다. 큰무당은 여성들이며, 이와 같은 터에 쉽게 감응하는 것은 문화예술이다. 최근 세계적으로 주목을 받는 우리나라 인물들 가운데 문화·예술·체육계가 많은 것은 우연이 아니다. 한류는 우리 국토가 갖는 화기가 환희용약歡喜踊躍(기뻐 날뜀)하는 현상이다. (…) 청와대 터는 문화융성과 더 궁합이 맞는다. 괴테(Goethe)는 '영원히 여성적인 것이 우리를 고양한다.'고 했다. 물론 여성적인 것이 여성은 아니다. 그러나 이번 대통령은 여성이기에 그 여성성과 문화를 통해서 세계대국을 만들 수 있다는 것이다."

그때 이 글을 쓴 것은 박근혜 대통령을 계기로 '청와대 흉지설'이 종식

되기를 바라는 마음에서였다. 역대 대통령들이 불운하게 될 때마다, 그리고 측근 비리가 터질 때마다 청와대 터가 문제라는 이야기가 돌았다. 이승만 전 대통령은 하와이로 망명하였고, 박정희 전 대통령은 시해됐다. 전두환·노태우는 구속되었다. 김영삼 전 대통령은 IMF로 나라를 흔들어 놓았고, 김대중 전 대통령의 아들은 감옥에 갔다. 노무현 전 대통령은 스스로 목숨을 끊었다. 집권 초기 이명박 전 대통령이 언론사 간부들을 초청하여 간담회를 할 때 당시 유우익 비서실장과 한겨레 김종구 편집국장 사이에서 청와대 풍수 논쟁이 붙었다. 그런데 이명박 전 대통령도 다스와 관련하여 수사 대상이 되어 구속되었다. 박근혜 전 대통령도 파면당했다. 두 전직 대통령이 동시에 구속된 것이다.

청와대 흉지설이 힘을 받지 않을 수 없다.

왜 대통령집무실을 이전하려고 하는가?

2017년 3월 박근혜 대통령에 대한 헌재의 파면이 확정되자, 대선주자들의 공약들이 쏟아지기 시작하였다. 그 가운데 하나가 '대통령집무실 이전'이었다. 문재인·안철수·안희정·유승민 후보가 대통령집무실을 옮기겠다고 공약하였다. 19대 대선에서 처음 있는 일이 아니다. 이전 대선주자들인 김영삼·이회창 후보도 대통령 집무실을 다른 곳으로 옮기겠다는 공약을 하였다. 공약은 실현되지 않았다.

문재인 대통령의 대선 공약 가운데 하나가 광화문집무실 이전이었다. 이후 광화문집무실 이전을 구체화한다는 뉴스가 간헐적으로 나오지만 언제 어디로 이전할 것인지 알려진 바가 없다.

"문재인 대통령의 고교 동창 건축가 S씨와 전 문화재청장을 지낸 Y

씨 등이 주도하고 있다는 소문뿐이다. 대통령집무실 뿐만 아니라 비서실과 경호실 등 부속기관이 동시에 움직여야 하므로 쉬운 일이 아니다. 광화문정부청사나 별관의 경우 공간의 협소함과 보안이 문제가 될 것이다. 그래서 광화문정부청사를 대통령집무실로 하고 다른 부속기관은 길 건너 고궁박물관을 쓰게 한다는 소문도 들린다."

이창환 전 한국전통조경학회장·상지대 교수

광화문정부청사 및 별관에 근무하는 공무원들도 마찬가지이다. 대통령집무실을 옮길 경우 그들의 집무공간을 내주어야 한다. 이미 행안부는 세종시 이전이 확정되었지만, 그 밖의 광화문청사 내 부처도 연쇄이동이 불가피하다.

왜 대통령집무실 이전이 역대 대선 후보자들의 공약이 되었는가?

몇 가지 이유가 거론된다. 첫째, 청와대 본관의 협소함 때문이다. 이

사진 26 | 광화문정부청사

문제는 아주 오래전부터 제기되었다. 김영삼 대통령 측근이었던 정재문 전 외교통상위원장은 당시 대통령에게 청와대 본관을 철거하고 그 자리에 고층 건물을 지어 근무공간을 확대할 것을 건의하기도 하였다. 둘째, 본관·비서실·관저가 서로 멀리 떨어져 있다. 그런데 이 문제는 문재인 대통령이 여민관으로 집무실을 옮겼기에 문제가 해결

되었다. 셋째, 경복궁 뒤쪽에 푹 박혀 있어 '소통부족'이 야기되었다는 것이다. 대통령의 민주주의에 대한 확고한 신념과 탈권위의 문제이지 터의 문제는 아니다.

청와대 흉지설 전말

그런데 이러한 이유보다는 '청와대 흉지설'이란 찝찝한 소문이 더 결정적이라는 것이다. 청와대 흉지설을 처음 주장한 이는 최창조 전 서울대 교수이다. 1993년에 최 교수는 '청와대 터의 풍수적 상징성은 그곳이 살아 있는 사람들의 삶터가 아니라 죽은 영혼들의 영주처이거나 신의 거처'라면서 조선총독들뿐만 아니라 역대 대통령들이 신적인 권위를 지니고 살다가 뒤끝이 안 좋았다는 주장을 펼친다. 여기에 풍수술사들까지 덩달아 진지한 성찰 없이 그 내용을 확대시키면서 청와대 흉지설이 굳어진다. 부끄러운 이야기이지만 필자 역시 비판 없이 그 내용을 수용하였다. 그 당시, 즉 1990년대에는 청와대를 들어가 보지도 못했고 주변 답사도 제대로 못한 필자의 미숙함이었다.

신의 거처, 즉 큰 사찰이나 성당이 들어서려면 풍수상 2가지 조건에 부합해야 한다. 첫째는 흙산[肉山]이 아닌 돌산[石山]이어야 한다. 두 번째 조건은 터를 감싸는 좌우 산들이 완벽하게 감싸주어야 한다. 즉 경복궁과 청와대의 내백호와 내청룡에 해당되는 경향신문사에서 조선일보사에 이르는 지맥(내백호)과 감사원에서 한국일보사로 이어지는 지맥(내청룡)이 좀 더 높고 길게 뻗어 나와 교차해주어야 한다. 그런데 이러한 두 지맥이 낮은데다가 서로 교차하지 못하여 내수구[內水口]가 벌어져 있다. 이곳이 신들의 거처가 될 수 없는 이유는 이 두 번째 조건을 충족시키지 못하기 때문이다.

이 일대가 왕궁 터로서 역사에 등장한 것은 1,000년 전 고려왕조 때이다. 1101년 당시 숙종 임금의 명으로 새로운 도읍지를 물색하던 윤관과 최사추가 이곳을 추천한다.

"새로운 도읍지를 물색하라는 명을 받고 노원역(노원구 상계동), 용산(지금의 용산) 등 여러 곳을 살폈습니다. 모두 적당하지 아니하고 삼각산 북악 남쪽이 산 모양과 수세가 옛 문헌과 부합됩니다. 남향으로 하되 지형을 살려 도읍을 건설할 것을 청합니다."

고려를 멸망시킨 조선은 개경을 버리고 한양에 도읍을 정하면서 이곳을 정궁으로 삼았다. 흉지설은 조선 초기에 잠시 대두되었다. 1404년 당시 임금 태종은 조준·하륜 등 대신들과 당대 최고의 풍수사 이양달·윤신달 등을 불러 이곳 터를 잘못 잡았음을 질책한다. "내가 풍수책을 보니 '먼저 물을 보고 다음에 산을 보라'고 하였더라. 만약 풍수책을 참고하지 않는다면 몰라도 참고한다면 이곳은 물이 없는 땅이니 도읍이 불가함이 분명하다. 너희가 모두 풍수지리를 아는데, 처음 태상왕(이성계)을 따라 도읍을 정할 때 어찌 이 까닭을 말하지 않았는가." 그러나 그 당시 원로 풍수관료들(이양달·고중안)은 길지임을 일관되게 주장한다. 또한 경복궁 터에 회의적이었던 태종도 이곳에서 나라를 다스려 그의 재위 시절에 조선의 기틀을 완성시켰다.

이곳이 흉지라는 주장이 공식적으로 제기되어 논쟁이 된 것은 1433년(세종 15)이다. 당시 풍수관리 최양선은 "경복궁의 북쪽 산이 주산이 아니라, 목멱산(남산)에서 바라보면 향교동(현재의 운니동 부근)과 이어지는 승문원(현재의 현대사옥일대)의 자리가 실로 주산이 되는데, 도읍을 정할 때에 어째서 거기다가 궁궐을 짓지 아니하고 북악산 아래에다 하였을까요."라면서 경복궁 흉지설을 제기한다. 여기에 청주 목사 이진도 가세를 한다. 이진은 박학다식에 정치적 능력도 탁월하여 조정에서 신임을 받은 유신儒臣이었다.

> "대체로 궁궐을 짓는데 먼저 사신四神의 단정 여부를 살펴야 합니다. 이제 현무인 백악산(북악산)은 웅장하고 빼어난 것 같으나 감싸주지 않고 고개를 돌린 모양이며, 주작인 남산은 낮고 평평하여 약하며, 청룡인 낙산은 등을 돌려 땅 기운이 새어나가며, 백호인 인왕산은 높고 뻣뻣하여 험합니다."

세종이 손들어 준 경복궁·청와대 터 길지론

이러다 보니 세종도 진지하게 생각하지 않을 수 없었다. 그는 승정원에 지시하여 풍수에 능한 자들과 논의를 하라고 한다. 임금의 명을 받은 도승지 안숭선은 황희·신상 등과 함께 직접 남산에 올라가 경복궁 뒷산인 백악산 산줄기를 살핌과 동시에 풍수관리 최양선·이양달·고중안·정앙 그리고 풍수에 능한 대신들로 하여금 논의를 하도록 한다.

이때 이들의 의견은 두 가지로 갈린다. 이양달·고중안·정앙과 같

사진 27 | 백악산 정상

은 풍수관리들은 경복궁 길지설을 견지하였고, 최양선 등은 흉지설을 주장한다. 경복궁 길지설을 주장하는 측의 의견이다.

"백악산은 삼각산 봉우리에서 내려와 보현봉이 되고, 보현봉에서 내려와 평평한 언덕 두어 리가 되었다가 우뚝 솟아 일어난 높은 봉우리가 곧 북악이다. 그 아래에 명당을 이루어 넓찍하게 바둑판 같이 되어서 1만 명의 군사가 들어설 만하게 되었으니, 이것이 바로 명당이고, 여기가 곧 명당 앞뒤로의 한복판 되는 땅이다."

결론이 도출되지 않자 세종이 직접 백악산에 올라가 지세를 살피면서 동시에 양측의 주장을 청취하고 결론을 내린다.

"오늘 백악산에 올라서 오랫동안 살펴보고, 또 이양달과 최양선 등 양측 말을 들으면서 여러 번 되풀이로 살펴보니, 보현봉의 산맥이 곧게 백악으로 들어왔으니 지금의 경복궁이 제대로 된 명당이다."

이어서 최양선을 '미치고 망령된 사람으로 실로 믿을 것이 못된다狂妄之人, 固不足信.'고 혹평한다. 세종의 뒤를 이은 문종과 단종 역시 최양선을 싫어하자, 최양선은 고향 서산으로 은퇴한다. 그러나 세조가 집권하자 최양선은 다시 경복궁 흉지설을 주장하는 상소를 올려 세조와 대면할 기회를 가진다. 서기 1464년(세조 10)의 일로 그때 최양선의 나이는 80이 넘었다.

그러나 그의 주장은 후배 풍수관리 최연원에게 여지없이 논박 당한다. 세조는 나이 많은 최양선을 벌하지 않고 웃으면서 의복을 주어 내보낸다. 이때 장면을 사관은 다음과 같이 기록하고 있다.

> "성질이 우활하고 기괴하며 험악하여 자기 소견만이 옳다 하고 (…) 술법을 잘못 풀면서 음양·지리에 정통하다고 하니 천하의 미친놈天下之妄人이다."

"천하의 미친놈" 최양선의 경복궁·청와대 터 흉지론

결국 경복궁 흉지설은 최양선 한 사람에 의해 집요하게 주장된 셈이다. '터의 좋고 나쁨을 보려거든 그곳에 살았던 3대를 보라欲知其吉凶, 先看三代主.'고 하였다. 경복궁에서 통치하였던 조선의 임금을 보면 그 답을 찾을 수 있다. 태종에 이어 세종도 이곳 경복궁에서 집무하면서 우리 영토를 백두산까지 확장시켰다. 지금의 한반도 모습이 갖추어진 것도 이때였다. 또 세종 때 한글이 만들어졌다. 우리 문자를 만듦으로써 우리 민족으

사진 28 | 경복궁을 길지로 인정한 세종대왕상

로 하여금 '자기의식'을 갖게 했다. 우리 민족사의 큰 업적이다. 광화문 광장에서 세종상이 세워진 것은 우연이 아니다.

세종의 아들 세조는 왕권확립과 함께 문화를 크게 융성시켰다. 그의 손자 성종은 『경국대전』을 완성·반포하였다. 조선의 전성기는 바로 이때였고 그 활동무대는 경복궁이었다. 조선왕조가 이곳 때문에 망했다는 풍수술사들의 말도 있으나 세계 역사상 한 왕조가 500년이 지속된 것도 드문 일이다. 왕조 평균 수명이 200년 안팎이니 두 배 이상의 수명을 누린 셈이다.

대한민국 수립 이후, 박정희 대통령은 청와대에 있으면서 절대 빈곤을 해결했고, 산업화에 성공하여 경제대국의 토대를 마련하였다. 노태우 대통령 때는 올림픽을 치러 전 세계에 대한민국의 존재를 알렸다. 김대중 대통령은 노벨평화상을 받아 우리의 국격을 높였다. 월드컵 4강 신화가 만들어진 것도 이때였다. 노무현 대통령은 서민 대통령으로서 민주주의를 진일보시켰으며, 반기문 유엔 사무총장을 탄생시켰다. 근대화에서 민주화로 그리고 세계화로 우리나라는 진보해왔다.

대통령들의 말로가 불행했다면 그것은 개인의 불행이었지 국가의 불행은 아니었다. 그들은 본래 역사의 하수인이었다. 이성(Vernunft)은 '자신의 자유의지를 역사 속에서 실현시키기 위해 자기 자신을 공물로 삼지 않고 정열과 야망을 지닌 개인을 활용한다.'는 것이 헤겔(Hegel)이 말하는 '역사의 하수인'론이다. 그들은 때가 되면 용도 폐기되어 가차 없이 버려진다. 알렉산더·시저·나폴레옹 등 세계적 영웅들도 결국 '역사의 하수인'일 뿐이다. 한 나라의 지도자가 되려는 정열과 야망을 가진 이들이라면 역사가 진보하는 과정에서 받아들여야 할 운명이다. 땅이 두려워 집무실을 옮긴다면 지도자의 운명을 회피하는 것이다.

박정희 대통령의 풍수관

문재인 대통령이 대선 공약이던 '광화문 집무실' 이행을 취소하였으나, 대통령집무실을 옮기려고 했던 것은 이번이 처음은 아니다. 과거에 대통령 집무실이 아니라 수도를 옮기고자 하였다. 두 명의 전직 대통령이 있었다. 국운을 생각할 때 청와대를 옮기는 것이 옳다고 판단한 것이다. 박정희와 노무현 전 대통령이다.

특히 박정희 전 대통령의 수도 입지에 대한 고민은 진지했다. 그는 6·25 전쟁 직후 이승만 대통령이 새로운 곳에 수도를 건설하지 못한 것을 아쉬워했고, 그 자신이 대덕 연구단지를 만들 때 그곳을 행정수도로 생각하지 못한 것을 후회하였다. 그러한 고민 끝에 1977년 임시행정수도 건설을 발표했다. 그가 새로이 행정수도를 옮기고자 한 까닭은 인구 집중, 국토의 불균형발전 등 복합적이었지만 북한의 사정거리 안에 서울

사진 29 | 국사봉 아래 김종서 장군 무덤에서 바라본 '임시행정수도'처

이 들어 있다는 것이 가장 큰 이유였다.

임시행정수도 건설을 위한 기획단(단장 오원철)이 구성됐고, '백지계획'이란 암호 아래 준비가 진행되었다. 충남 공주시 장기면(현, 세종시 장군면) 일대로서 그 진산은 국사봉이고 안산은 장군봉이었다. 국사봉 아래 김종서(세종 때 인물) 장군의 무덤이 있어 그 현장을 쉽게 찾을 수 있다

그러나 1979년 대통령 서거와 함께 백지계획은 문자 그대로 백지화되고 말았다.

그로부터 20여 년 후인 2002년 당시 노무현 민주당 대선후보는 국가균형발전을 위해 충청권에 '신행정수도건설' 공약을 내세웠다. 대통령에 당선된 뒤 그는 신행정수도건설추진단(단장 이춘희)을 만들게 하였다. 그러나 헌법재판소의 위헌판결로 행정수도 이전은 좌절되었다. 대신에 행정부처만 옮기는 '행정중심복합도시건설안'으로 축소·변경되어 지금의 세종시가 탄생하게 된다. 만약 박·노 전 대통령의 천도론이 실행되었더라면 지금의 대통령집무실 이전 논의는 생기지 않았을 것이다.

대통령집무실 이전은 공론화 과정을 거쳐야

도읍지를 옮기는 것만큼은 어렵지 않으나 대통령집무실 이전도 간단하지 않다. 굳이 해야 한다면 몇 가지 전제하에서 그리고 공론화 과정을 거쳐서 이루어져야 한다.

첫째, 세계 10대 경제대국이 된 대한민국이다. 한류는 전 세계를 열광시키고 있다. 이에 걸맞게 대통령 집무실도 국격을 갖추어야 한다. 둘째, 남북통일 후의 수도를 염두에 두어야 한다. 셋째, 현재 과천·대전·세종 등으로 분산된 각 부처들과의 관계도 고려해야 한다.

몇 가지 대안을 생각해 볼 수 있다.

사진 30 | 청와대가 이전되었다면 대통령 집무실이 지어졌을 세종시 원수산 아래 빈터

첫째, 서울을 떠나 세종시로 옮기는 방안이다. 세종시에는 원래 대통령집무실을 위한 공간이 지금도 빈터로 남아있다. 세종시의 주산인 원수산 지맥을 받은 혈처穴處를 그대로 비워두고 있다. 신행정수도건설추진단 단장을 시작으로 처음부터 세종시 건설에 책임을 맡았던 이춘희 현 세종시장의 일관된 철학의 결과물이다

그러나 이미 헌재에서 '수도이전이 위헌'이란 판결이 난 만큼 개헌에 가까운 큰 변화가 있어야 세종시로 옮길 수 있기에 현실적으로 어려움이 많다.

둘째, 과천정부청사를 대통령궁과 국회의사당으로 활용하는 안이다. 소설가 이병주가 소설『바람과 구름과 비』에서 도읍이 될 만한 곳으로 묘

사한 곳이기도 하다. 웅장한 관악산을 주산으로 그 아래에 대통령궁과 국회의사당이 들어선다면 경제 대국에 걸맞은 공간배치가 될 것이다. 특히 과천정부청사 옆의 중앙공무원교육원은 그대로 대통령 집무실과 관저로 활용할 수 있다. 원래 대통령 집무를 염두에 두고 지어졌기 때문이다. 문제는 행정구역이 경기도이기에 천도론 논쟁에 휘말릴 수 있다. 그러나 행정구역 개편으로 이곳을 서울로 편입시킨다면 별 어려움이 없다.

'한류韓流'의 대통령궁

셋째, 4대문 안에서 대통령 집무실을 옮기는 경우이다. 이 경우 몇 가지 후보지가 등장한다. 경복궁 동쪽에 자리한 국립현대미술관 서울관은 10여 년 전까지 국군기무사령부가 자리하던 곳이다. 군사시설이었기에 지하시설도 완비되어 보안상 어려움이 없다. 이곳은 경복궁 내청룡에 해당되는 자리이다. 백호가 예술과 재물을 주관한다면, 청룡이 명예와 벼슬을 주관하는 기운을 갖고 있다. 이곳이 불가하다면 다른 후보지로는 국립현대미술관에서 조금 내려와 대한항공이 소유하고 있는 송현동 빈터(덕성여자중학교와 종로문화원 사이의 빈터)가 있다. 원래 국방부 소유에서 미대사관숙소 부지로 주인이 바뀌었다가 대한항공이 사들였으며 7성급 호텔을 지으려다 허가를 받지 못한 곳이다. 이곳에 대통령 집무실이 새로이 들어선다면 경복궁과 함께 우리민족의 '과거와 현재'를 보여 줄 수 있는 입지이다. (현재 이곳을 서울시가 매입하여 '역사문화공원'을 조성할 계획이지만 그 실현 여부는 미지수이다.)

또 하나의 방법은 기존 궁궐을 활용하는 방안이다. 경복궁을 대통령궁으로 활용하는 것이다. 광화문을 통해 당당하게 대통령과 관료들이 대통령궁으로 들어가고, 우리나라를 방문하는 외국의 대통령과 사절들도 여기서 맞게 한다. 품격 있는 공간이 확보되면 그에 걸맞게 사람들이 채워진다.

그러나 이보다 더 구체적이며 실현 가능성이 있는 것이 경희궁 활용이다. 경복궁·창덕궁·덕수궁에 비해 방문객도 그리 많지 않고, 인근의 주요 공공건물들(서울역사박물관·서울시교육청·기상청서울관측소)을 부속 건물로 활용할 수 있다.

경희궁은 1617년(광해군 9) 풍수술사 김일룡이 새문동에 새로 궁궐을 지을 것을 청하면서 시작한다. 왕기가 서렸다는 이유에서였다. 그곳은 원래 광해군의 이복동생 정원군의 집터였다. 광해군은 이복동생의 집터를 빼앗아 궁궐을 지었으나 인조반정으로 임금 자리에 쫓겨나고 원래의 주인(정원군과 그 아들 인조) 차지가 된다. 인조부터 철종에 이르기까지 10대 임금들이 이곳에서 머물렀다. 영·정조의 치세도 이곳에서 이뤄졌다. 조선이 망한 뒤 일본인 중학교로 그리고 해방 이후 서울고등학교 터로 활용되다가 최근에 일부가 복원되었다. 풍수적으로 흉지라는 소문이 한 번도

사진 31 | **경희궁 전경**(좌)과 그 옆에 있는 **지하벙커**(우)

없던 곳이다. 경희궁을 추가 복원하되 내부를 현대식으로 하여 대통령집무실로 활용하는 것은 어려운 일이 아니다. 남북한이 대치하기에 보안이 중요한데 경희궁 동쪽 담장과 인접한 곳에 거대한 지하벙커(280평 규모)가 있다. 일제가 미군의 폭격을 대비하여 만들어놓은 피난시설로서 조금만 손보면 지금도 집무가 가능한 완벽한 지하 벙커이다.

경희궁 뒤쪽의 나지막한 언덕은 대통령과 참모 그리고 행정관들의 산책공간으로도 좋다. 광해군이 이 터를 유난히 눈독 들였던 것은 왕기가 서렸다는 이유에서였지만 실제로 그가 생각하는 거처의 이상 조건, 즉 '거처는 반드시 밝고 넓게 트인 땅이어야 한다居處必取疏明開豁之地.'에 부합하였기 때문이다. 풍수에 문외한이라도 경희궁의 정전인 숭정전 앞에 서 보면 "밝고 넓게 트인 땅"임을 알 수 있다.

전 세계가 열광하는 한류의 근원지로서 대통령의 집무실이 전통 궁궐 양식이라면 이보다 더 좋은 일이 있을까? 세계경제대국이자 문화강국에 걸맞은 새로운 대통령궁이 탄생하기를 기대한다. 아울러 청와대 흉지론도 더 이상 언급되지 않기를 바란다. 땅이 무슨 잘못인가?

6. 북한은 풍수를 어떻게 활용하는가?

천재 실학자 황윤석의 8대손인 북한의 실력자 황병서

2014년 인천아시아게임이 개최되었을 때 당시 2인자 황병서 총정치국장이 남북고위급회담을 위해 우리나라에 왔다. 당시 북한의 2인자였기에 그에 대한 관심이 많을 수밖에 없었다. 그러나 2017년 어느 날 그는 북한의 정치무대에서 사라졌다. 숙청을 당했다는 소문뿐이다.

18세기에 호남의 천재 실학자가 있었다. 황윤석이었다. 그는 풍수에도 깊은 관심을 보여 수많은 풍수인들과 교유하였고 그들에 대한 기록을 남겨 지금까지 전해진다. 이러한 정성 덕분에 황윤석의 집안은 고창 부근에 호승예불형胡僧禮佛形(황윤석의 윗대 조상묘들), 정읍에 야자형也字形(황윤석의 조부와 손자 묘), 순창에 오선위기형五仙圍碁形(황윤석의 증손자 묘), 화순에 장군대좌형將軍對坐形(황윤석 묘) 등의 명당을 차지하여 지금까지 전해지며 수많은 풍수사들의 교과서적인 답사지가 되고 있다.

황병서는 황윤석의 8대손이다. 한때 그가 북한의 2인자가 되었을 때 일부 그 내막을 아는 사람들은 그것이 바로 조상의 명당 덕이라고 하였다. 황병서의 아버지 황필구는 고창 출신으로 해방 전 일본유학 후 원산에서 검사로 근무하던 중 남북분단이 되자 북한에 남게 된다. 그는 1950년 전쟁 중 남으로 내려와 광주에서 고위간첩으로 암약하다가 1959년 체포되었

사진 32 | 한때 북한 2인자였던 황병서의 부친 황필구 묘
(전북 고창군 성내면 소재)

사진 33 | 황병서의 조상 황윤석(18세기 호남의 실학자) 생가

다. 그때 북에 두고 온 아들(황병서)의 나이 10살이었다(황병서는 1949년 생).

무기수로 수감되어 전향을 거부하던 그는 1985년 자살한다. 그의 친형이 황필구의 시신을 수습하여 고창 성내면 선영 모퉁이에 안장하였는데, 지금도 찾는 이 없이 초라하게 전해진다. 비록 황병서는 북에서 출생하여 북에서 활동하지만, 그의 다른 일가들은 남한에서 벌족을 이루고 있다. 실학자 황윤석 집안의 풍수관을 연구하여 전북대 사학과에서 학위를 취득한 유기상 박사(2021년 현재, 고창군수)는 북한 황병서의 출세는 고창 선영의 명당 덕도 보았을 것이라는 의견이다. 김정은의 고모부 장성택 처형에서 알 수 있듯, 북한처럼 사람 목숨을 가벼이 하는 곳에서도 '명당발복'이라는 '기제機制'가 작동하는지 유기상 박사가 가장 궁금해 하는 부분이다.

풍수로 그 나라를 파악한다

평창동계올림픽을 앞두고 남과 북이 10년 만에 다시 만났다. 북한의 삼지연관현악단이 강릉과 서울에서 연주를 한다. 악단 이름 '삼지연'의 유래가 궁금하다. 왜 '삼지연'일까? 평창동계올림픽을 계기로 북한의 풍수를 소개하기로 한다.

우리가 북한에 관심을 갖는 것은 한민족이기 때문이다. 한민족이기에 상봉과 왕래는 당연한 일이다. 그러나 정치·사회·경제 체제가 다르면 삶의 양식뿐만 아니라 정신구조도 달라진다. 70년이 넘은 분단으로 남과 북은 너무 많이 달라졌다. 심지어 사람의 체형과 얼굴 모습까지 달라졌다. 역사적으로 풍수는 삼국시대 이후 조선왕조까지 작게는 한 집안에서 크게는 국가의 통치행위에 활용된 술수였다. 해방 이후 분단된 남북한에서 그 수용 모습은 달라졌다. '풍수를 통해서 그 국가(혹은 집안)의 실체를 파악할 수 있다'라는 것이 필자의 지론이다. 풍수로 보는 북한은 어떤 나라일까?

북한의 공식적인 풍수관
북한은 풍수를 다음과 같이 정리하여 부정한다.

"봉건시대 집자리와 그 밖의 건물, 무덤자리 등의 자연 지리적 조건을 인간생활의 행복과 운명에 련결시켜 꾸며낸 여러 가지 허황한 설. (…) 봉건시대에 풍수설은 국가적으로도 공인된 '학문'으로 되어 고려 때에 봉건국가는 이에 따라 수많은 절, 궁실 등을 여러 곳에 지었다. 관료지주들도 풍수설에 따라 집이나 무덤자리 등을 잡았다. 이와 관련해서 량반들 사이에서는 좋은 무덤자리를 차지하기 위한 추악한 싸움이 벌어졌다. (…) 풍수설은 자연과 사회에 대한 과학적 인식이 부족한 데서 나온 미신의 한 종류였다. 봉건통치배들은 잘 살고 못사는 것, 신분적으로 높고 낮은 차이가 사회제도 자체의 모순에 있는 것이 아니라 마치 집자리, 무덤자리와 관련이 있는 것처럼 풍수설을 퍼뜨림으로써 하층민들의 계급의식과 투쟁정신을 마비시키려고 하였다."

『력사사전』

이와 같은 북한의 풍수비판은 조선후기 실학자들에 의한 풍수비판과 상통하는 부분이 있다. 북한에서 편찬한『조선통사』의 인용문이다.

"18세기 실학자들은 인식론에 있어서도 인식의 객관적 기초와 인식에서의 경험이 노는(하는) 역할을 강조하였으며 사람은 행동한 후에야 아는 것이 있게 된다고 주장하였다. 또한 그들은 당시 봉건사회에 퍼지고 있던 풍수설, 무당, 불교 등을 부정하면서 일정하게 무신론적 견해들을 내놓았다."

『조선통사』

그렇다면 현재 북한에서 풍수는 완전히 사라졌는가?
아니다. 오히려 정권유지에 더 잘 활용하고 있다. 어떻게 활용하고 있는가?

한민족 백두산 주산론과 북한의 백두혈통론

'백두산주산론'에 근거한 '백두혈통론'이다. 백두산은 김정일 위원장의 출생지이다. 본래 백두산은 한반도와 만주 땅에 활동하였던 우리 민족의 영산이자 만주족의 영산이기도 하였다. 백두산 이북은 고조선·고구려·발해의 활동무대였고, 이남은 고려와 조선의 활동무대였다. 지금도 남북한 모두 백두산을 한민족의 주산이자 영산으로 상념하고 있다. 그런데 북한이 백두산을 좀 더 적극적으로 활용하고 있다.

> "백두산은 혁명의 성산으로 우리 인민의 가슴 속에 더욱 소중히 간직되어있다. (…) 우리 인민은 백두산을 생각할 때마다 (…) 위대한 수령님의 영광찬란한 역명열사와 우리 당의 영광스러운 혁명전통에 대하여 먼저 생각하되 된다."
>
> 『혁명의 성산 백두산』

이러한 성산에서 김정일 위원장이 태어났다는 선전은 북한 주민뿐만 아니라 풍수적 관념에서 자유롭지 못한 남한 사람들에게조차 그럴듯하게 들린다. 한민족의 백두산주산론과 그들의 백두혈통론을 동일시하여 북한 통치에 활용하고 있다. 평창올림픽 때 강릉과 서울에서 공연을 하는 삼지연관현악단에 등장하는 '삼지연'은 바로 이곳 백두산이 있는 군 명칭이자 북한 혁명전적지와 김일성 별장이 있던 곳이다. 백두산을 얼마나 신성시 하는지를 보여주는 대목이다. 이른바 인걸지령人傑地靈론을 활용하는 것이다. 그러한 전통은 김정은 위원장에게도 이어진다.

김정은 위원장은 원산 인근에 있는 김정일 위원장의 별장 '602호 초대소'에서 태어나 어린 시절을 보낸 것으로 알려져 있다. 그러한 까닭으로 마식령 스키장, 갈마비행장, 금강산-원산 일대를 국제 관광지로 개발하면서 성역화 작업을 진행 중이다. 평창동계올림픽을 앞두고 북한이 남북팀으로 하여금 마식령스키장에서 공동훈련을 하게 한 것도 앞으로 김정은 위원장의 탄생지를 성역화하는 하나의 작업으로 여겨진다.

금구머리형국에 안장된 김일성 주석과 김정일 위원장

북한은 1990년대 후반부터 '대동강 문화론'을 주장해왔다. 대동강 유역, 특히 평양이 세계사적으로 4대문명과 맞먹는 고대 문명의 발상지인 동시에 고대 문화의 중심지라는 주장이다. 이렇게 되면 고조선·고구려·발해의 활동 중심지가 드넓은 만주 땅이 아니라 평양이 중심지가 된다. 그 논리대로라면 평양은 우리 민족의 성지가 되며 우리 역사의 정통성은 남한이 아닌 북한에 있게 된다. 대동강 문화론의 근거가 풍수설이다. "예로부터 위인은 산 좋고 물 맑은 곳에 태어나는 법이며 (…) 평양은 산수 수려하여 단군과 같은 성인이 태어날 수 있고 국가가 세워져 도읍할 수 있으며 민족이 기원할 수 있는 최상의 적지"여서 평양을 중심으로 하는 대동강 문명이 발생했다는 주장이다. 평양이 단군조선을 낳았듯이 김일성 왕조도 낳았다는 것이다. 그러한 길지인 평양에서도 그 핵심 명당에 김일성·김정일 묘가 자리한다고 선전한다.

북한의 풍수활용은 김일성 주석과 김정일 위원장 무덤 입지를 통해 알 수 있다. 김일성 주석과 김정일 위원장은 금수산 모란봉 기슭에 안장되었다. 어떤 곳일까? 『동국여지승람』은 금수산을 평양의 진산鎭山으로 적고 있다. 모란봉은 금수산 제일봉으로 마치 모란꽃처럼 생겼다 하여 붙여진 이름으로 풍수상 금수산의 주맥에 해당된다. 이곳에 오르면 평양이 한눈에 들어올 뿐만 아니라 을밀대와 부벽루 등이 금수산 아래 흐르는 대동강과 더불

사진 34 | 평양 김일성, 김정일 묘 위치

어 천하의 명승을 이루고 있다. 명나라의 사신 주지번은 이곳 연광정練光亭에 그 기막힌 경치를 보고 '천하제일강산天下第一江山'이란 현판을 스스로 써서 달았는데 그 현판은 지금까지 전해온다. 평양의 진산에 집무처를 정하고 사후에는 그곳에 안장되었다는 것은 평양을 수호하는 신이 되겠다는 의미이다.

김일성 주석이 과연 평양의 지세를 풍수적으로 알고 한 것일까 아니면 우연히 정해진 것일까? 생전에 김 주석은 '평양의 명당 핵심 자리는 바로 인민대학습당터'라고 언급한 데서 알 수 있듯 풍수가 무엇인지를 알고 있었다. 또한 김 주석 사후 그가 안장된 곳을 북한 평양방송은 "금수산(모란봉)의 생김이 풍수설에서 일등 진혈로 여기는 금거북이 늪에 들어가는 모양인 금구머리형국이다"(1999. 4. 6.)라고 하였다.

왜 그들은 풍수상 길지에 집착하는가? 중국 성리학의 대가 주자朱子와 정자程子는 풍수지리에도 깊은 조예가 있어 각각 「산릉의장山陵議狀」과 「장설葬說」을 남겼는데 조선 왕실뿐만 아니라 사대부들이 금과옥조로 여기면서 터 잡기에 참고하던 글이다.

이들 주장의 핵심 내용은 '좋은 땅에 조상을 안장하면 그 조상의 영혼이 편안할 것이며 그 자손이 번성할 것인데 이는 마치 나무의 뿌리를 북돋워주면 줄기와 잎들이 무성해지는 이치와 같은 것'이라는 것이다. 길지를 찾는 이유는 '자손 번영의 구원지계久遠之計'였다. 과거 봉건왕조에서 풍수가 유행했던 이유이다. 김일성 후손의 영원한 집권을 이를 통해 희망했다는 점에서 북한 역시 그들이 비난했던 봉건왕조의 전통을 그대로 계승하고 있다.

북한이 '봉건도배들의 미신'인 묘지 풍수를 그대로 활용하고 있음은 혁명열사릉(우리나라의 국립 현충원에 해당)의 입지에서도 확인할 수 있다. 평양의 진산인 금수산에서 북으로 20 리를 채 못가 대성산(구룡산)이란 명산이 있다. 이곳 대성산에는 혁명열사릉이 있을 뿐만 아니라 단군릉이 있다. 실제 단군릉이 아니다. 1993년 김일성 주석이 현지에 와서 직접 터를 잡아 조성한 것이다. 또 근처에는 대화궁大花宮 유적지가 있다.

대화궁은 '대화세大花勢'에서 유래된 이름으로 대명당의 다른 이름이다. 고려 인종 때 풍수승風水僧 묘청이 이곳이 대명당임을 주장하여 서경천도론을 주창하였던 곳이다. 역사학계의 태두 이병도 박사가 해방 전 이곳을 답사한 뒤 '산수취합山水聚合, 풍기포장風氣包藏, 용호상등龍虎相等, 주객主客 상대하여 풍수지리상 좋은 조건을 구비'(『고려시대의 연구』)하였다고 평한 것에서 알 수 있듯 객관적으로 좋은 땅이었다. 그뿐만 아니다. 이곳 대성산에는 고구려 장수왕이 국내성에서 평양으로 도읍을 옮겨 처음 궁궐(안학궁)을 지은 곳이기도 하다(나중에 평양으로 옮긴다). 얼마나 북한이 풍수를 중시하였는지를 보여주는 대목이다.

동창리 미사일 발사기지

2017년 북한은 거듭되는 핵실험과 대륙간탄도미사일(ICBM) 발사로 전 세계를 불안하게 만들었다. 북한이 미사일 발사기지로 활용하고 있는 곳이 바로 철산군 동창리이다. 그런데 동창리가 속한 철산의 옛 지명을 보면 일관된 모습을 보여준다. 오래 편안하다는 뜻의 '장녕長寧', 구리가 나온다는 뜻의 '동산銅山', 철의 내 '철천鐵川', 철의 고장 '철주鐵州' 등을 거쳐 지금의 철산鐵山이 된다. 철산군 동창리는 갑자기 불거져 나온 이름이 아니다. 『풍천유향』이란 책이 있다. 영·정조 때의 인물 송규빈이 쓴 국방강화론이다. 송규빈은 서북지역 방어에서 '철산극우동창의 길목鐵山棘隅東搶之路'의 중요성을 강조한다. 철산군 극우면 동창리 길을 '남북의 관문이요

우리나라의 지극한 보배南北之關鍵, 靑丘之至寶’로 규정하고 이 가운데 한 곳을 지목하여 다음과 같이 말한다.

> "청룡 백호가 감싸 있고, 명당과 국세가 환하게 열려 있으니 참으로 제1의 풍수 길지이다. (…) 이것은 바로 태산이 그 북쪽에 버티고 있고, 큰 바다가 그 남쪽을 경유한다와 같은 요새지일 것이다."
>
> 『풍천유향』.

송규빈은 이곳으로 철산부를 옮겨 외적의 침입을 대비한다면 십만 대군이 쳐들어와도 사면이 천연적으로 이루어진 험한 성이 있으므로 공격하기 어렵다고 주장한다. 송규빈은 "험한 지형을 이용하여 방어하면 수비가 견고해지기 쉽고, 방어를 이용하여 공격하면 전투

사진 35 | 철산군 동창리 미사일 발사 기지와 영변 핵시설 기지

에 반드시 승리한다."는 모범적 사례로 이곳을 활용할 것을 주장한다. 북한이 그러한 주장을 수용한 것이다.

영변 핵시설 기지는 "철옹성"

북한의 풍수설 활용은 핵시설의 중심지인 영변을 보면 더 분명해진다. '국경邊을 편안하게 한다寧'는 뜻의 영변寧邊은 고구려 때부터 산성이 있어 외적을 방어하던 곳이다. 옛날부터 영변은 북방 요새지 가운데에서도 아주 중요한 위치를 차지하였다. 11세기 초 거란의 공격을, 13세기와 14세기에는 몽골과 홍건적을 막아낸 곳이자 1636년 병자호란 때에는 청나라 군대가 피해 간 곳이다. 까닭에 사람들은 이곳 형국을 철옹, 하늘이 만든 성, 뭇 병사들이 모이는 곳 등으로 표현했다. 그 결과 영변읍성의 이름이 철옹산성鐵甕山城이란 이름으로 바뀐다. 철옹성이란 쇠로 만든 독처럼 튼튼하게 둘러쌓은 성을 뜻한다.

백두산에서 시작한 청북정맥의 중심 지맥이 서쪽으로 뻗어가다가 매화령에서 남쪽으로 방향을 튼다. 그런데 이 지맥은 청천강이 3면으로 감싸 막아 세우자 더 이상 나아가지 못하고 멈춘다. 이와 같은 천혜의 요새지에 1683년(숙종 9) 김석주의 건의로 이를 다시 수축하고 대포를 비치하였다. 이 성이 바로 둘레 27리의 철옹산성이다.

옛 지도들이 공통으로 보여주는 철옹산성(영변)은 북성, 본성, 신성 그리고 약산성 등 네 개의 성으로 구성되어 있다. 철옹산성은 전체적으로 산세가 높고 험한데 그 가운데서도 동쪽으로 '약산동대藥山東臺'라고 하는 큰 낭떠러지가 있고, 남쪽으로는 넓은 들판이 펼쳐져 있다. 이 가운데 약산성은 철옹성 중에서도 철옹성이다. 김소월 시인의 '영변에 약산 진달래꽃'으로 유명한 바로 그 약산이다. 약산의 진달래가 유명한 것은 이 기암절벽에 피기 때문이라고 한다. 핵 재처리 시설물과 원자로가 위치한 곳은 바로 약산을 등지고 그 아래 펼쳐진 들판에 자리한다. 약산이 주산 역할을 하는 셈이다. 지하 시설물은 당연히 웬만한 폭격에도 끄떡없을

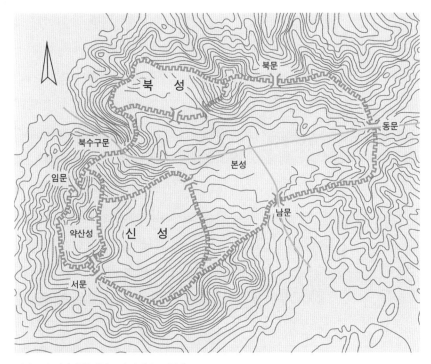

사진 36 | 영변 철옹산성; 4개의 성으로 구성

사진 37 | 철옹산성 전도

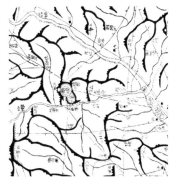

사진 38 | 대동여지도에 나타난 영변

약산 땅 밑이 될 것이다. 북한은 옛 소련의 도움을 받아 핵 연구를 시작
하던 1960년대 초 이곳에 터를 잡았다.

사진 39 | 고지도에 나타난 영변 철옹산성

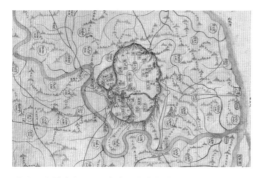

사진 40 | 청천강으로 3면이 둘러싸인 철옹산성

대동여지도에 나타난 영변 약산은 용이 하늘로 올라가는 비룡승천飛龍昇天의 형국이다. 핵을 만들어 미사일에 실어 쏘아 올리는 것과 일맥상통한다. 영변 핵시설 역시 북한이 의도적으로 풍수를 고려하여 터를 정한 것일까, 아니면 우연일까? 이상의 여러 정황을 보면 풍수를 참고한 것이 분명하다.

인민들에게는 하층민들의 계급의식과 투쟁정신을 마비시키는 봉건 도배들의 미신이라고 교육하면서도 통치계급의 묏자리와 군사시설에는 철저히 풍수를 활용함은, 조선왕조의 그것과 별 차이가 없다. '조선민주주의인민공화국'란 거창한 이름과 모순되게 조선왕조나 다를 바 없는 봉건왕조주의적인 풍수 수용을 해 오고 있음을 살폈다. 조선왕조가 성리학과 풍수를 통치도구로 활용하였다면, 북한은 주체사상과 풍수를 통치도구로 활용하였다는 점이 차이라면 차이이다.

땅의 이점[地利]을 최대한 활용하자는 게 풍수다. 이 점에서 북한은 통치수단으로 풍수지리를 활용하고 있다. 그러나 맹자는 "천시天時가 지리地利만 같지 못하고, 지리가 인화人和만 같지 못하다"고 했다. 그렇다면 북한의 천시와 인화는 어떻게 되는가? 우리 시대의 천시天時는 세계화다. 북한은 이와 달리 철저하게 폐쇄된 사회이다. 인화란 사람들 사이의 화합이다. 인화는 어디서 나오는가? 배가 불러야 한다. 맹자는 말했다. "먹고 살 것이 없으면 떳떳한 마음을 가질 수 없다無恒産無恒心." 최근 북한 경제가 좋아졌다고는 하나 남한과는 비교할 수도 없을 정도로 절대 빈곤 국가이다. 또한 다양한 사상의 자유가 전제되어야 한다. 천시(시대정신)와 인화(인민들의 항산과 자유)없는 폐쇄적 공동체의 운명은 어떻게 될까? 철학자 안광복 박사의 남·북한 운명에 대한 해석이 풍수적 결론과 유사하다.

> "남한은 사실상의 섬나라다. 휴전선으로 북쪽이 막혀 있기 때문이다. 해외 진출과 수출은 살기 위해 걸었던 승부수였다. 북한도 철저하게 섬으로 남았다. 옛 중국이 자신들을 가두었듯 북한도 우리 식대로 살자며 국경을 꽁꽁 가두었다."

1970년대까지 잘나가던 북한이 남한에 추월당한 이유가 바로 그들 자신을 철옹성에 가둔 탓이라는 얘기다. 땅의 이점을 제아무리 잘 활용해도 천시와 인화를 고려하지 않는 공동체의 운명은 험난하다.

2장／풍수 인문학

1. 계급독재와 조선의 풍수

백범의 계급독재론

백범 김구는 『나의 소원』(1947)에서 "독재 중에 가장 무서운 독재는 어떤 주의, 즉 철학을 기초로 하는 계급독재"라 하였다. 백범은 마르크스주의를 대표적인 사례로 꼽았지만, 동시에 조선의 주자학도 계급독재로 규정하였다. 조선의 주자학은 "정치뿐만 아니라 사상, 학문, 사회생활, 가정생활, 개인 생활까지 규정하는 독재"였으며 "이 독재정치 밑에서 우리 민족의 문화는 소멸되고 원기는 마멸"되었다고 단언한다.

풍수 역시 그러한 계급독재에 의해 질식되고 왜곡되면서 우리민족의 고유문화로 발전하지 못하고 만다. 풍수가 어떻게 우리민족의 사상이자 문화가 된단 말인가? 이에 대해 이한우는 우리역사 속의 풍수를 다음과 같이 정리한다. '고려는 崇儒崇佛崇風, 조선은 崇儒抑佛崇風이었다'(『고려사로 고려를 읽다』). 즉 고려는 유학·불교·풍수를 숭상하였고, 조선은 유학과 풍수를 숭상하고 불교를 배척하였다는 뜻이다. 고려와 조선 1,000년 우리민족에게 깊은 영향을 준 것은 풍수였다.

우리민족의 풍수 본질을 정확하게 파악한 사람은 무라야마 지준村山智順이다. 1931년 그가 펴낸 『조선의 풍수(일본어)』에서였다. 지금으로부터 80여 년 전의 일이다. 그는 "풍수가 조선사회의 특질特質로서 멀리 삼국시대부터 신라·고려·조선이라고 하는 유구한 세월을 거쳐 왔으며 그 영향력은 미래에도 깊은 영향을 줄 것"이라고 예언하였다.

무라야마 지준은 『조선인의 사상과 성격』·『조선의 습속』·『조선의 귀신』·『조선의 풍수』·『조선의 무격』 등과 같은 저서를 20여 년(1919-1941)에 걸쳐 출간하여 조선학(한국학)에 커다란 업적을 남겼다. 그럼에도 그에 대한 평가는 제대로 이뤄지지 않고 있다. 그의 활동이 조선총독부 촉탁으로 이뤄졌다는 이유에서다. 해방 이후 한국학자들이 그를 인용·표절하면서도 제대로 그를 평가한 이들은 없다. 일부러 무시하려 한다.

그가 1931년에 출간한 『조선의 풍수』는 850쪽이 넘는 방대한 책이다. 당시 이 책이 출간되자 그 어떤 책보다 많이 팔렸다. 복사판들이 풍수술사들뿐만 아니라 일부 지식인 사이에 나돌았다. 1960년대 경부고속도로를 건설하려 할 즈음 이 책이 긴급히 수배되었다. 도로를 내면서 잘리게 될 수많은 산맥들로 인한 재앙을 두려워하여서이다. 많은 사람들에게 풍수 교과서 역할을 하였으며, 필자 역시 번역본이 나오기 전부터 일어판을 복사하여 읽은 적이 있다.

이 책이 '풍수고전'으로 지속적으로 읽히는 이유는 무엇인가?

두 가지 이유이다. 첫째, 책의 내용이 충실하여 풍수입문으로 이보다 더 좋은 책이 없다. 둘째, 우리 민족이 본래 갖고 있던 풍수에 대한 관심 때문이었다. 무라야마는 조선 문화의 핵심 가운데 하나가 풍수임을 단언한다.

"조선문화의 이면적 근저적根底的 형상의 하나가 풍수라는 것이다. 이 풍수라는 것은 현재 표면적 문화형상만을 가지고서 조선문화를 논하려는 많은 사람들, 이른바 신세대 가운데에서는 '구세대의 누습, 문맹자 사이에서 지지되는 미신'이라 하여, 이것을 조선문화의 하나로 추가하는 것을 꺼리는 자가 있으며, 비교적 진지한 조선문화 연구가들조차도 이를 옛시대의 풍습이며, 민도 낮은 자들에 의해 형성된 문화라는 이유로 그다지 중요시 않는 것 같다. 그렇지만 이 풍수라는 것은 적어도 십 수 세기의 장기간 조선 민속

신앙계에 그 지위를 점해왔고, 고려를 고쳐 조선에서도 반도 어디를 가더라도 믿지 않은 자가 없을 정도로 일반에게 보급되어 오늘에 이른 것이므로 다른 문화에 비해 그 지지의 강고함과 광범위함을 인정하지 않을 수 없다. (…) 그 특질이 멀리 삼국시대로부터 신라·고려·조선이라고 하는 오랜 세월을 거쳐 지금에 이르고 있으며, 그 심원한 깊이와 강한 보급력은 앞으로도 생활상에 영향을 충분히 약속할 수 있는 것이다.”

사진 41 | 무라야마 지준

단지 삼국시대부터 그러한 것은 아니다. 풍수는 우리민족의 시원과 같이한다. 그 최초 우리민족의 풍수서는 『신지비사神誌祕詞』이다. 『신지비사』에 대해 단재 신채호 선생은 “우리민족이 한자의 음이나 뜻을 빌려 이두문을 만들었는데, 적어도 3천여 년 전에 제작된 조선 고대의 국문”(『조선상고사』)으로 보았다. 일종의 역사서이면서 국토 전반을 아우르는 국역풍수서였지만 아쉽게도 몇 문장 이외에는 더 이상 전해지지 않는다.

우리민족 고유사상으로서의 풍수

앞에서 이한우는 고려와 조선이 공통적으로 풍수를 숭상하였다고 하였지만, 풍수 내용은 전혀 다르다. 고려에서는 『신집지리경』·『유씨서」·『지리결경』·『경위령』·『지경경』·『구시결』·『태장경』·『가결』·『소씨서」·『도선기』·『옥룡기』·『삼각산명당기』·『삼한회토기』·『해동비록』등이 주요 풍수교과서였다면, 조선에서는 『청오경』·『장서(금낭경)』·『호순신(지리신법)』·『명산론』·『지리문정』·『감룡경』·『착맥부』·『의룡경』·『동림조담』·『탁옥부』 등이 풍수교과서였다. 이렇듯 『신지비사』에서 출발한 풍수가 왕조를 달리하면서 풍수 교과서가 달라진 것은 시대문제를 해석 혹은 대응하는 논리가 시대마다 달랐기 때문이다.

조선 초기 풍수는 10학에 포함된 국학이었다. 그러한 풍수를 집요하게 없애려고 한 세력들이 있었다. 다름 아닌 '주자학 독재'를 관철시키고자 하는 이들이었다. 그 처음은 조선개국 직후였다.

풍수를 부정한 자는 망했다: 태조와 정도전의 경우

정도전은 조선개국의 일등공신이라기보다는 공동창업자였다. 그는 고려의 멸망과 새로운 세상의 필연성을 통찰하였다. 낡은 제도와 이념을 버려야 했다. 고려가 취했던 '숭유숭불숭풍崇儒崇佛崇風' 가운데 '숭유'만 취하고 '억불억풍抑佛抑風'을 하였다. 불교와 풍수를 배척하였다. 그는 왜 불교를 배척해야 하는지 『불씨잡변』에서 말한다.

"저 불씨는 사람이 사악한지 정의로운지 올바른지 그른지는 가리지 않고 말하기를, '우리 부처에게 오는 자는 화를 면하고 복을 얻을 수 있다'라고 한다. 이것은 비록 열 가지의 큰 죄악을 지은 사람일지라도 부처에게 귀의하면 화를 면하게 되고, 아무리 도가 높은 선비일지라도 부처에게 귀의하지 않으면 화를 면할 수 없다는 말이다."

사진 42 | 풍수설에 상반된 입장을 가진 태조의 무덤(좌)과 정도전 무덤터(우)

풍수도 정도전에게는 제거 대상이었다. 당시 풍수가 문제가 된 것은 도읍지를 옮기는 문제에서였다. 예로부터 나라를 세운 창업자들이 가장 먼저 하였던 것은 새로운 도읍지 선정이었다. 불가피하게 기존 도읍지를 쓸지라도 전 왕조의 궁궐을 쓰지 않았다. 허물고 다른 곳으로 옮겨지었다. 왜 그러한가?

원나라를 세운 쿠빌라이忽必烈의 일등공신이 유병충劉秉忠이었다. 유병충은 풍수에도 전문가였다. 새로운 제국 도읍지와 관련하여 그는 말한다.

> "옛날부터 나라를 세움 있어, 가장 먼저 지리의 형세를 이용하여 왕기를 살려서 이를 바탕으로 대업을 성취한다."

이 말은 나라를 세운 이들에게 금과옥조였다. 조선을 건국한 이성계도 예외가 아니었다. "예로부터 왕조가 바뀌고 천명을 받는 군주는 반드시 도읍을 옮기게 마련이다. 지금 내가 계룡산을 급히 보고자 하는 것은 내 자신 때에 친히 새 도읍을 정하고자 하기 때문이다."(태조 2년, 1393)

천도론이 본격적으로 논의된 것은 1394년 8월 8일부터 8월 13일 사이였다. 그것도 조정에서가 아닌 당시 도읍지 후보로 떠오른 무악(현 연세대 일대)과 한양(현 경복궁일대)이란 현장에서였다. 무려 6일간에 걸쳐 현장에서 벌어진 풍수논쟁이자 천도논쟁이었다. 이때 천도에 대해 개국공신들과 풍수관리들은 대략 세 파로 나뉘어 의견을 달리한다.

첫째 부류는 천도론 찬성론자들이다. 여말선초 지식인들 가운데 음양·풍수의 3대가로 알려진 권중화·하륜·무학이 그들이다. 권중화는 이성계에게 계룡산을, 하륜은 무악(현 연세대)을 추천할 정도로 풍수에 정통하였다. 특히 하륜은 자신의 풍수설로 계룡산 도읍지 불가론을 주장하면서 개국직후 중심인물로 등장한다. 무학은 이성계가 천도를 결정할 때 최종적으로 의견을 물었던 인물이다.

둘째 부류는 대부분의 풍수관리, 즉 서운관 관리들이었다. 그들은 풍수설에 따르자면 개경이 최고의 길지라는 이유로 반대한다. 풍수설을 내세웠다고는 하지만, 그들의 후원세력이었던 전 왕조 세력의 이익을 대변하거나 새로운 세상의 큰 틀을 읽어내지 못한 기능인들이었다.

세 번째 부류는 정도전을 비롯한 일부 유학자들이다. 무악과 한양 그 어디도 마땅치 않게 여기며 개성(송도)을 고집한다. 토목공사로 쓸데없이 국력을 낭비할 필요가 없다는 생각에다, 주자학의 사상적 기반에 바탕을 둔 신념 즉 '나라의 다스림은 지세가 아니고 사람에게 달렸다.'는 신념에 근거한다. 정도전은 임금 앞에서 말한다.

"신은 음양술수(풍수)의 학설을 배우지 못하였습니다. 이제 여러 사람의 의논이 모두 음양술수를 벗어나지 못하니 신은 실로 말씀드릴 바를 모르겠습니다. (⋯) 나라의 잘 다스려짐과 어지러움은 사람에게 있는 것이지 지리의 성쇠에 있는 것이 아님을 알 수 있습니

다."(태조 3년, 1394)

이에 태조 이성계는 화를 내며 "도읍을 옮기기로 결정했으며, 의심스러운 것은 소격전에 가서 결정하겠다."며 논란을 매듭짓는다. 소격전에 가서 점을 쳐 결정, 즉 신탁神託에 따르겠다는데 정도전은 더 이상 말을 할 수 없다. 4년 뒤인 1398년 정도전은 죽임을 당한다. 반면 이성계 천도론에 찬성하였던 하륜·조준·김사형·무학 등은 천수를 누린다.

세종과 어효첨의 풍수논쟁

태조가 한양에 도읍을 정한지 50년쯤 지난 뒤의 일이다. 새나라 조선은 안정되었고, 도읍지 한양은 인구가 2배 이상 늘어났다. 주민들이 배출하는 쓰레기가 명당수인 개천(청계천)을 오염시키는 문제가 생긴다. 집현전 관리이자 풍수에 능했던 이선로가 "개천에 더럽고 냄새나는 물건을 버리지 못하도록 하여 물이 항상 깨끗하도록 해야 하겠습니다."라고 임금에게 건의를 한다. 세종은 영의정 황희·대제학 정인지 이하 주요 대신들로 하여금 논의를 하게 한다. 논의 결과 '여러 관청이 성내 각 집들을 분담하여 더럽고 냄새나는 물건을 개천에 버리지 못하도록 하는 조치'를 취한다. 왜 임금과 대신들이 개천 물 관리에 그토록 진지했을까? 풍수적 이유이다. 조선조 풍수학 고시과목 『지리신법』의 명당에 흐르는 물(명당수)에 관한 대목이다.

"대개 산은 사람의 형체와 같고 물은 사람의 혈맥과 같다. 사람은 형체를 갖고 있는데, 사람의 생장영고生長榮枯는 모두 혈맥에 의존한다. 이 혈맥이 한 몸 사이를 순조롭게 돌아 일정한 궤도가 있어 순조롭고 어그러짐이 없으면, 그 사람은 편안하고 건강하다. 일정한 궤도를 거슬러 절도를 잃으면 반드시 병에 걸려 죽을 것이다."

조선왕실의 운명은 한양의 명당수(개천)를 잘 관리하는 것이라는 논리가 성립된다. 그런데 어효첨이 이를 정면으로 반박한다. 「풍수를 논하는 소論風水疏」라는 장문의 글을 통해서였다. 다음은 그 핵심 문장이다.

"명당수[청계천]에 더러운 물건을 던져 넣지 못하도록 금하기로 했다 합니다. 신은 반드시 그럴 필요가 없다고 생각합니다. (…) 도읍의 땅에 있어서는 사람들이 번성하게 사는지라, 번성하게 살면 더럽고 냄새나는 것이 쌓이게 됩니다. 반드시 소통할 개천과 넓은 시내가 그 사이에 종횡으로 트여 더러운 것을 흘려내야 도읍이 깨끗하게 될 것입니다. 따라서 그 물은 맑을 수가 없습니다."

어효첨이 도성 주민들의 입장을 대변한 반면, 임금과 주요 대신들은 풍수설을 바탕으로 나라와 왕실의 운명을 우선한다. 그런데 어효첨은 "무릇 운수의 장단과 국가의 화복은 모두 천명과 인심의 유무에 달린 것이고, 실로 풍수지리와 관계가 없습니다."라고 쐐기를 박는다. 당연 세종 입장에서는 마음이 편치 않았다. 옆에 있던 정인지에게 물었다. "어효첨의 주장이 그럴듯한데 그 부모를 장사지낼 때 풍수지리설을 따르지 않았는가?" 난처한 정인지가 절묘하게 대답한다.

"일찍 제가 명을 받아 함안에 가서 어효첨이 그 아버지를 장사지내는 것을 보았는데 풍수지리에 현혹되지 않은 듯 하였습니다. 그러

사진 43 | 풍수설에 상반된 의견으로 대립한 세종의 무덤(좌)과 어효첨 아버지 무덤(우)

나 청룡·백호·주작·현무 등 전후좌우에 없는 것이 없었습니다."

'풍수에 현혹되지는 않았으나 사신사가 구비된 땅에 장사지냈다.'는 뜻이다. 세종은 어효첨으로 하여금 더 이상 왕실과 국가풍수에 관여치 못하게 하는 것으로 마무리한다. 너그러운 세종 임금이었다. 그러나 아들 세조는 달랐다.

세조와 김종직의 풍수논쟁

1464년 세조 임금은 훗날 사림파 종장으로 추앙받게 될 34살의 김종직을 파직한다. 이유는 '임금이 문신들로 하여금 유학 말고도 천문·지리·음양·율려·의약·복서 등 잡학을 함께 공부하게 함은 마땅치 않다'고 직무보고에서 말하였기 때문이다. 언급된 잡학들 가운데 지리·음양·복서는 사주와 풍수로 표현할 수 있으니 김종직은 이것들을 율려·의약과 함께 배제시키라고 주장한 것이다.

"지금 문신들로 하여금 천문·지리·음양·율려·의약·복서·시사詩史
의 7학을 나누어 닦게 합니다. 시사는 본래 유학자의 일이지만 그
나머지 잡학이야 어찌 유학자가 힘써 배워야 할 학이겠습니까?"

그 말을 들은 세조는 김종직을 파직시킨다(이듬해 복직).

"김종직은 경박한 사람이다. 잡학은 나도 뜻을 두는 바인데, 김종직
이 이렇게 말하는 것이 옳은가?"

조선을 경영하기 위해서는 유학뿐만 아니라 잡학도 함께 써야 한다는
주장과 유학(특히 주자학)만으로 충분하다는 두 주장이 충돌한 것이다. 오
너 CEO 세조 입장에서는 미래 전문 CEO가 되어야 할 김종직이 유학만
고집한 것이 경박하게 보였을 뿐만 아니라 위험하게 느껴졌다. 세조는
잡학도 학으로 인정하여 그 실용성을 취할 것을 신하들에게 요구하였다.
반면 김종직은 주자학 하나면 충분하다고 보았다. 이것은 학문의 경직화
그리고 주자학 이외의 모든 것이 '사문난적'으로 몰리는 결과를 야기한
다. 훗날 김종직이 사화의 주인공이 되어 부관참시당한 것도 그의 이런
경직된 사고에서였다.

대개 나이가 들면 세상에 대해 유연해지기 마련이다. 그러나 김종직은
달랐다. 그로부터 20년 후인 1485년(성종 16)의 일이다. 대구부사를 역임
하고 병조참지란 현직을 지닌 최호원이 황해도를 다녀와 아홉 가지 일을
보고하였는데, 그 가운데 하나가 도선풍수를 되살려 활용하자는 주장이
었다.

"신이 가만히 황해도의 산천 형세를 살펴보니, 안악·신천은 모두 후
덕한 산으로 형세가 단정하고 두터워 (…) 나쁜 병이 생기지 않음이
당연합니다. 반면 황주와 봉산은 돌산이 높게 솟아서 모두 뾰족하
며 험악한 모양이며 (…) 물길이 이리저리 찢어져 흘러갑니다. 산천
에 독기가 없을 수 없어 질병과 여귀가 생김은 마땅한 것입니다. (…)
청컨대 도선의 비보풍수설에 의거하여 다스리는 법을 밝히소서."

이 상소는 임금과 조정대신들의 논란거리가 되었다. 문제될 것이 없다
는 온건론부터 엄하게 처벌해야 한다는 강경론까지 의견들은 다양했다.
그 가운데 김종직도 있었다. 당연 풍수를 부정하는 강경론자였다. 최호
원이 이미 비보풍수설로 글을 올려 한 나라를 현혹시켰는데 겨우 '세 사
람 이상의 대중을 현혹시킨 율'에 따라 처벌함이 불가하다며 엄벌을 주장
한다. 김종직에게 풍수는 나라를 혼란에 빠뜨리는 사술이었다. 주자학만
이 유일한 진리였다. 아이러니한 것은 사림파들이 유일한 진리로 숭상하
였던 주자학의 장본인 주자는 풍수설을 신봉하였다는 점이다. 뿐만 아니
라 당시 송나라 황제인 영종寧宗에게 「산릉의장山陵議狀」(1194)을 올려 풍수

사진 44 | 풍수설을 두고 대립했던 세조의 무덤(좌)과 김종직의 무덤(우)

의 요체가 무엇인지를 밝힐 정도였다. 이후 「산릉의장」은 중국과 조선 사대부들이 금과옥조로 여겼던 풍수서가 된다. 그런데 유독 주자학만 숭상하던 사림파들이 주자의 풍수설을 취하지 않는 것은 조선만의 특이한 현상이었다. 주자학만을 고집하던 사림파의 이율배반을 지적한 것은 정조였다.

정조와 이현모의 풍수논쟁

1776년 정조가 임금에 오른 직후 황해도사 이현모(후에 이철모로 개명)를 관직에서 내쫓았다. 원래 정조의 할아버지 영조는 생전에 자신이 묻힐 자리를 정해놓았다. 영조의 첫째 부인 정성왕후가 1757년에 죽자 지금의 서오릉 홍릉弘陵에 안장한 뒤, 그 오른쪽을 자신의 무덤 자리로 정해놓

사진 45 | 영조가 자신의 수릉으로 정한 서오릉 홍릉자리(현재 그 부인인 정성왕후의 무덤만 있고, 영조의 무덤은 손자 정조에 의해 동구릉에 조성됨)

았다. 영조의 수릉壽陵이었다. 영조가 죽자 조정대신들은 당연히 그 자리로 안장될 것으로 생각하였다. 그런데 정조는 할아버지의 유언을 따르지 않고 풍수설을 내세워 다른 곳을 찾게 한다. 당장 반박 상소가 올라온다. 그 첫 번째 상소를 올린 이가 이현모였다.

"홍릉 오른쪽 비워 놓은 자리는 곧 대행대왕(영조)께서 유언하신 곳입니다. (…) 어찌 이를 버리고 다른 곳에서 구할 수 있겠습니까? 풍수설은 주공이나 공자와 맹자가 말하지 않은 바입니다. 어버이 장사를 주공·공자·맹자처럼 하는 것이 옳습니다."

이에 대해 정조는 다음과 같은 '가르침'과 함께 벼슬에서 내치도록 지시한다.

"술사(풍수사)들을 많이 불러 널리 명산을 찾는 것은 이미 정자·주자가 정해 놓은 논의가 있었으니, 어찌 성인들이 말하지 않은 일이라고 할 수 있겠느냐? (…) 마땅히 엄하게 조처해야 할 일이다마는 (풍수)책을 읽어보지 않은 사람인 듯하니, 그의 상소를 돌려주되 돌아가 주자의 「산릉의장」을 연구하게 하라."

이현모가 공자·맹자를 인용하자 정조는 정자·주자를 인용하여 받아쳤다. 정조가 주자 말고도 정자를 인용한 것은 정자 역시 풍수설을 깊게 신봉하여 「장설葬說」이란 풍수론을 남겨 중국과 조선의 풍수에 지속적인 영향을 끼쳤기 때문이다.

태조는 조선을 건국하였고 세종·세조·정조는 문화를 융성시킨 위대

사진 46 | 정조임금의 무덤 융릉(경기도 화성)

한 임금들이었다. 그들은 풍수를 적극적으로 수용하였다. 세종은 집현전 학자들에게 풍수학을 연구하게 하였고, 세조 역시 부왕 세종의 명으로 풍수를 공부하였다. 정조 임금은 세손시절부터 15년 넘게 풍수를 공부한다. 자신이 어떻게 풍수공부를 하였으며 그 내용이 무엇인가에 대해 정조는 방대한 기록을 남겨 지금도『홍재전서』에 수록되어 전한다.

국가 경영에 성리학만이 유일한 수단이 될 수 없다고 생각한 임금들과 달리 성리학만이 조선을 다스릴 유일한 진리라고 강조했던 주자학자들은 풍수를 철저하게 배척했다. 이른바 백범이 말한 '계급독재'였다. 정작 주자학의 장본인인 정자나 주자도 풍수를 수용하였는데, 조선의 주자학자들은 정자와 주자가 남긴「장설」과「산릉의장」까지 애써 무시하였다. 하지만 조선의 모든 유학자들이 그러한 것은 아니었다. 이에 대해 퇴계 학자 김기현(전북대) 명예 교수 다음과 같이 정리한다.

"조선 중기 이전은 사림파(주자학)와 같은 권위주의가 없었다. 학문 풍토가 그리 경직되지 않았다. 훈구파는 부국강병책과 외교의 유연성을 가졌다. 반면에 김종직으로 대표되는 사림파는 성리학 이외에 그 어떤 학도 인정하지 않았다. 조선 후기 학문의 경직화는 사문난적이란 이름으로 다른 사상을 가진 자들을 처형하기까지 이른다. 사림파는 정몽주→길재→김숙자→김종직→김굉필→조광조로 이어지는 학통을 말한다."

풍수는 분명 조선의 국학 가운데 하나였다. 그러나 이와 같은 주자학 강경파에 밀려 풍수는 더 이상 학문의 대상이 될 수 없었다. 그래서 나온 말이 '주유야풍畫儒夜風'이었다. 낮에는 유학을 논하고 밤에는 풍수를 논한다는 말이다. 특히 정조 이후 풍수는 더 이상 국가기관이나 인식력이 뛰어난 문신들에 의한 연구가 이뤄지지 않는다. 국역풍수는 말할 것도 없이 묘지풍수이론 조차도 제대로 전수되거나 강습되지 않아 풍수는 하찮은 잡술로 타락하였다. 거의 사라질 조선풍수의 원형을 조금이나마 복원한 이가 일본인 무라야마 지준의 『조선의 풍수』였다. 역사학자 이병도의 명저『고려시대연구』는 고려 시대를 풍수적 관점에서 해석한 것인데 이는 해방 후의 일이다(1947).

전 세계가 인정하는 세계 최고의 정원은 일본정원이다. 일본정원의 고전『작정기作庭記』에는 풍수가 고스란히 수용되었다. 한때 금지되었던 풍수가 '복권'되면서 중국에서 풍수는 마천루와 도시건실에 직극적으로 수용되고 있으며 생태학과 환경학의 기본바탕으로 차용된다. 그런데 우리에게 지금 풍수는 무슨 의미가 있는가? 아직도 대선후보들의 선영이나 찾아다니면서 '제왕지지' 운운하는 것이 지금 우리 풍수 수준이다.

2. 조선의 산수화와 풍수

1,000원 짜리 지폐에 실린 산수화

모든 장르의 그림에 적용할 수 없으나 산수화만큼은 그 본디 목적이 분명하다. 그 목적은 풍수와 같다. 산수화와 풍수의 출발점이 같기 때문이다. 좋은 땅이 있듯 산수화에도 좋은 산수화가 있다.

1,000원권 지폐 앞면에는 퇴계 이황의 초상화가, 뒷면에는 산수화 한 폭이 담겨있다. 겸재 정선의 '계상정거도溪上靜居圖(시냇가 위에 조용히 사는 그림)'이다. 2007년 새 지폐가 발행되면서 퇴계의 초상화와 '계상정거도'가 앞뒷면에 실리게 된다. 이

사진 47 | 1,000원 짜리 지폐에 담긴 겸재 정선의 '계상정거도溪上靜居圖'

때 말들이 많았다. 계상정거도에 묘사된 것이 도산서당이 아니라는 주장과 겸재의 그림이 아닌 위작이라는 주장(이동천 박사 주장)이 일었으나 모두 근거 없는 주장으로 판명되었다. 이동천 박사는 지금도 "계상정거도엔 광기도 천재성도 없다."고 혹평을 한다. 그러나 후술하게 될 정기호(성균관대 조경학과) 교수는 다른 의견을 제시한다.

겸재가 이 그림에 '溪上靜居'라고 쓴 것은 자신의 창작이 아니고 퇴계가 쓴 시 가운데 "溪上始定居, 臨流日有省(시냇가 위에 비로소 거처 정하고, 흐르는 물 바라보며 날로 반성하네)"라는 문장에서 취한 것이다(현재 이 시는 퇴계 종택 앞 시비에 새겨져 있다). 겸재는 진경산수화가로 알려져 있다.

그렇다면 이 그림의 대상은 어디이며, 어디에서 그 실물을 확인할 수 있을까? 안동 도산서원에 들어서면 입구에 주차장이 있다. 그 오른쪽에 강으로 이어지는 작은 시멘트 포장길이 있다. 거우 승용차 한 대가 지나갈 수 있는 잠수교가 강을 가로지른다. 강 건너에는 '시사단'이 있다. 시사단은 조선 정조 때 지방 별과를 보았던 자리를 기념하여 세운 비석과 비각이다. 시사단을 등지고 강 건너 도산서원을 바라보면 1,000원권 지폐 속의 그림과 비슷한 장면을 볼 수 있다. 그림 속에는 소나무들이 뚜렷하게 우뚝 솟아 있으나 지금은 잡목들과 혼재한 데다가 숲이 우거져 달라 보인다. 식생의 천이遷移 때문이다. 산과 물의 흐름은 흡사하다. 그러나 엄밀하게 똑같지는 않다. 특히 강물을 보면 지금보다 훨씬 수량이 풍부하게 그려져 있으며 실물과 상당한 차이가 있다. 이에 대해 정기호 교

사진 48 | 강건너 시사단에서 바라본 도산사원

수는 일종의 '포토샵'이며 "2개의 시점장視點場을 합성하여 그렸기 때문"
이라고 해석한다.

> "진경산수화라고 하면 실물과 똑같아야 하지 않는가? 그렇지 않다.
> 특히 겸재는 실물을 바탕으로 하였으되 그 자신이 강조하고자 하는
> 부분에 변용을 주는 것이 특징이다. 예컨대 겸재가 그린 남산(목멱산)
> 도 실물보다 더 뾰족하게 그려져 있다."
>
> 정기호 성균관대 명예 교수

사진 49 | 겸재 정선의 그림: 목멱조돈

사진 50 | 하늘공원에서 본 남산(정기호 교수 제공)

그의 또 다른 대표작 '동작진'도 마찬가지이다.

동작대교 건너 이촌동 어느 지점에서 그렸을 '동작진銅雀津' 그림에는
관악산이 뾰족하고 높게 나타난다. 그런데 겸재가 시점視點을 취했을 동
부이촌동에서 강 건너 관악산을 바라보면 그림처럼 뾰족하지 않다. 그
이유에 대해서 정기호 교수는 아직까지 의문을 품고 있다. 그러나 풍수
적 관점에서는 다르다. 겸재가 화폭에 담은 곳들은 명승지들이다. 풍수
상 '살 만한 곳可居地'이나 '노닐 만한 곳可遊地'들이다. 그러나 아무리 좋은
땅이라 할지라도 완벽한 곳은 없다. "성인도 전능할 수 없듯 천하의 길

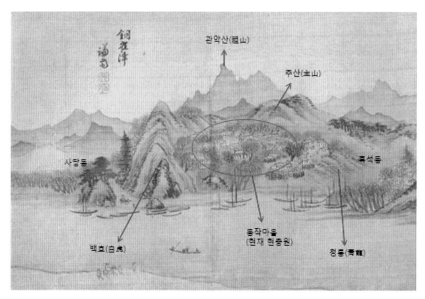

사진 51 | 겸재의 '동작진'. 그림과 실제 지형과는 차이가 있다.

지도 완벽하게 아름답지 않다聖人無全能, 亦山無全美"는 것이 풍수 격언이다. 그러한 현실을 작품 속에서 완벽하게 만들어가는 것이 작가의 몫이다. 창작의 자유이다. 불완전한 땅을 그림 속에서 완전하게 나타낸다. 비보裨補풍수의 핵심 내용이기도 하다. 따라서 좋은 산수화는 작가의 입장에서 완벽한 길지를 구현하고 있다.

출발이 같았던 산수화와 풍수

왜 산수화를 그리는 그릴까?

왜 산수화를 소장하며 이를 감상할까?

특히 풍수에서는 다른 장르의 그림보다 산수화를 중시하는데 그 이유는 무엇일까?

명나라의 화가 문진형文震亨(1585-1645)은 그 이유와 좋은 산수화의 조건을 설명한다.

> "그림 가운데 산수화가 제일이고, 대·나무·난초·돌이 그 다음, 인물·짐승이 또 그 다음이다. (…) 산수와 임천林泉은 맑고 한가롭고 그윽하고 넓어야 하며, 가옥은 깊숙해야 하며, 사람이 건널 외다리가 있어야 한다. (…) 산세는 높고 냇물의 흐름은 시원스러워야 한다."
>
> 『장물지長物志』

풍수에서 산수화를 이렇게 중시하는 데는 오랜 전통과 내력이 있다. 종병宗炳(375-443)의 이른바 '와유론臥遊論'이다. '산천을 찾아다니지 않더라도 잘 그려진 산수화를 보면 눈이 감응하고 마음 역시 통하여 산수의 정신과 감응할 수 있다'는 것이 그의 지론이다. "사람이 응당 눈으로 보고 마음에 통하는 경지를 이理라고 하는데, 잘 그려진 산수화의 경우는 눈도 동시에 응하게 되고 마음도 동시에 감응하게 되어서 응하고 통함이 정신을 감동시키면 정신이 초탈하여 이理를 얻을 수 있다"(『화산수서·畵山水序』). 풍수의 핵심이론인 동기감응, 즉 같은 기운이 서로 감응하는 것과 같은 의미이다.

종병에 이어 왕미王微(415-443)는 산수를 그린다는 것은 "산수의 정신을 그리는 것寫山水之神"이며 이를 통해 "신명이 강림明神降之"하는 것으로 보았다(『서화·敍畵』). 따라서 그림을 바라보면 그림 속의 정신이 사람에게 전해진다는 것이 그의 '와유론'이자 '전신론傳神論'이다. 특히 왕미는 산수화뿐만 아니라 풍수에도 능하여 중국의 『송서宋書 왕미전王微傳』은 "서화에 능하고 음악·의술·음양술에 밝았다."고 소개하고 있다. 여기서 음양술이란 풍수를 말하는데, 그는 양택(주택) 풍수의 초기 고전인 『황제택경黃

帝宅經』의 저자로 알려져 있다. 그러한 까닭에『황제택경』을『왕미택경』이라고도 한다(조셉 니담,『중국과학기술사』).

산수화와 풍수와의 상관관계는 중국 송나라 때 더욱 구체화된다. 송대에 집필된 풍수고전『명산론明山論』은 조선조 지리학 고시과목으로 채택되기도 하는데, 이 책의 핵심은 다음과 같다.

> "흙은 살이 되고, 돌은 뼈가 되고, 물은 피가 되고, 나무는 모발이 된다. 그러므로 혈을 이루는 곳에서는, 그곳의 흙은 풍성하고, 그곳의 돌은 이상한 것이 많고, 그곳의 물은 여러 곳에서 모여들고, 그곳의 나무는 무성하다"
>
> 『명산론』

동시대의 산수화가 곽희郭熙(11세기 인물)는 화론『임천고치林泉高致』에서 산과 물을 다음과 같이 정의한다.

> "산은 큰 물체大物이다. (…) 물로써 혈맥을 삼고, 덮여있는 초목으로 모발을 삼으며, 안개와 구름으로써 정신과 풍채를 삼는다. 그러므로 산은 물을 얻어야 활기가 있고, 초목을 얻어야 화려하게 되며, 안개와 구름을 얻어야 곱게 된다. (…) 바위란 천지의 뼈에 해당한다."
>
> 『임천고치』

산수화의 기능은 무엇일까? 곽희는 말한다.

> "군자가 산수를 사랑하는 까닭은 그 취지가 어디에 있는가? 산림과

정원에 거처하면서 자신의 천품을 수양하는 것은 누구든지 언제나 그렇게 거처하고자 하는 바이고, 샘물과 바위에서 노래하며 자유로이 거니는 것은 누구든지 언제나 그처럼 즐기고 싶은 바일 것이다. (…) 그러나 실제로는 눈과 귀가 보고 듣고 싶은 것이 단절되어 있는 형편이므로 지금 훌륭한 솜씨를 가진 화가를 얻어 그 산수 자연을 왕성하게 그려낸다면 대청이나 방에 앉아서 샘물과 바위와 계속의 풍광을 한껏 즐길 수 있다. (…) 이 어찌 남의 마음을 유쾌하게 하고 자신의 마음을 완전하게 사로잡는 것이 아니겠는가!"

『임천고치』

좋은 땅에 살고 싶어도 그러지 못하는 이들에게 산수화는 그 대체품으로 기능한다. 심지어 곽희는 산수화를 보면 그 그림을 그린 후손들의 길흉화복까지 알아맞힐 수 있다고 말한다. 그는 사람이 살 만한 곳[可居处]을 산수화로 표현해야 좋은 그림이 된다면서 모범 사례로 이성李成(919-967)의 '청만소사도晴巒蕭寺圖'를 꼽는다.

사진 52 | 송宋나라 이성李成의 청만소사도晴巒蕭寺圖. 넬슨 아트킨스 미술관

"그림에도 관상법이 있다. 예로 이성李成의 자손이 번성하고 잘 되었는데, 그가 그린 산기슭과 지면이 모두 혼후하고 넓고 크며, 위로는 빼어나고 아래로는 풍만함이 후손이 번영하는 상相과 합치하였다"

『임천고치』

풍수의 두 가지 핵심이 산과 물이듯, 곽희의 산수화의 핵심도 산과 물이다. 곽희는 이를 다음과 같이 설명하고 있다.

"산은 큰 물체大物이다. 그 형상이 솟아 빼어난 듯, 거만한 듯, 조망이 널찍하여 툭 터져 있는 듯, 무릎을 꿇고 앉아 있는 듯, 다리를 펴고 앉아 있는 듯, 둥그스름하게 큰 듯, 웅장하고 호방한 듯, 정신을 전일하게 한 듯, 엄중한 듯, 눈이 예쁘게 뒤돌아보는 듯, 조회에서 절하고 있는 듯, 위에 덮개가 있는 듯, 아래에 무엇을 타고 있는 듯, 앞에 의거할 것이 있는 듯, 뒤에 기댈 것이 있는 듯해야 한다. (…) 물은 살아있는 물체活物이다. 그 형상이 깊고 고요한 듯, 부드럽게 매끄러운 듯, 넓고 넓은 듯, 빙빙 돌아 흐르는 듯이 살찌고 기름진 듯, 용솟음치며 다가오는 듯, 격렬하게 쏘는 듯, 샘이 많은 듯, 끝없이 멀리 흘러가는 듯해야 한다."

『임천고치』

주산은 높아야 하고 물은 넉넉하면서 힘차게 흘러가야 함이 그 핵심이다. 이를 근거로 1,000원 짜리 지폐에 그려진 겸재의 '계상정거도'와 '동작진' 그리고 이성의 '청만소사도'를 감상한다면 그 말하는 바가 쉽게 이해될 것이다.

어떤 그림이 좋은 산수화인가?

중국 산수화와 풍수와의 밀월관계는 계속된다. 원나라 4대 화가 가운데 한 명이 황공망黃公望이다. 그는 "산언덕은 집을 앉힐 수 있는 지세여야 하며, 물 가운데는 작은 배를 띄울 수 있을 정도의 수량이 있어야 한다. 이와 같은 조건의 지세에서 생기生氣가 있다山坡中可以置屋舍. 水中可置小艇. 從此有生氣."고 하였다. 따라서 "그림에도 풍수가 있다畵亦有風水存焉"라고 화론『사산수결寫山水訣』에서 단언한다. 그의 그림 '부춘산거도富春山居圖'는 황공망의 풍수관이 반영된 작품으로 오늘날까지 최고의 걸작으로 꼽힌다. '부춘산에 살고 있는 그림', 즉 살 만한 땅이 그려진 것이다.

그런데 황공망은 풍수가 반영되는 "산수화를 그리는데 있어서 수구水口 그리기가 가장 어렵다山水中惟水口最難畵"고 하였다. 이 문장에 대한 이해를 돕기 위하여 다음 그림 한 점을 소개한다. 그림은 민화풍의 산수화이다. 산과 물이 있고 그 사이에 집이 한 채 들어섰다. 마당 좌우로 흐르는 두 물줄기(하얀 선)가 합쳐져 앞산 밖으로 감싸 돌아나간다. 두 물이 합쳐

사진 53 | 민화풍의 산수화(홍성담 작)

지는 지점이 수구이다. 황공망은 수구 그리기가 가장 어렵다고 하였는데 화가는 그 어려움을 어떻게 극복하였을까? 바로 오리 두 마리를 그려 넣음으로써 이 그림으로 하여금 생기生氣를 돌게 하였다.

황공망은 "산 아래에 연못이 있으면 이를 일러 뢰瀨라고 하는데, 이것을 그리면 생기가 있다山下有水潭謂之瀨. 畫此甚存生意"고 말한다. 홍성담 화가의 위 그림에서 두 물이 합쳐지는 수구가 바로 그 연못[水潭]이며, 수구 그리기의 어려움을 오리 두 마리로서 해결한 것이다.

겸재의 '계상정거도' 역시 황공망의 '부춘산에 사는 그림(부춘산거도)'이란 뜻과 비슷하게 '시냇가 위에 조용히 살고 있는 그림'이란 뜻이다. '계상정거도'를 자세히 들여다보면 좌우 산으로 감싼 언덕에 작은 집 하나 들어섰고, 그 아래 강 위에 작은 배 한 척이 떠 있다. 또 수구는 어떻게 그렸을까? '계상정거도'에 집과 배 사이에 냇물(명당수)이 흐르고 있다. 그 사이에 작은 다리 하나가 놓여있음을 알 수 있다. 바로 이 다리를 통해 수구처리를 하고 있다.

이성의 '청만소사도' 역시 다리를 가지고 수구 그리기의 어려움을 극복하고 있다. 겸재 정선은 바로 그와 같은 곳이 생기가 있음을 알고 자신의 산수화를 통해 이를 살려낸 것이다. 명나라 화가 당인唐寅(1470-1524)은 산수화를 그릴 때 꺼려해야 할 것으로 3가지, 즉 기맥이 없는 산山無氣脈과 흐르는 물이 없는 것水無源流 그리고 출입할 길이 없는 것路無出入을 꼽았다. '산은 인물을 주관하고 물은 재물을 주관한다山主人水主財'는 풍수 발복론에서 보면 당연히 피해야 할 땅이자 그림이다. 1,000원권 지폐에 실린 '계상정거도'를 자세히 보면 산의 기맥이 저 멀리서부터 연면히 이어져 내려옴을 볼 수 있다. 서당 앞을 흐르는 명당수가 객수(낙동강)와 합류하여 흘러감을 또한 볼 수 있다. 산기슭을 따라 서당으로 이어지는 길을 볼 수가 있다. 당인이 요구하는 3가지 요건을 충족시킴을 알 수 있다.

좋은 산수화는 사람으로 하여금 오래 살게 한다.

산수화와 관련하여 빼놓을 수 없는 것이 수명과의 상관관계론이다. 명나라 화가 동기창董其昌(1555-1636)은 산수화를 북종화와 남종화로 구별 짓고, 북종화가들은 단명하였으나 남종화가들은 오래 살았다고 주장한다. '북종화가들은 판에 새기듯 세밀하고 조심스럽게 그림으로써(각화세근·刻畵細謹) 자신들로 하여금 조물주의 심부름꾼이 되게 하여 수명을 단축시키고 만다. 반면 남종화가들은 기화위락寄畵爲樂으로 인해 장수를 한다.' 기화위락寄畵爲樂은 그림에 의지함을 즐거움으로 삼는다는 뜻인데, 그리는 것뿐만 아니라 감상하는 것 자체도 즐거움이 되어 심신에 유익함을 준다는 것이다.

실제로 북종화가들이 대개 60세를 넘기지 못하였으나, 남종화가들인 황공망黃公望(85세), 심주沈周(82세), 문징명文徵明(89세), 미우인米友仁(80세) 등은 모두 80세를 넘겼다. 동기창 자신도 80세 넘게 살았다. 남종화를 즐기는 이들이 "정신이 온전하고 질병 없이 살다가 간 것은 그림 속에서 자연을 즐기기 때문"이라고 동기창은 덧붙인다. 겸재도 70세를 넘겨(1676-1759) 당시 기준으로 보면 장수를 한 셈이다. 그런데 이렇게 남종화와 북종화로 나뉘는 것은 화풍이나 이념의 차이에서 비롯된 것이 아니고 땅의 차이, 즉 산수의 차이 때문이다. 청나라 화가 심종건沈宗騫(1736-1820)의 주장이다.

"천지의 기氣는 지방마다 다르고 사람 또한 그에 따른다. 남방의 산수는 넓고 조용하면서 물결이 굽이쳐 돈다. 사람이 그 사이에 태어나 바른 기를 획득하면 품성이 온화하고 윤택하며 화목하고 우아하게 된다. (…) 북방의 산수는 기이하고 뛰어나면서 웅장하고 두텁다.
사람이 그 사이에서 태어나 바른 기를 얻으면 강건하고 시원하고
정직한 사람이 되고, 기가 편중되면 거칠고 굳으면 횡포한 사람이
된다. 이것이 자연의 이치이다.”

『개주학화편·芥舟學畫編』

산수의 차이에 따라 사람의 성정뿐만 아니라 수명까지도 영향을 줄 수
있다는 주장이다.

겸재와 소치의 산수화, 어느 것이 더 좋은 풍수일까?
흔히 소치小痴 허련의 스승으로 초의선사와 추사 김정희를 언급한다.

사진 54 | 소치가 낙향하여 살았던 '운림산방'

이 둘이 진도의 한미한 허련을 조선의 위대한 화가로 키워낸 것은 분명하다. 그러나 정작 소치의 마음 속 스승은 누구였을까? 황공망의 호가 대치大痴였다. 대치를 염두에 두고 허련은 소치란 호를 지었다. 소치 스스로 "그림으로 삶을 의탁하고 그림으로 삶의 낙을 삼은 것은 황공망이 처음 개창한 것이다以畵爲寄, 以畵爲樂, 黃公望始開此門庭耳"라고 자서전『소치실록』에서 밝히고 있다. 뿐만 아니라 소치가 낙향하여 터를 잡고 말년까지 작품 활동을 하였던 화실 이름이 '운림산방雲林山房'이었다. 운림雲林은 원나라 4대 화가 예찬倪瓚(1306-1374)의 호였다. 또 소치가 '예찬의 죽수계정도를 모방한 그림倣倪雲林竹樹溪亭圖'도 그가 중국의 산수화가들을 스승으로 삼았음을 말해준다.

그렇다면 소치는 중국의 남종화가들처럼 풍수를 진지하게 수용하였을까? 겸재의 산수화부터 이야기하고 소치의 산수화를 풍수적 관점에서 살펴보자. 글머리에서 '계상정거도'를 소개하였다. '계상정거도'의 실제 현

사진 55 | 퇴계가 직접 터를 고른 '퇴계종택'

장인 도산서당(훗날 도산서원)은 퇴계가 직접 터를 잡고 설계하였으며, 현재의 퇴계종택 역시 퇴계가 세 번의 이사 끝에 잡은 자리이다. 그의 무덤도 생전에 그가 잡은 자리이다. 풍수에서 터를 볼 때 '근삼원칠近三遠七'을 강조한다. 멀리서 보는 것이 7할이라면 가까이에서 보는 것을 3할로 하라는 말이다. 멀리서 바라볼 때 그 터의 아름다움이 제대로 드러난다. 도산서원도 강 건너 시사단에서 봐야 하고, 퇴계의 종택도 시내 건너에서 바라볼 때 그 터의 진면목이 드러난다. 모두 풍수상 아름다운 곳이다. 화가는 그 아름다운 곳을 그렸고, 그림을 보는 이들은 그 아름다움에 감동을 받는다.

겸재의 대표작 『경교명승첩』은 한양의 명승지를 그려놓은 그림들을 모아놓은 화첩이다. 앞에서 언급한 곽희는 좋은 그림의 대상지에 대해 2가지를 꼽았다.

> "산수에는 한번 지나가 볼 만한 것可行者, 멀리 바라볼 만한 것可望者, 자유로이 노닐어볼 만한 것可遊者, 그곳에서 살아볼 만한 것可居者 등 네 가지가 있다고 한다. (…) 지금의 산천 지형을 보면 비록 수백 리를 걸칠지라도 자유로이 노닐 만하고 그곳에서 살아볼 만한 곳은 10군데 중에 서너 곳도 안 된다. 반드시 살아볼 만하고 자유로이 노닐 만한 품격을 가진 곳을 취하는 것은 군자가 임천을 갈망하는 까닭이 바로 이러한 곳을 아름다운 곳이라고 여기기 때문이다."
>
> 『임천고치』

겸재의 『경교명승첩』에 수록된 그림들은 노닐 만한 곳과 살 만한 곳들이 그려진 것이다. 그곳에 살면 더 좋은 일이나 그렇지 못할 때 그림을 통해서 그와 같은 효과를 볼 수 있다. 그러한 이유로 겸재의『경교명승첩』을 천금물전千金勿傳, 즉 천금을 주어도 남에게 팔지 말라고 후손들에게 유언한다(아쉽게도 유언은 지켜지지 못한다).

반면 소치의 경우 어떠한가. 장소의 구체성이 떨어진다. "김정희가 황공망과 예찬의 화풍을 모범으로 하여 18세기 이후 조선 화단의 주요 흐름 중 하나였던 진경산수화풍을 비판"(『소치 허련』)하였음에서 겸재와의 화풍에 차이가 있음을 엿볼 수 있다. "김정희와 그 제자 소치가 모범으로 삼았던 중국의 남종화가들은 황공망의 '부춘산거도'의 예에서처럼 실경을 위주로 하였다. 반면에 "소치는 중국 남종화가들을 모범으로 철저하게 도식화 및 관념화였기에 실경이 아닌 경우가 많다"(화가 홍성담).

풍수적 관점에서는 관념화된 산수화가 아니라 실제 기운생동하는 장소들이 그려지는 것을 이상으로 한다. 왕미가 주장하는 산수의 정신을 그리고寫山水之神 이를 통해 신명이 강림明神降之해야 그 그림 속의 정신이 전해질 수 있는 것傳神이 가능해진다. 이러한 점에서 소치보다 겸재의 산수화가 풍수의 본래 목적에 더 부합한다고 할 수 있다.

산은 높되 단정해야 하며 저 멀리 높고 높은 산에서 연달아 이어져 내려와 집 뒤에서 좌정해야 한다. 장엄한 소나무들이 뭇 잡목을 거느려야 한다. 산기슭에 집이 있어야 하며, 그 집으로 이어지는 길이 있어야 한다. 시냇물이 흐르고 그 시냇물을 건너는 다리가 있어야 한다. 강물이 산을 감싸 돌며 흘러가야 한다. 강에는 배가 떠 있어야 한다. 좋은 산수화가 갖추어야 할 기본 요건들이다. 1,000원권 지폐에 실린 '계상정거도'가 그 모범이 될 수 있다.

비싸다고 좋은 그림이 아니며, 유명 화가의 작품이라고 복을 부르는 것은 아니다.

3. 한국학으로서 사주와 풍수

오늘의 운세

'오늘의 운세'라는 유령이 대한민국을 배회하고 있다. 주요 신문들이 싣는 '오늘의 운세'도 그 유령이다. 일요일자 신문은 배달되지 않기에 토요일자가 친절하게 일요일 운세까지 미리 실어 독자들에게 편의를 제공한다. 인기 기사 가운데 하나이다. 전 국민이 '오늘의 운세'로 하루를 시작한다. 신문뿐만 아니라 인터넷의 수많은 사주 사이트들이 '오늘의 운세'나 '무료 운명 감정' 등으로 독자들을 유혹한다.

단 하루로 사람의 운명이 바뀌지는 않는다. 하루하루에 매달릴 일이 아니다. 도쿠가와 이에야스德川家康는 말하였다. "사람의 일생이란 무거운 짐을 지고 먼길을 가는 것과 같으니, 결코 서두르지 말 것!"『논어』가 그 출전이나 일본을 통일하여 새로운 막부를 연 도쿠가와가 금과옥조로 여긴 말이기에 새겨들을 만하다.

사진 56 | 도쿠가와 이에야스 무덤과 무덤 앞에 새겨진 어록

문제는 거리의 동양철학자들이 하루하루 불안한 삶을 사는 이들에게 조급증을 부채질한다는 점이다. 여기서 말하는 '동양철학자'들은 크게 네

부류인데 대개 풍수·작명·관상을 겸한다.

첫째, 사주 공부 후 개업하여 그 상담기록을 바탕으로 자기 홍보를 하려는 부류.

둘째, 사주를 하나의 천박한 담론('동양학'의 일부로서)으로 삼아 전설적인 사주 대가들의 기행奇行과 기담奇談들을 과장·신비화하는 부류.

셋째, 사주공부를 위해 중국의 사주서적들을 번역·출판하는 부류. 사주공부와 동시에 그 책이 출간될 경우 '사주전문가'로 인정을 받기 때문에 일석이조의 효과를 노린다.

넷째, 일부 학원강사·증권전문가·부동산전문가·대체의학자·일탈한 종교인 부류이다. 증권전문가들이 사주를 배워 고객들에게 돈이 되는 종목과 시기 등을 상담한다. 입시 학원 강사들이 사주를 배워 수능과 대입을 앞둔 학부모들을 상대로 진로상담을 해주고 있다. 부동산업자들은 사주를 배워 고객들에게 투자해야 할 땅과 시기를 상담해준다. 대체의학자들은 사주로 사람의 체질과 질병을 상담하며 '약'을 팔기도 한다. 포교를 목적으로 사주를 이용하는 종교인들도 적지 않다.

우리나라만의 일은 아니다. 일본과 중국에서도 사주·풍수·관상으로 업으로 하는 이들이 있다. 그러나 우리나라만큼 그렇게 많지 않다. 사람들은 왜 '오늘의 운세'에 매달리는 것일까?

사진 57 │ 한국·홍콩·일본의 사주·풍수업 간판

"운명이란 못하는 짓, 안하는 짓이 없다."

알 수 없는 자신의 운명을 궁금해하는 것은 동서고금을 막론하고 있어
왔다. 그리하여 운명에 관한 수많은 명언들이 생겨났다.

운명이란 못하는 짓, 안하는 짓이 없다.
운명은 화강암보다 더 단단하다.
운명은 나쁜 놈이지만 책임을 물을 수 없다.
인간의 일생을 지배하는 것은 운명이지 지혜가 아니다.
운명이란 바람과 같은 것.
운명은 자기 갈 길을 걸을 뿐이다.
운명의 판결은 재심이 불가하다.
그 누구도 운명으로부터 도망치지 못한다.
운명에 대항하는 것은 어리석은 짓이다.
운명은 인간보다 더 상상력이 풍부하다.

글머리에서 '운세'를 이야기하다가 '운명'으로 주제어가 바뀌었다. 운세
와 운명은 어떻게 다른가? 운세運勢란 운運의 흐름[勢]을 말하고, 운명運命
이란 운과 명命의 합성어이다. 명이란 무엇인가? 2,000년 전 중국의 지식
인 왕충王充(27-97)이 명확히 해놓았다. 가난하여 책을 사 볼 수 없었던 그
는 당시의 수도 낙양의 책방을 돌며 책이란 책은 모두 읽었고, 한 번 읽
은 책은 그대로 암기를 할 정도로 천재였다. 그러나 배경이 없던 그는 벼
슬길에 터덕거렸고 가난에 절망하였다. 불우한 처지에서 그는『논형論衡』
을 쓴다.

『논형』은 2,000년이 지난 지금도 지식인들에게 읽힌다. 찬탄을 금치 못

하는 명저이다. 왕충은 여기서 음양오행설을 부정한다. 자신보다 200여 년 앞서 살다간 유학자 동중서의 천인합일설天人合一說도 그는 거부한다. 여기서 음양오행설과 천인합일설을 언급하는 것은 그것이 바로 '오늘의 운세'를 말할 때 사용되는 사주술의 근본토대가 되기 때문이다. 그런데 운명론을 부정하였던 그가 명命 앞에 굴복하여 다음과 같이 독백한다.

"사람들이 윗사람의 마음에 들거나 해를 입는 것은 모두 명命에 의한 것이다.

삶과 죽음, 장수와 요절의 명이 있고, 또한 귀천과 빈부의 명이 있다. 왕에서 서인에 이르기까지, 성현에서 지극히 어리석은 사람에 이르기까지, 모두 머리와 눈이 있고 혈기를 지닌 동물이라면 명을 지니지 않을 수 없다. 빈천해질 명이라면 부귀하게 해주더라도 화를 만나고, 부귀해질 명이면 비록 비천하게 해도 복을 만난다. (…) 그러므로 부귀에는 마치 신령의 도움이 있는 것 같고, 빈천에는 귀신의 재앙이 있는 것 같다. 귀하게 될 운명을 지닌 사람은 남들과 함께 배워도 홀로 벼슬을 하고, 함께 관직에 나가도 혼자 승진한다. (…) 빈천의 운명을 지닌 사람은 이와 상황이 다르다. 어렵게 벼슬에 이르고 겨우 승진하며, 어렵게 얻고 일을 성취하지만 잘못을 저질러 죄를 받고, 질병으로 뜻하지 않게 재산을 잃게 되어 지녔던 부귀마저 상실하고 빈천해진다. (…) 따라서 일을 처리할 때의 지혜와 어리석음, 행실의 고결함과 비속함은 본성과 재질에 의하며, 관직의 귀천과 사업의 빈부는 명과 때[時]에 달렸다. 명이라면 억지로 할 수 없으며 때[時]라면 노력으로 얻을 수 없다."

『논형』

왕충이 위에서 말한 때[時]는 운의 다른 표현이다. 명과 운을 자동차와 도로에 비유할 수 있다. 명이 자동차라면 운은 도로에 비유된다. 아무리 좋은 자동차[命]라도 도로[運]가 나쁘면 성능을 발휘할 수 없는 것과 같다.

퇴계와 쌍벽을 이루는 조선의 대학자가 남명 조식(1501-1572)이다. 그러나 그는 동시대에 큰 빛을 보지 못하였다. 이를 안타까워한 선배 성운(1497-1579)은 남명을 위한 비문에서 "때[時] 때문일까, 명[命] 때문일까時耶命耶?"라며 안타까워했다.

 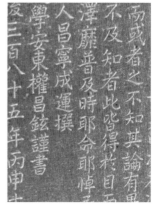

사진 58 | 남명 조식의 무덤(좌)과 비석의 해당 문장

그런데 오늘의 운세는 그날 운의 흐름, 즉 지극히 짧은 구간의 도로 상태만을 이야기한다. 또 같은 해에 태어난 사람[동갑·同甲]은 모두 운이 같다는 것이 문제다. 동일 연식의 차종이라도 제각각 달리는 위치나 노선이 다르듯 동갑내기라고 모두 똑같은 위치에 있을 수 없다. 예컨대 필자는 돼지띠이다. 오늘의 운세는 돼지띠 동갑은 같은 운세를 갖는다고 말한다. 가당키나 한가? 문제는 또 있다. 신문들이 싣는 같은 날의 '오늘의 운세'는 내용이 대동소이해야 할 터인데 상반된 내용들이 더 많다. 길하

다고 말하는 신문도 있는가 하면, 불길하니 외출을 삼가라는 신문도 있다. ㅅ·ㅈ·ㅊ 성씨를 경계하란 신문이 있는가 하면, 그 성씨들이 귀인貴人이란 오늘의 운세도 있다.

운명 해독술로서 사주술

'오늘의 운세'의 뿌리는 무엇일까?

사주팔자에서 유래한다. 사주팔자는 무엇인가? 2022년 2월 5일 낮 12 시에 태어난 아이가 있다 하자. 이 아이의 사주팔자는 무엇일까? 옛사람들은 십간·십이지[干支·干支]로 시간을 표기하였다. 간지로 이 아이의 태어난 연월일시를 표기하면 임인壬寅년·임인壬寅월·기축己丑일·경오庚午시가 된다. 아래와 같다.

시(12시)	일(5일)	월(2월)	연(2022년)	
庚	己	壬	壬	四字
午	丑	寅	寅	+ 四字
기둥柱	기둥柱	기둥柱	기둥柱	四柱
				八字

즉 태어난 연월일시를 간지로 표기한 것을 기둥[柱]이 4개이기에 사주四柱라 하고, 글자[字]가 여덟[八]이기에 팔자八字라고 하였다. 즉 사주와 팔자는 같은 말이며, 주민등록 앞자리에 태어난 시간만 뺀 것과 같은 것이다. 그런데 사주술에서는 이것을 명이라 하고 이 명을 가지는 사람이 태어나서 죽을 때까지 스쳐가는 시간의 흐름을 운이라고 한다. 운은 10년, 1년, 1개월, 1일 단위로 쪼개어 살핀다. '오늘의 운세'는 바로 1일 단위의 흐름을 보는 것이다.

문제는 위와 같은 사주팔자, 즉 태어난 연월일시를 보고 어떻게 그 사람의 운명을 해독하는가이다. 간단하다. 사주팔자를 음양오행으로 환원한 뒤 그 구성을 보고 판단한다.

시	일	월	연	四柱
庚(金·陽)	己(土·陰)	壬(水·陽)	壬(水·陽)	四字
午(火·陽)	丑(土·陰)	寅(木·陽)	寅(木·陽)	+ 四字
|	|	|	|	四柱 八字

즉 2022년 2월 5일 낮 12시에 태어날 아이의 사주는 음양을 살피면 음陰이 2개, 양陽이 6개이고, 오행을 살피면 금金이 1개, 수水가 2개, 토土가 2개, 화火가 1개, 목木이 2개로 구성되었다. 이 자료를 음양오행의 속성을 바탕으로 풀이하는 것이 사주팔자 추명술推命術이다.

음양오행이란 무엇일까? 음陰은 언덕[阝]에 달[月]이 떠 있는 상태를 말하며, 양은 언덕[阝]에 해[日]가 떠 있는 것을 말한다. 오행은 지구[土]를 중심으로 그 좌우에 있는 수성·금성·화성·목성을 표현한 것이다. 한 주를 '일·월·화·수·목·금·토요일'로 표기한다. 다름 아닌 해[日]와 달[月] 그리고 수성·금성·지구·화성·목성을 토대로 한 것이다. 어린 시절부터 우리는 음양오행을 생활화하고 있었다.

사주술을 인정한 성리학의 대가 주자朱子

음양오행과 사람이 태어난 연월일시와는 어떤 관계가 있을까? 송나라 성리학자 주자朱子의 설명이다.

"연월일시는 오행의 기운이 아닐 수 없다. 갑·을·병·정甲·乙·丙·丁

또한 음과 양의 기운에 속하니, 모두 음양의 기운과 오행이다. 사람이 태어날 때는 기운을 우연히 만나게 되는데, 맑은 것을 얻은 사람도 있고 탁한 것을 얻은 사람도 있다. 귀하거나 천하고 장수하거나 요절하는 것도 모두 그런 까닭이니, 서로 엇갈려서 그렇게 가지런하지 않다. 성인이 윗자리에 있으면 그 기운은 적절히 조화되지만, 그렇지 않으면 그 기운은 치우치게 운행한다. 그래서 맑은 기운을 얻어서 총명하지만 관직이 없는 사람도 있고, 탁한 기운을 얻어서 지혜가 없지만 관직이 있는 사람도 있다. 모두 그 기운의 도수가 그렇게 만든 것이다.”

『주자어류』

주자가 사주에 관심을 갖게 된 것은 자신의 운명을 엿보고자 하는 호기심 때문이 아니었다. 주자가 살았던 송대와 필연적 관계를 맺는다. 앞서 왕충은 천인합일설과 음양오행설을 부정하였지만 결국 운명 앞에 '항복선언문'을 발표하였음을 소개하였다. 그런데 주자는 천인합일설과 음양오행설로 운명이란 존재를 인정하고 그 구체적 사유체계가 사주술임을 밝힌다. 왜 그랬을까?

사주술은 시대 문제를 해결하기 위한 하나의 '담론'이었다.

사주와 풍수의 특정 유파(이기풍수·理氣風水)는 송 왕조에서 오늘날의 모습이 완성된다. 송 왕조가 통치이념으로 채택한 유교, 특히 그 가운데 성리학과의 밀월 덕분이었다. 한대漢代 동중서가 유가와 음양가를 고리로 천인합일설을 정치이념으로 제시하였는데, 이를 정자程子와 주자가 수용하여 새로운 유학으로 거듭나게 한다. 이것이 바로 신유학인 성리학性理學이다.

"성리학은 하늘[天]을 이理로 규정하고, 이理는 인간에게 있어서 성性으로 보았다. 인간의 도덕의식[性]과 하늘의 법칙[理]과의 일치 즉 천인합일天人合一을 이상으로 여긴다. 주자와 정자뿐만 아니라 당대의 유학자와 사대부들이 풍수와 사주에 깊은 관심을 보였던 것도 이와 같은 이유에서였다"

김기현 전북대 명예교수·퇴계학

단순히 송왕조가 국교를 유학으로 택한 이유 때문에 사주이론이 수용된 것은 아니다. 송대(특히 남송)의 사회경제와 관련을 맺는다. 송대에는 농업이 중시되어 많은 개간사업이 이루어진다. 특히 강남지역은 저지대가 많아 개발이 용이했다. 이것은 인구증가와 논농사[水田農業] 발달을 가져오는데, 농경사회에서 '농사를 지을 때'를 아는 만큼 중요한 것이 없었다. 자연스럽게 연월일시에 대한 관념이 중시되었다. 사주이론은 이러한 농경사회를 바탕으로 발달된다.

송나라가 망하고 원나라가 들어서면서 사주술은 힘을 쓰지 못한다. 그 대신 점성술[星命]이 유행한다. 몽고족이 주체세력이 된 원나라는 유목문화에서 벗어나려 하였지만 몽고족 고유의 본능을 바꿀 수는 없었다. 또 원나라는 유교와 유학자들에 대해서는 혐오감을 보인 반면, 불교의 일파인 라마교와 도교의 일파인 전진교를 신봉하였기에 사주가 수용될 수 없었다. 농경사회가 아닌 유목·해양세력의 활동에는 밤하늘의 별이 중요하다. 별을 보고 점을 치는 점성술이 적극적으로 수용된다. 사주가 음양오행, 즉 해와 달 그리고 수성·목성·지구·화성·목성만을 중시하였다면, 점성술은 그것 말고도 밤하늘 수많은 별들(북두칠성·남극성·북극성 등)이 인간의 운명에 영향을 끼친다는 것을 전제한다.

실제 항해와 유목생활을 하는 이들에게 필요한 별들이다. "별을 보고 점을 치는 페르샤 왕자", "저 별은 너의 별, 저 별은 나의 별" 등의 노랫말도 이러한 관념의 흔적들이다. 역마살·고신살(홀애비살)·과숙살(과부살)·원진살·도화살 등 흔히 민간에서 말해지는 단어들도 점성술의 흔적이다. 송왕조와 원왕조의 운명예측술의 차이는 고려와 조선에도 그대로 적용된다. 고려에서는 별점이, 조선에서는 사주술이 주류를 이룬다.

원나라에 이어서 명나라가 들어서자 다시 사주술이 유행한다. 그러나 송대의 사주술보다 진일보한다. '명命, 즉 사주팔자는 고칠 수 없다'는 이전의 명제는 바뀐다. 의술이 비약적으로 발전하여 인간의 운명(특히 수명)을 고칠 수 있다는 새로운 시대상이 반영된다. 중국의학 고전인 이시진의 『본초강목』(1596)과 우리나라 허준의 『동의보감』(1610)이 명대明代에 나왔던 것은 이시진과 허준이라는 개인의 탁월한 능력이 아니라 그때까지의 집적된 연구 및 임상의 결과물이었다. 따라서 명대에서 새로운 사주이론인 '병약설病藥說'이 추가된다. 사주팔자는 고칠 수 없는 것이 아니다. 여덟 글자[八字] 가운데 병이 되는 것과 약이 되는 글자를 찾아내면 운명을 고칠 수 있다는 것이 병약설의 핵심이다.

명나라가 망하고 청나라가 들어설 즈음 세상은 또 바뀐다. 명나라 말엽부터 유입된 유럽의 과학문물들은 청대에 더 많이 유입된다. 청나라에 볼모로 끌려간 소현세자가 서양문물을 접한 것도 그 무렵이다. 과거의 사주술로는 서구과학으로 계몽되어가던 당시의 고객들(황실과 귀족 그리고 사대부)을 설득할 수 없게 되었다. 좀 더 체계적이며 자연과학에 가까운 사주술이 필요하였다. 신상품이 출시된다. 다름 아닌 조후론調候論(계절론)이다. 예컨대 나무[木] 기운을 갖는 날[日]에 태어난 사람일지라도 태어난 계절이 다르면 운명이 달라진다는 것이다. 비유컨대 같은 씨앗일지라도 봄 파종이냐 가을 파종이냐에 따라 그 생장결실이 달라지는 것과 같다. 어떤 계절 어떤 시각에 태어났느냐에 따라 사람들의 운명이 차가워질 수도[寒] 따뜻해질 수도[暖] 건조할 수도[燥] 습해질 수도[濕] 있다는 것이 조후론의 핵심이다. 이렇듯 사주술은 시대의 변화에 대한 대응논리였다.

고려의 별점[星命]과 조선의 사주, 왜 달랐을까?

원나라 영향권에 있었던 고려는 점성술이 주류였음은 앞에서 언급하였다. 고려의 유명 운명예언가는 13세기 후반에 활동하였던 오윤부와 14세기 박상충이었다. 특히 오윤부는 원 세조에게 불려가 별점을 쳐 그 능력을 인정받을 정도였다. 왕조가 조선으로 바뀌면서 운명예측술에 큰 변화가 온다. 농경사회와 유학을 바탕으로 형성된 사주술은 천인합일·종법宗法·남존여비·관존민비 등의 관념이 혼재한다. 유교를 국교로 그리고 농업이 기반인 조선왕조에 부합하는 내용이다. 중국의 주자·정자처럼 조선의 유학자(특히 훈구파 계열)들이 사주와 풍수에 빠진 것도 이와 같은 연유에서이다.

조선왕조의 운명예측술에 관한 기록은 비교적 자세하게 전해진다. 『경국대전』(1485)에 명과학命課學(점치는 분야)이 자세히 규정되고 있다. 조선의 명과학 고시과목들은 다음과 같다.

1차 시험初試: 원천강袁天綱·서자평徐子平·응천가應天歌·
범위수範圍數·극택통서剋擇通書·경국대전經國大典
2차 시험取才: 원천강袁天綱·삼진통재三辰通載·대정수大定數·
범위수範圍數·육임六壬·오행정기五行精記·
극택통서剋擇通書·자미수紫微數·응천가應天歌·

서자평徐子平·현여자평玄輿子平·난대묘선蘭臺妙選·
성명총화星命總話.

사주술이 공식적으로 조선왕조에 수용되었다 하나 왕실과 사대부에 국한되었으며 백성들에게까지 파급되지는 않았다. 몇몇 역적모의 적발 구실 가운데 하나가 '왕실종친이나 실력자의 사주를 보았던 행위'를 문제 삼는 기록이 『조선왕조실록에』 종종 언급되는 것에서 볼 수 있듯, '사주 보는 행위'는 일종의 '천기누설'과 같은 것이었다. 천기를 누설한다는 것은 왕실권력의 향배를 누설한다는 것이나 마찬가지였다.

그러나 백성들도 자신의 운명을 궁금해하기는 마찬가지였다. 빈천한 현실 속에 처해있기에 더욱더 요행을 바랬는지도 모른다. 그와 같은 욕구를 충족시키기 위해서 나온 것이 '당사주'와 '토정비결'이다. 이 둘은 조선 후기 이름 없는 지식인 및 종교 집단에 의해 만들어진 운명해독서이다. '토정비결'과 '당사주' 텍스트를 분석해보면 점괘가 불길한 것보다 길한 내용이 더 많다. 당연히 점을 치는 이들은 이 점괘를 통해 희망을 얻는다. 이러한 사주 아류들이 지금까지 생명력을 갖게 된 것이다. '오늘의 운세' 역시 그 아류이다.

'오늘의 운세'는 인문학의 위기가 낳은 귀태鬼胎

조선의 멸망과 더불어 관학으로서 사주술은 더이상 공인받지 못하였다. 명과학 소속의 교수들로부터 강의를 받고 1차·2차 시험을 통해 선발되어 국가와 왕실의 주요 사건들을 점쳐야 했던 만큼 교육 내용도 정밀했다. 해방 이후 서구 문물의 유입으로 사주술은 뒷골목으로 밀려난다. 조선 시대처럼 관리[國卜]로 진출할 수 있는 기회가 주어지지도 않는 '미신'에 젊은 지식인들이 매달릴 까닭이 없었다. 학습 능력을 갖추었으되 시대에 적응하지 못하였거나 어떤 사유로 좌절된 인생들 혹은 사이비 종교인들의 포교수단으로 악용되기도 하였다.

1990년대를 전후하여 신문사 문화센터와 대학 사회교육원 그리고 2000년도 이후에는 몇몇 특수대학원들이 사주술을 전공과목으로 개설하고 있다. 대학입시생 감소로 폐과 위기를 맞는 일부 '특수' 대학들이 그 빈틈을 사주나 풍수로 메꾸려는 추세이다. 여기에 진학하는 이들은 문자 그대로 학문적 차원에서 접근하려는 것이 아니고 학력세탁으로 악용되는 경우가 더 많다. 강의 내용도 『경국대전』에 명시된 명과학에 비교가 안 될 정도로 천박하다. 문제는 '오늘의 운세'가 기존의 사주술의 변천이 보여준 바와 같은 시대문제에 대한 해결 혹은 대응과 같은 문제의식이 없다는 것이다.

누구의 잘못인가?

전통적으로 인문학을 '문·사·철(문학·역사·철학)'이라 하였다. 조선왕조의 문학·역사·철학을 국학國學차원에서 오늘의 한국 인문학이 논하고자 하였다면 음양오행설·사주·풍수도 포함시켜야 했다. 그러나 이들은 학문대상에서 제외되었다. 그 결과 또 다른 거리의 '동양철학'이 생겨났고, 그 '동양철학'은 '오늘의 운세'라는 신상품으로 대한민국 주류 언론을 장악하고 있다. '인문학의 위기'와 길거리 '동양철학의 성행'과는 동전의 양면이다. '오늘의 운세'는 인문학의 위기가 빚어낸 귀태鬼胎이자 '길거리 동양철학'의 적자嫡子이다. 송·원·명·청 그리고 고려와 조선이란 사회가 운명에 대해 끊임없이 새로운 담론을 제시하였듯, 21세기 우리에 맞는 새로운 '운명담론'이 만들어져야 한다. 한국 인문학(한국학)의 과제이다.

4. 풍수 속에 나타난 조선의 균분상속과 윤회봉사
-시댁을 위해 친정집 명당을 훔친 딸도둑 전설-

구九정승골에 묻힌 이들

서울에서 출발하여 양평군 양수역을 끼고 좌회전하여 가정천을 거슬러 가면 길가에 이준경선생묘와 이덕형선생묘를 안내하는 표지판이 보인다. 이른바 '아홉 명이 정승이 묻혔다'는 구九정승골이다. 명당으로 소문난 곳이다. 여기서 좀 더 올라가면 김사형선생묘와 신효창선생묘를 알리는 안내판이 있다. 안내판을 따라가면 김사형 사당이 나타난다. 여기에 차를 세우고 100m쯤 가파르게 오르면 위아래로 큰 무덤 둘이 있다. 모두 화강암 장대석 3단으로 쌓은 6각형 봉분양식이다. 아래 무덤은 신효창(1364-1440)의 무덤이다. 무덤 앞 비석에 풍수 및 당시 사회사를 밝혀줄 문장이 새겨져 있다.

"이곳은 공(신효창)이 직접 잡은 자리이다. 공이 풍수술을 좋아하여, 일찍이 동쪽 교외에 나가 양평의 산 기운이 아름답고 빼어남을 보고, 청제봉 아래까지 찾아와서, '이곳이다! 오대산 중출맥이 이곳에 숨어있구나'라고 말하였다. 마침내 먼저 장인인 상락백 김사형의 터를 정하였다. 이어서 그 아래에 축대를 쌓고 말하였다. '이곳은 나의 노년을 마칠 장소이다'是公自占處也. 蓋公喜堪輿家, 嘗出東郊望見楊根山氣佳秀, 尋至靑帝峰下曰, 是也, 五臺山中脈隱於此矣. 遂先占聘君上洛伯基, 因築其下曰, 是我終老之所也."

그의 유언대로 자신의 무덤 뒤에 장인 김사형(1341-1407)의 무덤이 있다.

김사형은 조선개국 1등 공신으로 수많은 자손들을 배출하였는데, 백범 김구 선생도 그 후손이다. 장인 김사형 무덤 아래 신효창이 부인(김사형의 딸)과 함께 묻혔다. 이후 그 후손들이 왕실과 혼인을 맺을 만큼 명문가를 이루었으며 신현확 전 국무총리도 그 후손이다.

여기서 주제가 되는 것은 크게 2가지이다.

첫째, 왜 장인과 사위가 한 묘역에 안장되었는가?

둘째, 풍수술[堪輿家]에 능한 신효창이 직접 잡은 자리인 만큼 과연 길지 인가?

세종 20년(1438) 임금이 그를 풍수학제조로 임명한 사실에서도 그의 풍수 실력을 알 수 있다. 그럼에도 최근 일부 풍수술사들이 길지가 아니라고 혹평을 한다. 첫 번째 질문과 관련하여서는 흔히 장인 혹은 사위가 아

사진 59 | 장인 김사형과 사위 신효창의 무덤(위아래)

들이 없고 딸만 있어서 그렇게 되었다거나, 시집간 딸이 시댁의 번창을 위하여 친정집 명당을 기지를 발휘하여 훔쳤다는 '딸도둑설' 설화가 지배적인 답변이다. 그러나 김사형은 2남 1녀를, 사위 신효창도 4남 3녀를 두었다. 따라서 아들이 없어 사위나 장인에 의지하였다고 할 수 없는 상황이다.

조선8대명당에 묻힌 사람들

흔히 '조선8대명당'이란 말이 회자한다. 조선8도를 염두에 두고 각 도를 대표할 만한 길지 여덟 개를 말하는데, 정확히 그 여덟 개가 어디인가에 정답은 없다. 최고의 길지라는 뜻이다. 이 가운데 하나가 전북 순창 인계면 마흘리에 있는 '말명당'이다. 이곳에도 장인과 사위 그리고 사위의 사위가 같은 묘역 안에 자리한다. 박예 부부, 그 아래에는 박예의 사위 김극뉴(1436-1496)와 부인 박씨(박예의 딸), 묘역의 맨 아래에는 김극뉴의 사위 정광좌(1467-1520)와 부인(김극뉴의 딸)의 무덤이 자리한다.

이곳이 유명해진 것은 명당발복 덕분으로 김극뉴의 후손 가운데 김장생·김집 부자를 배출한 것으로 소문이 나면서이다. 김장생·김집 부자는 대학자로 '동방18현'에 꼽힌다. 맨 아래에 묻힌 정광좌 역시 조선 전기 명문거족의 후예이다. 아버지 정난종(1433-1489)과 그의 형제들 정광보(1457-1520)·정광필(1462-1538)뿐만 아니라 그 후손들도 높은 벼슬을 지냈으며, 경기도 군포시 속달동에 있는 이들의 묘는 문화재로 지정되어 있다. 정광좌만 순창의 장인 묘 아래 부인과 합장되어 있다. 사위인 정광좌를 자기 무덤 아래 묻히게 한 것은 김극뉴가 아들이 없어서도 아니다. 또한 정광좌 역시 후손이 없어서도 아니다. 정광좌가 이곳 순창에 안장된 뒤 그 후손들이 이곳에 정착하여 벌족을 이루는데, 2007년 제17대 대통령 선거에서

이명박 후보와 맞붙었던 정동영도 그 후손이다.

그런데 이곳 '말명당' 역시 풍수와 깊은 관계가 있다. 맨 처음 이곳을 소점한 이는 박예이다. 정확한 생몰연대는 전해지지 않으나, 박예의 사위인 김극뉴가 1436년생임을 감안하면 15세기 인물임은 분명하다. 그 동생들인 박평

사진 60 | 순창 '말명당'에는 박예와 그 사위 김극뉴, 김극뉴의 사위 정광좌 부부의 묘가 상하로 조성되어 있다

과 박정도 풍수에 능하였다. 박평은 임실군 강진면 갈담의 '잉어명당', 박정은 임실 가실 마을 앞 '금계포란형'을 잡았다. 특히 박평이 잡은 자리에는 아들 박기림이 묻혔는데, 그의 비문에는 '잉어명당鯉魚明堂'이라고 표기가 되어 있다. 그만큼 풍수실력에 자신하였음을 보여주는 대목이다. 순창 '말명당'과 임실 '잉어명당'은 규모에서 차이만 보여줄 뿐 그 공간모델과 기세가 흡사하여 같은 풍수유파가 잡은 자리임이 분명하다. 그 시대의 풍수관을 엿볼 수 있는 곳이다.

이곳 '말명당' 역시 앞의 김사형·신효창 무덤과 마

사진 61 | 박예의 아우 박평이 잡은 '잉어명당'

찬가지로 당시의 풍수와 사회사를 단적으로 드러내는 귀중한 문화사적 현장이다. 그럼에도 이곳 역시 왜곡된 전설이 전해진다. 첫 번째 전설은 '시댁을 위해 친정집 명당을 훔쳤다'는 '딸도둑설'이다. 또 하나는 해방 이후 관인풍수학이 사라지면서 발호하게 된 풍수술사들의 본질 왜곡이다. 소문과 달리 좋은 자리가 아니라는 주장이다. 다음은 인터넷에 떠돌며 많은 풍수술사들이 그럴듯하게 여기는 내용이다.

> "김극뉴의 묘가 주산·과협·당판·청룡백호·안산 등의 문제점을 극복하고 혈을 맺은 것이라 볼 수는 없다. 실제로 족보를 보면 이 묘의 가장 큰 영향을 받는 손자, 증손 대에서는 어느 양반집 가문과 특별히 다르지 않다. 오히려 종가집의 손이 끊기는 일이 발생하는데, 당시 종손의 위상을 생각한다면 심각한 우환이 아닐 수 없다. 평상시에는 규봉窺峰의 흉함, 청룡·백호의 함몰과 비주飛走를 신랄하게 탓하면서 어째서 이곳에서는 그토록 관대한지 모르겠다."
>
> 인터넷 인용

'말명당'이 흉지라는 주장이다. 또 다른 주장은 '이곳이 길지임은 분명하나 우백호가 더 길게 뻗어있고, 좌청룡이 중간에 함몰되어 장자가 절손하며 외손이 발복한다.'는 것이다. 이들은 자신들의 주장을 증명하기 위하여 이곳 후손들의 족보까지 가져다 억지로 끼워 맞추려 든다. 과거의 길지가 최근에 흉지로 평해지는 곳은 여기에 그치지 않는다.

영일정씨 정몽주와 연안이씨 이석형 후손 가운데 누가 더 잘 되었다고?
순창 '말명당'처럼 조선 초부터 지금까지 '조선8대명당'으로 꼽히는 곳이 용인시 모현동에 있는 정몽주 선생(1337-1392)과 이석형 선생(1415-1477)의 무덤이다. 서울에서 그리 멀지 않아 이곳을 찾는 풍수답사객의 숫자는 순창 '말명당'보다 훨씬 많다. 정몽주와 이석형은 어떤 사연으로 같은 묘역에 안장되었을까? 정몽주의 손자 정보鄭保의 딸과 그 남편 이석형이 묻히면서이다. 즉 이석형은 정몽주의 증손녀 사위이다. 이곳에 묻히게 된 것은 정보가 딸만 있고 아들이 없어서인가? 그렇지 않다. 정보는 3남 1녀의 자녀를 두었다. 그럼에도 정보는 딸과 사위를 자기 선영에 묻었다.

정몽주와 이석형의 묘는 묘지 풍수의 모범을 제시한다. 풍수 교과서이다. 도대체 어떻게 생겼기에 이곳을 대길지라고 하는 것일까? 풍수지리는 땅을 보는 일정한 원칙이나 순서를 전제한다. 그 핵심은 '용龍과 혈穴

사진 62 | 정몽주와 증손녀 사위 이석형 묘

을 위주로 하고, 사砂와 수水를 그 다음으로 하라龍穴爲主, 砂水次之'라는 문장으로 집약된다. 용은 산줄기(산능선), 혈은 무덤이나 집이 들어설 자리, 사는 주변 산들(청룡·백호), 수는 명당 안을 흐르는 물을 말한다. 이 가운데에서도 가장 중요한 것은 용(산능선)이다. 그래서 '용·혈·사·수 가운데 용이 으뜸이다龍穴砂水龍是主'라는 말이 생겨났다.(『지리정종』). 왜냐하면 혈은 용이 맺힌 결과물이며, 사는 용이 갈라져 혈을 감싸는 것이며, 물水의 근원은 용이기 때문이다. 용이 없으면 혈·사·수가 생길 수 없다.

정몽주·이석형 무덤의 경우, 문수산(221m) 산능선龍이 내려오다가 90도 각도로 꺾어지면서横 자리穴가 맺힌結 전형적인 '횡룡결혈横龍結穴'의 길지이다. 이렇게 지맥이 90도 각도로 꺾일 때 그 뒤를 받쳐주는 작대기 역할을 하는 작은 산줄기鬼가 필수이다. 그런데 이곳은 그 작대기 역할을 하는 산줄기가 마치 소의 두 뿔처럼 다소곳이 뻗어있다. 풍수고전 『의룡경』이 말하는 '효순귀孝順鬼'가 바로 이것이다. 조선 최고의 길지라고 하는 이유 가운데 하나가 바로 이 효순귀가 있어서이다.

용을 살핀 다음 무덤을 앉힐 자리穴가 만들어졌는가를 살펴야한다. 이곳은 사진에 보이는 것처럼 여인의 젖가슴乳과 같은 모습의 두 개의 혈穴, 즉 쌍유혈雙乳穴이 맺혔다. 하나의 유혈單乳로 혈이 맺히는 경우가 대부분인데, 이곳은 한 곳에 두 개의 혈쌍유혈이 동시에 맺혔기에 아름다운 곳이다. 이 두 개의 우열을 가릴 수는 없다. 두 개의 혈이 서로가 서로를 필요로 하는 대대적對待的 관계를 이루고 있기 때문이다. 풍수에서 땅을 보는 그 다음 순서인 사砂(청룡·백호)와 수水(명당에 흐르는 물)는 부차적이다.

그런데 이곳 역시 앞에서 소개한 다른 길지와 마찬가지로 왜곡된 전설이 전해진다. 첫째는 역시 '딸도둑설'이다. 시집간 딸이 시댁을 위하여 친정집 명당을 훔쳤다는 전설이다.

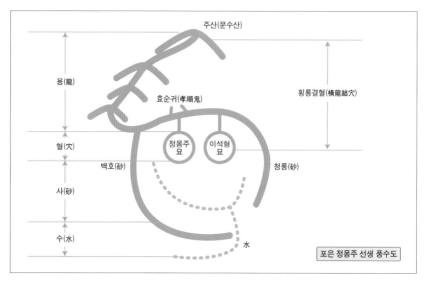

사진 63 | 정몽주(왼쪽)·이석형(오른쪽) 풍수도

'정몽주 묘를 영천으로 이장할 때 바람에 날린 명정이 떨어진 곳은 지금의 이석형 묏자리이었다. 이때 포은의 후손이자 이석형의 부인이 이곳이 명당이란 말을 듣고 시댁 가문을 일으키려고 밤새 이곳에 물을 길어다 부었다. 다음날 포은을 모시려고 광중을 보니 물이 가득 차 있었다. 할 수 없이 옆 언덕에 묘를 썼고, 뒤에 그 자리에는 남편인 이석형을 안장하게 하였다.'

똑같은 전설이 순창 '말명당'에서도 전해진다. 모두 역사적 사실이 아니다. 1445년 정보의 딸이 죽자 이 자리에 안장되었고, 1477년 그 남편 이석형이 죽자 자연스럽게 합장을 하게 된다.

두 번째 왜곡은 이곳의 사砂, 즉 청룡·백호 가운데 백호가 더 아름다워 외손들이 크게 되는 땅, 즉 외손발복의 터라고 말한다. 그래서 포은의 직계보다는 외손인 이석형의 후손이 더 잘 되었다는 주장이다. 이러한 주장은 앞에서 소개한 땅을 보는 원칙에도 어긋나며, '백호가 좋으면 외손이 발복한다'는 주장은 조선조 지리학 고시과목으로 채택된 풍수고전들에서는 찾아볼 수 없다. 조선 후기 성리학이라는 '계급독재'가 강화되면서, 유가적 관념이 풍수에 덧씌워지면서 생겨난 해석이다. 남자는 좌측(혹은 동쪽), 여자는 우측(혹은 서쪽)에 자리한다는 '남좌여우 男左女右'관념과 좌청룡·우백호라는 풍수 공간모델과 겹치면서 생겨난 오해이다. 이를 바탕으로 백호가 좋으면 딸들이 잘된다는 잘못된 해석이 나온다.

세 번째 왜곡은 정몽주의 묘보다 이석형의 묘가 더 좋아 이석형의 후손이 더 번창하였다는 주장이다. 그 근거로 두 가문이 조선조에 배출한 유명 인사(학자·정치가)를 열거한다. 아예 두 가문의 족보까지 가져다 자신들의 주장을 펼친다. 이른바 '족보풍수'들이다. 과거급제자 수치로 보면 이석형 후손들이 더 많을 수도 있다. 그런데 이곳은 특수한 상황이 있다. 정몽주는 조선을 세우려던 이성계를 부정하였다. 그 당시 이성계를 거부했던 사람들과 그 후손들은 물론이고 심지어 이성계와 함께 조선을 개국했던 공신들 가운데 훗날 멸문을 당한 집안들이 많았다. 아예 흔적도 없이 사라진 가문들이 더 많다. 그런데 정몽주 후손은 살아남았다. 뿐만 아니다. 정몽주 손자인 정보 또한 세조 임금 당시 사육신을 두둔한 발언으로 유배를 가 그곳에서 죽는다. 생전에 복권되지 못하여 가문이 위기를 맞았다. 그러나 훗날 복권되어 조선 후기 들어 다시 번창을 한다. 양명학의 거두 정제두도 정몽주의 후손이며, 현대 인물로는 정해영(국회부의장, 7선)→정재문(국회외교통상위원장, 5선)→정연욱(전 경남에너지 대표)으로 이어지는 가문도 정몽주 후손이다. 이석형의 후손으로는 가람 이병기(1891~1968) 서울대 국문과 교수, 이웅희(1931~2014) 문화공보부 장관, 이정배(1967~) 전자공학박사, 삼성전자 사장, 반도체산업협회장 들이 있다.

우리가 가보아야 할 또 하나의 현장이 있다.

송파구 오금공원에 웬 무덤?

서울 지하철 3호선 오금역 2번 출구를 나서면 오금공원이 나타난다. 이곳 오금공원에는 문화재로 지정된 무덤들이 있다. 그 가운데 눈에 띄는 것이 신선경(1422-1488)과 류인호(1447-1522) 무덤이다. 장인·사위 관계이다. 신선경은 단종에서 성종 임금 사이에 활동한 고급관리로 그의 딸이 덕종(의경세자로 사후 추존)의 후궁 숙의신씨였다. 그의 또 다른 딸이 류인호에게 시집을 갔고, 사후 친정아버지 무덤 곁에 남편이랑 함께 묻혔다. 지금은 도심 속의 작은 공원으로 고립되고 말았지만, 옛날에는 멀리서 보아도 대단한 길지로 여기기에 충분한 곳이다. 남한산성의 한 축을 이루는 청량산 지맥이 한강 쪽으로 달려가다가 하나의 구릉을 만든 곳에 자리한다. 신씨와 류씨 후손들은 지금까지 명문가를 이루고 있다.

장인과 사위가 한 곳에 묻힌 곳은 이뿐이 아니다. 경북 의성군 안계면 안계중학교 앞에 나지막한 구릉이 있다. 이곳에는 김세정과 김세정의 사

사진 64 | 김세정과 사위 장숙, 장숙의 손녀사위 이효건의 무덤(경북 의성)

위 장숙·장숙의 손녀사위 이효건의 무덤이 함께 자리한다. 생몰 연대가
분명치 않으나 장숙이 1567년에 죽은 것을 감안하면 16세기 인물들이
다. 이 묘역에 대해서도 현대의 풍수술사들은 길지가 아니라거나 우백호
가 좌청룡보다 크게 뻗어 있어 외손발복의 땅이라고 해석을 하며 사실을
왜곡한다.

조선 전기 사회사에 대한 오해와 풍수왜곡

장인·사위가 같은 묘역에 자리한 것은 윤회봉사輪廻奉祀와 균분상속均
分相續의 결과물이다. 윤회봉사란 고려와 조선 전기에 행해지던 제사 방
식으로 자녀들이 돌아가면서 제사를 모시는 것을 말한다. 만약 딸이 제
사를 모시다가 죽으면 그 자녀, 즉 외손이 제사를 모시는 외손봉사도 흔
한 일이었다. 흔히 외손봉사를 아들이 없고 딸만 있을 경우라고 현대인
들은 오해한다. 제사를 모시는 것과 재산상속은 밀접한 관계를 맺는다.
윤회봉사가 가능하려면 재산 또한 균등하게 분배가 되어야 한다.『경국대
전』은 '아들·딸 차별 없이 출생한 순서대로 골고루 나누어준다平分'고 규
정한다. 균분상속은 재산의 양뿐만 아니라 재산의 질까지 고려하였다.
또 여자가 친정에서 시집으로 가져온 재산의 처분권도 전적으로 여자에
게 있었다.

장인 김사형의 묘 아래 신효창이 묻힐 수 있었던 것도, 박예의 사위 김
극뉴, 김극뉴의 사위 정광좌가 같은 묘역에 안장된 것도 모두 딸들을 매
개로 한 것이었다. 고려는 물론 조선 중기까지도 처가에서 사는 경우가
많았다. '장가간다'는 말 속의 '장가丈家'는 장인·장모 집, 즉 처가를 의미
한다. '장가간다' 함은 처가에 가서 사는 것을 말한다.

정몽주가 고향인 영천이나 활동무대였던 개경 부근이 아닌 용인으로

이장된 것(1406)도 균분상속과 관련을 맺는다. 정몽주 아들인 정종성의 처가 죽산박씨였고, 이곳 용인 일대가 근거지였다. 정종성이 장가든 곳이 이곳이었고, 처가로부터 상속받은 땅을 자신의 선영으로 삼은 것이다.

고려 말 유입된 성리학과 이를 근거로 하는 종법사상은 조선 전기까지는 보편화하지 않았다. "또한 성리학자들 중에서도 조선 전기 훈구파들은 성리학 말고도 다른 학문이나 문화에도 비교적 관대하였다. 학문의 자유가 있었다. 훈구파들은 부국강병과 유연한 외교 등을 주장하며 학문에 경직성을 보이지 않았다. 그러나 김종직으로 대표되는 사림파가 들어서면서 성리학 이외에 모든 사상과 문화는 사문난적으로 몰리게 되면서 종법 또한 강하게 조선을 억압한다."(김기현, 전북대 명예교수, 퇴계학).

그 결과 17세기 중엽부터 윤회봉사와 균분상속은 빠른 속도로 감소하기 시작한다. 18세기 중엽에 이르면 장남봉사가 보편적으로 뿌리를 내린다. 재산상속 역시 장남 위주로 이루어지며 딸은 재산상속에서 제외된다. 그 대표 사례를 1669년 김명열이 남긴 분재기 分財記(재산상속에 관한 유언)에서 엿볼 수 있다.

"우리나라 종가는 법이 해이해진 지 이미 오래되어 제사가 여러 자녀가 돌아가면서 모심은 사대부 집안의 모두의 굳어진 규례가 되어 있다. 이것은 바꿀 수 없으나, 딸의 경우 출가하면 다른 가문 사람이 되어 남편을 따르는 의를 중요하게 여긴다. 따라서 성인의 예제에도 출가한 딸의 등급을 낮추어 정의 情意가 모두 가벼운 것으로 여겼다. 그런데도 세간에서는 사대부가의 제사를 사위에게까지 돌아가면서 모시게 하는 것이 흔한데, 다른 집 사위나 외손 등을 보면 서로 미루다가 제사를 빠뜨리는 경우가 많다. 비록 지낸다 하더라도 제물이

정결하지 않고 정성과 공경이 없다. 차라리 지내지 않음만 못할 정
도이다. (…) 부자간의 정리로 보면 아들과 딸의 차이가 없으나 딸은
살아서는 봉양할 이치가 없고, 죽어서는 제사 지내는 예가 없다. 그
러므로 어찌 재산에 있어서만 아들과 똑같이 나눌 수 있겠는가?"

『조선시대 재산상속문서 분재기』

그러한 이유로 18세기 이후 장인과 사위가 한 묘역에 묻히는 사례는
찾아볼 수 없게 된다. 윤회봉사와 균분상속의 사회사를 모르는 현대 풍
수술사들에 의해 귀중한 문화사적 현장이 심각하게 왜곡된다. 현대 술사
들은 두 곳(장인 자리와 사위 자리) 모두 길지가 아니라거나, 그 가운데 하나는
좋고 하나는 나쁘다는 등 우열 가리기를 서슴지 않는다. 그 결과 장인과
사위의 현존 후손들 사이에서 미묘한 경쟁과 갈등이 야기된다. 그러한
갈등으로 인해 최근 대법원까지 가게 된 묘역도 있다(해당 문중의 명예가 걸린
부분이라 밝히지 않는다).

윤회봉사와 균분상속의 결과로 장인·사위가 한 묘역에 묻히는 것은
서로 다른 성씨가 결혼을 매개로 한 자리에 공존하는 대동세계의 현장이
기에 아름답다. 민족의 자랑거리로 내세우기에 충분하다. 또한 미래 우
리의 재산상속 및 장례문화에 참고할 만한 귀중한 자산이다.

3장 / 세계화된 현대 풍수

1. 마천루와 풍수
-재앙인가 축복인가?-

부동산 개발업자 시절의 트럼프(미국 전 대통령)와 풍수

2016년 12월 미국 대통령에 당선되기 전 도널드 트럼프는 이미 부동산개발 및 투자의 달인으로서 세계적인 갑부의 반열에 올라 있었다. 그는 땅을 딛고 일어선 대표적인 성공한 사업가 가운데 한 명이었다. 평소 그는 "땅의 가치를 올리는 것은 사람에게 활력을 준다."고 말하여 자신의 삶의 철학을 정의하였다. 그는 또 풍수 마니아였다. 1장에서도 언급했던 말을 다시 복기해보자.

> *"꼭 풍수를 믿을 필요는 없어요. 나는 풍수를 활용할 뿐이지요. 왜*
> *냐하면 풍수가 돈을 벌게 해주기 때문입니다(I don't have to believe in*
> *Feng Shui, I use it because it makes me money)."*

부동산 개발업자 시절에 그가 자주 하던 말이다. 그가 풍수를 활용한 계기는 부동산개발 및 투자업자로서 홍콩·상하이 등 중국을 사업차 드나들면서 풍수 문화를 접하면서이다. 그는 풍수를 활용하면 아시아 부호들을 단골고객으로 확보할 수 있을 것으로 예상하였다. 예상 이상의 성공이었다. 아시아 부호들뿐 아니라 미국과 유럽의 부호들도 그의 고객이 되었다. 그는 "풍수란 좋고 나쁜 징조를 구분해주는 철학으로서 자연과 주변에 어울리는 생활공간을 디자인하는 방법을 가르쳐 준다."고 하였다. 이러한 풍수정의를 서구 부자들이 수용하는 것은 어려운 것이 아니었다. 불교를 받아들이는 것보다 풍수를 수용하는 것이 훨씬 쉽고도 실

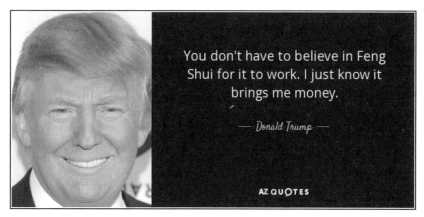

용적이었다.

트럼프의 부동산 풍수는 구체적으로 어떤 것일까? 트럼프 부동산 풍수에서 가장 강조되는 것이 세 가지이다. 그것은 다름 아닌 입지(location), 입지(location) 그리고 또 입지(location)이다. 즉 '입지'가 부동산 풍수의 전부이다. 터만 좋다면 시세보다 50-100%까지 더 지불해도 좋다고 트럼프는 말한다. 이른바 '프리미엄 지급'인데 그것은 땅에 대한 당연한 예우라고 말한다.

트럼프에게 좋은 입지란 어떤 것일까? 그는 4가지 기준을 제시한다.

첫째, 뛰어난 전망이 가능한가를 살피라. 주변에 강이나 숲 혹은 한적한 길이 있으면 좋은 전망을 제공하기에 충분하다. 이 가운데 특히 물을 중시하였다.

둘째, 주변에 명성을 높일 수 있는 건물 유무를 살피라. 예컨대 유엔본부가 있는 곳 옆에 건물을 짓는 것이 그 예가 될 것이다.

셋째, 성장 가능성이 있는 변두리 지역인데, 그 가치가 드러나지 않아 주차장이나 공터로 남아 있는 곳을 찾아라.

넷째, 쇼핑·교통·교육·종교 활동이 얼마나 편리한가를 살피라. 많은 사람들이 입지선정을 할 때 마지막 항목을 중시함에 반해 트럼프는 맨 마지막 고려사항으로 보았다.

위에서 언급한 '좋은 입지'에 부합하는 곳에 이미 기존 건물들을 구입할 상황이라면 어떻게 해야 하는가? 낮은 천장·비효율적 실내 구조·어색한 창 모양을 가진 건물을 아예 쳐다보지도 말라고 한다. 이렇게 태생적으로 문제가 있는 건물이 아니라면 얼마든지 기존 건물을 매입하여 창의성과 비전을 총동원하여 바꾸면 된다. 사람들이 그 건물과 주변의 입지를 다시 바라보게 할 정도로 과감한 리노베이션을 하여 건물과 주변 땅의 가치를 올리는 것이다. '입지는 건물을 치장하기에 따라 달라진다.'는 것이 그의 지론이다. 어떻게 치장할까?

천장은 높게 창문은 크게 하여 전망을 확보함이 우선이다. 건물 내부는 몇 층 높이의 폭포수를 벽을 따라 흘러내리게 하라. 물은 풍수에서 돈을 주관한다고 말한다[水主財]. 물이 흐르면 돈줄이 마르지 않는 것이 풍수설인데 이러한 주장은 그곳에 거주하는 이들로 하여금 부자가 될 수 있다는 확신을 준다. 또한 바닥이나 벽면에 깔거나 붙이는 대리석의 경우 붉은색 계열을 주로 활용하라. 붉은색은 재물의 번성을 의미하는 중국인들의 전통 관념이기도 하다. 건물 로비는 천장을 최대한 높이고 황동을 활용하여 금빛 찬란하게 하라. 황금색은 풍수상 권력과 부를 가져다준다고 하여 동서고금의 권력자들이 전용하였던 색이다. 공간이 협소할 경우 반사거울을 활용하여 시각적으로 넓게 보이게 하라. 아파트의 경우 고급스러운 부엌과 화려하고 넓은 욕실을 만들어 주부의 마음을 사로잡아라. 트럼프의 이와 같은 치장 방법은 전통적으로 비보풍수나 인테리어 풍수에서 교과서적으로 가르치는 내용들이다. 부동산 개발업자로서 사업가 트럼프가 크게 성공한 요인 가운데 하나가 풍수였음을 보여주는 대목이다.

미국인들이 대통령으로 뽑을 수밖에 없었던 트럼프의 마천루관觀

2016년 4월 일본의 건축평론가 마쓰바 가즈키요松葉一清(武藏野美術大學) 교수는 자신의 책에서 도널드 트럼프의 승리를 예측하였다. 그해 11월 개표 당일 바로 몇 시간 전까지 대부분의 언론이 힐러리 클린턴의 당선을 예측하는 보도를 내보내고 있었음을 감안하면 놀라운 일이다. 어떻게 된 일인가? 마쓰바 교수는 트럼프의 건축행위에서 그의 운명을 읽어냈다. 다음은 그의 건축평론서 『현대건축의 취급설명서(現代建築のトリセツ: 2016)』의 핵심 줄거리이다.

"2000년 전후 거품 경제의 붕괴, 9·11테러에 의한 세계무역센터 붕괴 등으로 미국의 자존심이 무너지고 있었다. 이때 트럼프는 '세계 최고층의 마천루를 미국으로!'라는 슬로건으로 미국 국민의 애국심을 자극하였다. 게다가 이 무렵 미국은 아시아에게 세계 제1일의 마천루 자리를 빼앗겼다. 말레이시아 '페트로나스타워'(452m, 1998)가 당시 세계 제1의 마천루였다. 그것도 기독교 국가가 아닌 이슬람국가에서였다. 기독교와 이슬람과의 대결에서의 패배의 상징이자 미국인들에게 굴욕적 대사건이었다. 이러한 미국인들의 숨은 정서를 자극한 것이 트럼프였다. 이때 트럼프는 시카고에 609m의 '뉴 트럼프 타워' 건설을 발표하였다. 그의 주장 '세계 제1의 마천루를 미국으로!'는 다름 아닌 다시금 '미국을 세계 제1강국으로!'의 다른 표현이었다. 미국인들의 트럼프 선택은 예정된 일이었다."

한편으로는 이슬람을 적으로 삼고, 다른 한편으로는 미국인의 자존심을 자극하여 '미국 우선주의 광狂팬'을 결집한 것이었다. 트럼프가 공언하였던 시카고의 '뉴 트럼프 타워'는 423m 높이로 2009년에 축소되어 완공되었지만, 트럼프에 대한 미국인들의 신뢰는 이미 공고해지고 있었다. 트럼프가 미국 대통령이 되고 난 뒤 이슬람권의 미국입국을 제한하고 있는 상황도 이와 같은 맥락에서 이해가 될 것이다.

구체적으로 트럼프가 생각하는 마천루는 어떤 특징을 보여줄까? 좋은 입지에 자리하여 좋은 전망을 제공하여 해당 도시의 중심을 장악하여 '랜드마크'가 되게 함이 제일 목적이다.

랜드마크가 되는 건축물은 그것이 주는 강렬한 기운으로 말미암아 해당 도시를 대표하며 이곳을 찾는 이들의 지향점이 되기도 한다. 바깥에서 볼 때 독특한 건물 모양으로 가까이보다 멀리서 더 높게 보이게 하여 近低遠高 모든 사람들의 시선을 집중케 한다. 건물 내부에서는 사방의 시야를 넓게 확보하게 하여 그곳에서 업무를 보거나 거주하는 이들로 하여금 자신이 세계의 최고의 자리에 있다는 자부심을 심게 한다. 마천루 주변은 건물의 목적과 상징에 부합하는 조경수와 조경물을 설치하여 스토리텔링이 되게 한다. 트럼프는 이렇게 부동산 풍수마케팅을 통해 거부가 되었을 뿐만 아니라, 미국인들에게는 미국이 세계 최강국이라는 자긍심을 심어주었다.

크라이슬러빌딩vs엠파이어스테이트빌딩

1920년대 후반 미국 뉴욕에서의 일이다. 기업들 사이에 '마천루 경쟁'이 붙었다. 1회전은 자동차회사 크라이슬러와 맨해튼은행 사이의 경쟁이었다. 1928년 크라이슬러 회장은 높이 259.4m로 세계 제1의 마천루의 크라이슬러빌딩을 짓겠다고 발표하였다. 이 발표를 들은 맨해튼은행은 260m의 마천루를 짓겠다고 발표를 하였다. 단 60㎝ 차이였다. 은근히 부아가 치민 크라이슬러 측은 276m의 마천루를 짓겠다고 수정 발표를 하였다. 경쟁심에 불이 붙은 맨해튼은행은 기존 설계안에 3층을 높여 283m 높이로 짓겠다고 수정 발표하였다. 이제 크라이슬러와 맨해튼은행 사이의 마천루 경쟁은 뉴욕시민뿐만 아니라 전 세계 건축인들의 관심사이자 구경거리가 되었다. 실제로 이미 이것으로 두 회사의 홍보는 충분히 되고도 남았다. 둘 다 승자가 되어 충분히 이익을 남긴 셈이다. 이후 어찌 되었을까?

크라이슬러 측은 276m 건물 위에 38m 아치 첨탑을 세우기로 내부적으로 준비를 끝내고 비밀에 부쳤다. 경쟁자 맨해튼은행은 이 사실을 모르고 있었다. 드디어 맨해튼은행 마천루가 준공되어 세계 제1의 마천루라는 명예를 거머쥐었다. 이를 지켜본 크라이슬러는 이미 완공을 끝낸 크라이슬러빌딩 꼭대기에 38m의 아치 첨탑을 추가하여 314m의 마천루를 만들었다. 마천루 역사상 300m를 넘은 획기적 사건이었다. 크라이슬러 측의 승리였다. 1930년의 일이었다.

그러나 기쁨은 짧았다. 크라이슬러빌딩이 완공된 지 1년도 되지 않은 1931년 뉴욕에는 그보다 수십m가 높은 엠파이어스테이트빌딩이 102층에 높이 381m로 들어서면서 세계 제1의 마천루 자리를 차지하게 되었다. 이후 세계 제1위의 자리를 빼앗길 것을 두려워한 엠파이어스테이트빌딩은 60여m의 안테나 탑을 설치하여 443m의 마천루로 40여 년간 세계 제1위의 자리를 지켰다.

그러나 지금에 와서 보면 맨해튼은행이나 크라이슬러빌딩이나 엠파이어스테이트빌딩이나 모두 승자였다. 그들은 뉴욕의 명물 '마천루숲'이 되어 뉴욕의 가치를 높이고 있다. 엠파이어스테이트빌딩이 세계 제1의 마천루라고 자랑하였지만, 이제 와서 보면 한국의 롯데월드타워보다 100여 m나 낮은 마천루에 지나지 않는다.

롯데월드타워vs현대차신사옥(GBC)

2017년 4월 개장한 롯데월드타워는 123층 555m로 세계 5위, 국내 1위의 마천루가 되었다. 555m의 롯데월드타워가 건설 중일 때 현대자동차는 삼성동 옛 한국전력 본사 부지에 105층·553m의 신사옥을 짓는다고 발표하였다. 롯데월드타워보다 2m 낮은 높이였다. 국내 제1의 마천루를 짓겠다는 롯데 측의 입장에서는 높이 경쟁을 하지 않겠다는 현대자동차를 다소 의아해하면서도 안심했다. 더구나 서울시청 관계자 역시 "현대차 그룹이 애초 국내 최고층 빌딩이라는 타이틀을 염두에 두지 않고 신사옥 건축을 계획했고 그에 따라 층수와 높이가 정해진 것일 뿐 다른 이유나 의미는 없다."고 하였기에 더 이상 의심할 필요가 없었다. '국내 1위 마천루 경쟁' 다툼은 싱겁게 되는 듯하였다.

그러나 그게 아니었다. 롯데월드타워가 555m로 완성되자마자 현대차 그룹은 115층에 높이 571m 건물을 짓겠다고 발표하였다. 이것이 실현될 경우 롯데월드타워보다 16m가 더 높아 대한민국 최고의 마천루가 될 것이다.

과연 롯데그룹과 현대차의 마천루 경쟁의 최종 승자는 누가 될 것인가? 풍수적 관점에서 롯데월드타워와 현대자동차신사옥(GBC)을 비교해보면서 최종 승자를 가늠해보는 것도 흥미로울 것이다.

우선 롯데월드타워와 현대자동차 신사옥을 구상한 오너들의 땅에 대한 관심과 인연 여부이다.

트럼프가 땅을 통해 세계적 갑부가 되었고 다시 대통령이 되었음은 앞에서 언급하였다. 트럼프는 선천적으로 땅과 부동산을 좋아하였다. 그 자신이 어린 시절부터 부동산 투자와 개발에서 자신의 능력이 있음을 알게 된 것이다. 훗날 트럼프는 이와 관련하여 다음과 같이 부동산 투자의 이점을 정리한다.

"부동산 투자는 현금이 매달 들어오며, 은행들이 돈을 빌려주기 위해 줄을 서며, 세입자가 대신해서 대출금을 갚아준다. 또 부동산 가치가 하락하는 일은 잘 일어나지 않으며, 합법적으로 세금을 피하는 다양한 방법이 있다. 세금을 안 내면 빨리 부자가 될 수 있다."

물론 이와 같은 생각을 가졌더라도 누구나 부동산을 통해 돈을 버는 것은 아니다. 운이 좋아야 한다. 트럼프는 운이 좋은 사람이었다. 한국의 재벌 역시 땅과 밀접한 관계를 맺는다.

"재벌이 눈사람 굴리듯 빠른 속도로 부를 축적하는 비결이 인근지역의 개발이 이루어질 때 발생하는 천문학적 개발이익 덕분이다. 공장부지 등 순수한 업무용으로 부동산을 구입하기도 하지만, 투기용 부동산은 재벌로 가는 지름길이다."

강철규 전 공정거래위 위원장

그렇다고 하여 땅을 통해 모두 재벌이 되는 것은 아니다. 부동산으로 인해 망한 기업이 한둘이 아니다. 땅과 사람과의 궁합이 맞아야 한다. 대만 출신으로 일본의 큰 기업가이자 동시에 기업컨설턴트로 이름을 날렸던 규에이칸丘永漢은 말한다.

> "주식에 궁합이 맞는 사람이 있고 그렇지 않은 사람이 있다. 증권에
> 맞지 않은 사람이라도 부동산에 투자한다든가, 사업을 하여 거부가
> 되는 것은 얼마든지 있다."

　해방 이후 재벌을 꿈꾸었던 수많은 기업인들이 부동산개발을 통해 재
벌이 되고자 하였으나 이로 인해 실패한 이들이 더 많다. 규에이칸이 말
한 '땅과의 궁합이 맞지 않음'에서이다. '부富의 원천은 땅이다'라는 선친
의 유언을 받들어 부동산 개발로 재벌을 꿈꾸었던 명성그룹(김철호 회장)도
부동산이 몰락의 한 원인이었다. 영동그룹(이복례 회장)도 마찬가지였다.
한때 '무서운 아이들'로 세계를 놀라게 했던 율산그룹(신선호 회장)도 그 급
속도의 성장에는 부동산 투자가 있었다. 부동산과 인연을 맺었으나 성공
한 사람이 있는가 하면 실패한 사람이 있음은 무슨 까닭일까?

　땅으로 부자가 되는 사람은 무엇보다 운이 좋아야 한다. 확실히 땅을
황금으로 바꾸는 '마이다스(midas)의 손'을 가진 운 좋은 자들이 있다고 한
다. 롯데월드타워를 구상한 신격호 총괄회장의 이야기이다. 1988년 서
울 올림픽 전후의 일이다. 올림픽 경기장을 짓기 위해 한국올림픽조직위
원회는 돈이 필요했다. 체비지(현재 제2롯데월드 터)를 팔아 현찰을 확보해야
할 상황이었다. 그러나 이를 사겠다는 기업이 없었다. 당시 그 땅은 발이
푹푹 빠지는 습지로서 잡초가 무성한 곳이었다. 인근 아이들이 메뚜기를
잡다가 습지에 빠져 신발을 잃고 집에 가서 혼나는 땅이었다. 가끔은 불
량배들의 만남의 장소가 되기도 하였다. 기업들이 그 땅에 관심을 가질
리 없었다. 이에 당시 올림픽조직위 박세직 위원장이 롯데에게 이를 강

매하다시피 하였다. 롯데라면 최악의 경우 일본에서라도 돈을 가져올 수 있다고 판단했기 때문이다. 울며 겨자 먹기였지만 당시 신격호 회장은 흔쾌히 이를 수락하였다. 기업보국企業報國이라는 그의 경영철학 때문이었다. 그는 일본에서 돈을 들여와 잠실 땅을 구입하였다. 이후 롯데는 대박을 터트렸다. 땅속에서 질 좋은 모래가 나왔다(1924년 '乙丑 대홍수' 때 퇴적된 모래). 당시 건설 붐으로 모랫값은 문자 그대로 금값이었다. 모랫 값으로 구입대금 상당 부분이 충당될 정도였다.

확실히 신격호 총괄회장은 '마이다스' 손의 소유자였다. 그가 왕성하게 사업 활동을 하던 때 그가 사는 땅들은 전부 '금'으로 바뀌었다. 김해골프장 부지를 구입하였을 때의 일이다. 10여 ㎞의 도로가 새로 생기지 않으면 맹지盲地가 될 판이었다. 그런데 얼마 후 그곳에 도로가 생겼다. 그 땅은 '금'이 되었다. 부천 계양산 80만 평을 비롯하여 그가 사는 땅은 모두 효자가 되었다. 선천적으로 땅을 보는 안목을 가졌다고 측근에서 그를 모셨던 이광훈 전 롯데칠성대표가 증언한다. 따라서 롯데월드타워 부지를 구입하는 데 롯데 측은 전혀 돈이 들지 않았다.

반면 현대차신사옥(GBC) 부지 가격은 천문학적 액수였다. 낙찰가격이 발표되었을 당시 며칠 동안 그 사건은 언론의 주요 뉴스거리가 되었다. 한전 부지를 인수할 때 입찰에 참여한 삼성과의 경쟁을 의식한 탓인지 현대차그룹은 10조 5,500억이라는 엄청난 돈을 제시하였다. 경쟁자 삼성이 제시한 입찰가의 두 배도 넘는 액수였다. 정몽구 회장의 결단 없이 이루어질 수 없는 사안이었다.

트럼프 대통령이 부동산 개발업자 시절 자주 말하던 '프리미엄 지급(좋은 터에 대해 시세가 보다 50-100% 더 지불하는 것)'이었을까? 더 이상 정몽구 회장의 속내나 땅과의 인연에 대해서는 알려진 바가 없어 궁금할 뿐이다. 부지 매입만 놓고 보면 롯데월드타워 쪽이 훨씬 유리하다. 또한 롯데월드타워는 건설비로 3조 5천억을 지출한 반면, 현대차신사옥(GBC)은 그동안의 물가상승 등으로 이보다 더 많은 건설비용이 예상된다. 롯데월드타워보다 세 곱절 이상의 건축비용으로 지어질 마천루가 주는 매력이 분명 있을 것이다. 그러나 그것이 무엇일지 현재로서는 알려지거나 상상할 수 있는 것이 없다(2021년 현대측은 이 계획을 포기하였다).

건축비용에 못지않게 중요한 것이 입지이다. 트럼프가 부동산개발에서 가장 강조해 마지않던 입지(location)는 마천루의 운명을 결정짓는 데 결정적 역할을 한다. 흔히 이상적인 풍수입지를 배산임수背山臨水라고 말한다. 그러나 그것은 농경사회의 이상적 입지조건일 뿐이다. 상업과 관광의 이상적 입지는 배수면가背水面街이다. 즉 뒤로는 강(바다)이 있어야 하며 앞으로는 큰 도로가 있어 번창한다. 배산임수背山臨水와 배수면가背水面街를 다른 표현으로 음택근산陰宅近山과 양택근수陽宅近水라고 하기도 한다. 즉 무덤은 산을 가까이해야 하고, 산 사람의 집은 물을 가까이해야 한다는 말이다. 돈을 벌려면 물을 가까이해야 한다. 풍수 고전『장서葬書』의 핵심 주제는 '풍수의 법은 물을 얻음을 으뜸으로 삼고 바람을 갈무리함을 그 다음으로 한다風水之法, 得水爲上, 藏風次之.'는 문장으로 압축된다.

트럼프 대통령이 부동산개발 사업을 할 당시 가장 중시하였던 것이 바로 물이었다. 조선 전통 풍수서인『택리지擇里志』역시 이에 대해 다음과 같이 정리한다.

"물은 재록財祿을 맡은 것이므로 큰 물가에 부유한 집과 유명한 마을이 많다. 비록 산중이라도 간수澗水(계곡물)가 모이는 곳이라야 여러 대를 이어 가며 오랫동안 살 수 있는 터가 된다."

이와 같은 관점에서 보면 롯데월드타워와 현대차신사옥 모두 한강 부근에 입지하여 풍수에 부합한다. 롯데월드타워의 경우 한강이 동쪽에서 흘러들어와 북쪽으로 감싸고 서쪽으로 흘러나가고 남쪽에는 석촌호수가 있다. 롯데월드타워 어디에서도 물을 조망할 수 있다. 물을 재물로 받아들이는 중국관광객·사업가들이 좋아할 입지이다.

우리나라는 전통적으로 풍수의 사신사四神砂를 사방의 산으로 해석한다. 즉 뒷산인 현무, 왼쪽 산인 청룡, 오른쪽 산인 백호, 앞산인 주작 등 사방이 산으로 둘러싸인 곳을 이상적으로 여긴다. 농경사회의 이상적 명당 모델인 배산임수背山臨水의 다른 표현이다. 반면 중국과 일본의 양기陽基 풍수에서는 청룡은 흐르는 강, 백호는 큰 길[大路], 주작은 큰 연못[池]으로 상정한다. 이와 같은 조건의 땅이 길지라고 여긴다. '물은 재물을 주관하며水主財, 길은 재물을 운반한다路運財'는 것이 그들의 풍수적 관념이다. 이와 같은 관점에서 보면 롯데월드타워 입지는 한강이라는 청룡, 송파로와 올림픽로라는 백호, 그리고 석촌호수라는 주작을 갖추어 최상의 길지가 된다.

현대차신사옥(GBC)의 입지는 어떠할까? 동쪽과 북쪽으로 탄천과 한강을, 그리고 남·서쪽으로 영동대로를 접하여 배수면가背水面街의 조건을 갖춘다. 물론 그 물들이 해당 건물을 감싸도는가(환포·環抱) 여부, 수량이 충분한가에 따라 마천루 안에서 밖을 바라보는 전망(경관미)에 차이가 있을 것이다. 그런데 한 가지 어려움이 미래의 현대차신사옥(GBC)을 기다리고 있다.

모든 풍수서적이 집이나 무덤을 쓸 때 금기시하는 것 가운데 하나가 사관寺觀(절과 도관, 즉 종교건물) 근처이다. 조선조 지관선발 필수과목이었던 『명산론明山論』은 절·도관·신단寺觀神壇을 가까이하는 터를 죽음에 이르는 터[응살혈·應殺穴]이라 하였다. 공공기관이나 종교부지로서 적절하지 상업용지로는 마땅하지 않다. 현대차신사옥(GBC)이 들어설 삼성동 한전부지 근처에는 왕릉(선정릉)과 봉은사라는 사찰이 있다. 선정릉은 유네스코세계문화유산에 등재된 세계유산이다. 또 봉은사는 선정릉(성종과 중종 무덤)을 수호하는 원찰로서 조선 시대에 큰 역할을 하였다. 지금도 한국 불교계에서 봉은사가 차지하는 위상은 막강하다. 이들이 어떤 반응을 보일지 궁금하다. 현대차신사옥(GBC)이 장차 봉은사의 동남쪽에 아주 높게 들어설 경우 문화경관·일조권·도심생태에 분명 큰 변화를 가져온다고 반발할 것이다. 서로가 양보하기 어려운 갈등이다.

물론 봉은사 주변에 미래의 현대차신사옥(GBC) 말고도 많은 건물들이 이미 포진하고 있다. 그러나 그 건물들은 봉은사를 압도하지 않기에 공존할 수 있었다. 그럼에도 현대차가 마천루를 세우고 말겠다는 의지를 고집한다면 현재 구상 중인 직사각형의 건물 모양을 포기하고 '조닝법(Zoning)'에 의해 다시 설계해야 한다. 조닝법이란 내 땅에 짓는 마천루가 남의 땅에 그림자를 너무 많이 들지 않도록 건물의 외관 형태를 위로 갈수록 좁게 하는 방법을 말한다. 또 주변에 수많은 비보진압풍수 행위(조경수·조각물·연못 등)를 통해 그 반발을 최소화해야 한다.

롯데월드타워와 현대차신사옥(GBC)라는 두 개의 마천루가 지근의 거리에 들어선다면 그것은 마치 뉴욕의 크라이슬러빌딩과 엠파이어스테이트빌딩과 같은 명물로서 대한민국과 서울의 랜드마크(국가나 도시를 대표하는 건축물)가 될 것임은 분명하다.

세계적인 마천루와 풍수

마천루가 강대국과 초일류기업의 상징이 된 지 오래다. 단순히 높은 건물을 짓는 것이 아니라 그 건물을 통해 개인과 기업 그리고 국가의 이상을 현실화하는 행위이다. 따라서 건축물은 높이뿐만 아니라 그 모양까지 그 공동체가 추구하고자 하는 이상이 형상화되어야 한다. 사람에게 관상이 있듯 땅에는 지상地相이 있고 건물에는 가상家相이 있다. 관상에 길상吉相과 흉상凶相이 있듯, 가상에도 길상과 흉상이 있다.

풍수고전 『양택십서陽宅十書』는 '大形不善, 內形得法, 終不全吉(대형불선, 내형득법, 종불전길)'이라고 표현했다. 즉 '건물 전체 모습이 아름답지 못하면 내부가 풍수 법칙에 맞더라도 끝내는 길하지 못하다.'는 뜻이다. 좋은 건물 모양은 대개 뾰족하고 둥글고 네모나면서尖·圓·方 균형 잡힌 건물들이며, 흉상凶相인 건물 모양은 기울고 한쪽이 비어있고 깨져있어欹·缺·破 보기에 불안한 건물들이다. 이러한 흉상들은 "아무런 문화적 의미가 없는 건물과 과도한 상징과 개인적 표현주의로 충만한 건축"(이상헌 건국대 건축학과 교수)이다. 그러한 사옥은 오너뿐만 아니라 공동체 전체의 전망을 흐리게 한다.

이러한 전통은 마천루에도 그대로 적용된다. 건축가 '아이 엠 페이(I. M. Pei·貝聿銘: 1917-2019)는 중국 출신으로 미국에 건너가 성공한 건축가이다. 미국에서 이민 1세라는 중국인의 약점을 극복하고 전 세계적으로 유명해진 그는 중국의 진정한 자랑이다. 그런 그가 '중국은행(Bank of China)'으로부터 홍콩사옥 설계를 의뢰받았다. 70층 높이에 368m로 그 당시(1980년대) 홍콩뿐만 아니라 아시아에서 가장 높은 마천루였다. 정치적으로 그즈음 홍콩이 영국으로부터 중국으로 반환협정이 조인될 무렵이었다.

그때 그가 건축설계에 고려한 것은 3가지였다. 건축비용과 지리적 위치 그리고 풍수였다. 도널드 트럼프가 부동산을 개발할 때 지리적 위치를 풍수적으로 살피는 것과 별반 차이가 없다.

어떤 풍수 콘텐츠로 중국은행 홍콩사옥을 지어야 할까? 그가 염두에 둔 것은 기업 '중국은행'뿐만 아니라 홍콩과 조국 중국의 번영을 상징할 수 있는 건물이었다. 풍수가 설계의 기본철학으로 바탕이 되었다. 그는 '풍수를 잘 모르지만 풍수에 어떤 이치가 있다는 것을 믿었다我不懂風水, 但相信風水是有道理的'고 말했다. 그리하여 최종적으로 완성된 설계안은 우후춘순雨后春笋, 즉 '봄비 내린 뒤의 죽순'이었다. 중국은행뿐만 아니라 조국 중국이 죽순 자라듯 번영창성繁榮昌盛하기를 바라는 염원을 담은 것이다. 홍콩의 '중국은행' 마천루는 지금도 홍콩의 랜드마크로서 홍콩을 찾는 관

사진 66 | 상하이의 '비룡상천飛龍上天'과 홍콩의 '우후춘순雨後春筍'

광객들을 가장 먼저 맞이하고 있다.

중국에서 가장 높은 건물(632m)인 '상하이타워(Shanghai Tower)는 용이 승천하는 모습인 비룡상천飛龍上天을 형상화하였다. 상하이타워는 건축설계회사 겐슬러(Gensler)에 의해 설계되었는데 1층에서부터 꼭대기까지 약 360도를 비틀어 올라가도록 하여 마치 용이 하늘로 올라가는 비룡상천飛龍上天을 형상화하였다. 용은 중국에서 가장 길한 동물로 숭상된다. 용의 나라가 중국이다. 용이 하늘 높이 치솟는 모습을 통해 세계 제일 국가 중국의 미래를 선취先取하고자 한 것이다.

아랍에미리트 두바이에 있는 높이 828m 163층의 마천루 부르즈 할리파(Burj Khalifa)는 세계에서 가장 높다. 부르즈 할리파 마천루의 입지를 보면 호수가 3면을 감싸고 그 밖으로 큰 대로('셰이크 모하마드 빈 라시드 대로')가 감싸 돌고 있어 전형적인 배수면가背水面街에 자리한다. 롯데월드타워가 한강과 석촌호수 그리고 '올림픽로'를 통해 배수면가한 입지와 흡사하다. 세계 제1의 마천루 부르즈 할리파 건물은 무엇을 상징하였을까? 언뜻 보면 날카로

사진 67 | 세계 제1의 마천루 부르즈 할리파(Burj Khalifa), 바벨탑을 형상화(인터넷 캡처)

운 단검短劍처럼 보이기도 하지만 아래 계단에서 위 계단으로 올라가면서 나선형을 이루며 맨 꼭대기까지 올라가는 것은 바벨탑을 형상화한 것이다. 바벨탑은 고대 바빌론(현재의 이라크)에 세워졌다. 왜 바벨탑 모양인가? 다음 장 바벨탑의 붕괴에서 자세히 다룬다.

이렇듯 대기업의 마천루를 짓는 것은 해당 기업의 철학뿐만 아니라 그 국가의 운명을 선취先取하고자 하는 국가의 큰 사건이다. 더 나아가 국가와 국가 간의 자존심 경쟁, 기독교와 이슬람교 사이의 자존심 경쟁이 되고 있다.

앞으로도 더 높은 마천루가 지어질 것이다. 하나의 마천루가 탄생하기 위해서는 재력만으로 되지 않는다. 발달된 토목·건축술과 첨단과학은 기본이고 풍수·회화·조각·디자인·조경 등 다양한 분야가 뒷받침해야 한다. 따라서 마천루는 최신 과학과 예술 그리고 인문학의 총체로서 태어난다. 마천루는 국력의 상징이자 그 나라 문화의 정점이다.

서성書聖 왕희지王羲之의 필진도筆陣圖를 구현한 풍수 명당 롯데월드타워

롯데월드타워도 마찬가지이다. 롯데월드타워는 맨 처음 구상한 신격호 총괄회장이 구상하였다. 대한민국 최고의 마천루를 짓겠다는 의지가 부하 임직원들에게는 불가능한 것으로 보였다. 3조 5천억이라는 엄청난 건축비도 문제이지만 근처 성남비행장 때문에 고도 제한이라는 물리적 어려움도 문제였다. 카리스마적 창업자와 임직원들 사이에 존재하는 본질적인 세계관의 차이이다. 신격호 총괄회장의 철학은 분명했다. 세계 몇 손가락 안에 드는 마천루를 세움으로써 강국 대한민국을 보여주는 것이었다. 그의 경영철학인 기업보국企業報國의 다른 표현이다. 서울이 비록 아시아에서 큰 도시이긴 하나 외국인 관광객들에 고궁 말고는 눈에 띄는 관광거리가 없었다. '언제까지 고궁만 보여줄 수 없다. 그 나라의 빛나는 볼거리觀國之光로서 마천루만한 것이 없다'는 것이 신격호 총괄회장의 지론이었다.

롯데월드타워의 건물 모양은 풍수상 어떤 의미가 있을까? 롯데월드타워 모양을 어떻게 할 것인가를 두고 30여 번의 설계 수정을 거듭하였다. 한국전통문화를 이미지화할 수 있는 한옥 · 고려청자 · 대나무 등에서 그 모습을 취하려다 최종적으로 붓 모양이 되었다. 왜 붓 모양인가? 중국뿐만 아니라 동아시아 한자문화권에서 '서예의 성인[書聖]'으로 추앙받는 이가 왕희지王羲之이다. 그는 자신이 터득한 서예의 비법을 정리하여 '필진도筆陣圖'란 제목을 붙였다. 후손에 넘기면서 집안에 잘 보관하되 "천금을 주어도 남에게 넘기지 말라千金勿傳"라는 유언을 남겼다. 그는 글을 잘 쓰는 것은 전쟁과 같다며 다음과 같은 비유를 든다. "종이紙는 전투

사진 68 │ 세계 5위 높이(555미터)의 롯데월드타워

를 치르는 진지陣地이고, 붓筆은 칼과 칼집이며, 먹墨을 장수의 투구와 갑옷이며, 벼루硯는 성을 넘어오지 못하게 할 해자[城池]이다 夫紙者陣也. 筆者刀鞘也. 墨者鍪甲也. 水硯者城池也." 전투에서 승리하려면 이 4가지 조건을 갖추어야 하듯 좋은 글씨를 위해서도 4가지가 갖추어져야한다. 다름 아닌 종이·붓·칼·먹이다. 이것을 일러 '문방의 네 가지 보물(문방사보·文房四寶)'이라 한다. 이 4가지 보물을 모두 갖추어야 필진이 완성된다. 물론 그 가운데에서도 붓(칼)이 가장 중요하다.

문방사보 가운데 가장 중요한 붓[칼]은 555m의 롯데월드타워이다. 둥글고 뾰족함圓尖이 풍수가 요구하는 길상 조건에 부합하면서 동시에 칼과 붓을 연상시키기에 충분하다. 롯데월드타워를 붓[칼]으로 형상화하였다면 다른 3보寶는 어디에 있을까? 롯데월드타워가 들어선 잠실 드넓은 들판이 종이[진지]에 해당한다. 종이[진지]가 평탄해야 글[붓]을 쓸 수 있다. 평탄하지 않은 땅은 좋은 진지가 수 없다. 잠실 땅은 본래 평탄하여 이러한 조건에 부합한다. 문방사보 가운데 물이 담긴 벼루[水硯]는 바로 석촌호수에 해당한다. 필진도에서 말하는 투구와 갑옷[鍪甲]이자 문방사보가 말하는 묵墨은 어디일까? 바로 롯데월드타워에 붙어있는 '롯데월드몰'이다. 롯데월드타워는 왕희지의 필진도를 완벽하게 구현하고 있다.

풍수를 신봉하는 아시아(특히 중국) 관광객들에게 롯데월드타워 전망대에서 서울의 아름다움을 구경하게 함도 좋지만, 롯데월드타워가 가지고 있는 풍수 스토리를 들려준다면 더욱더 더 많은 관심을 받을 것이다.

마천루의 저주인가 축복인가?

높은 하늘을 향해 거침없이 우후죽순처럼 솟아나는 마천루들을 보면서 많은 사람들은 인간의 무한한 능력에 대해 경이로운 감탄을 하지만,

이를 부정적으로 보는 이들도 적지 않다. 그래서 생긴 말이 '마천루의 저주(sky scraper)'이다.

수 년 전 롯데 형제(신동빈·신동주) 간의 갈등이 표출되고, 박근혜 전 대통령과 최순실에 의한 '대기업 삥 뜯기'에 롯데가 연루되자 일부 언론과 풍수술사들이 '마천루'의 저주를 언급하였다. '마천루의 저주'란 말은 도이치뱅크의 애널리스트 로런스(A. Lawrnce)가 1999년 '마천루 지수' 개념을 발표하면서 생긴 용어로 그리 오래된 것이 아니다. 다음과 같은 내용이다.

> '엠파이어스테이트빌딩(1929)과 크라이슬러빌딩(1930) 건설이 1930년대 대공황의 시발점이 되었으며, 말레이시아가 '페트로나스 트윈타워'를 완공한 1990년대 후반 이후엔 아시아발 금융위기가 전 세계를 강타했다. 또한 2009년 828m 높이의 세계 최고층 빌딩 부르즈할리파를 건설 직후 두바이도 모라토리엄(채무상환유예)을 선언하는 등 재정난에 직면했다. 이것이 바로 마천루의 저주이다.'

그런데 마천루의 저주에는 몇 가지 조건이 충족되어야 한다.

가장 중요한 것은 건물주가 충분한 건축비용을 갖고 있는가, 아니면 건설 후 분양을 미끼로 대출을 받아 건물을 짓느냐이다. 대개 후자의 경우 운이 나쁠 경우 그 건물을 안고 넘어지는 경우가 수두룩하다. 입지·건물의 모양에 따른 풍수적 좋고 나쁨 또한 중요하다. 마천루가 아닌 일반 대형건물에서도 이와 같은 조건을 충족시키지 못하여 망하는 것은 흔한 일이다. 미국 유학 중 마천루에 대한 깊은 관심과 답사 경험을 귀국하여 책으로 펴낸 이종원(성균관대 건축가) 교수는 마천루의 저주는 전혀 근거가 없다고 단언한다.

"마천루 때문에 경제가 파탄이 난 것이 아니라, 경제가 호황이었기 때문에 마천루가 세워진 것이다. 마천루의 저주라는 표현은 도시를 바라보는 시각의 틀을 20-30년으로 한정하여 적용하면 맞을 수도 있다. 하지만 시각의 틀을 넓혀 200-300년을 놓고 본다면 마천루의 축복이라는 표현이 보다 적합하다."

『초고층 도시 맨해튼』

마천루를 가진 기업들은 대공황시기에도 마천루 덕분에 살아남을 수 있었다. "엠파이어스테이트 빌딩은 준공년도인 1931년부터 무려 42년간 세계에서 가장 높은 마천루라는 이유 하나만으로 연평균 350만 명의 관광객을 전망대로 끌어들이며 힘든 대공황시기를 버텨냈다." 이종원 교수는 우리나라에도 초고층 마천루를 여러 개 지어 세계인들이 우리 도시를 마천루의 도시로 미래를 지향하는 도시로 기억하게 해야 한다고 주장한다. 그것만이 서울의 서울다움을 이념적으로나 물질적으로 표상하면서 동시에 도시적이고 건축적인 장소로 만들 수 있다는 것이다.

이 교수의 이러한 주장은 30년 전 신격호 총괄회장의 마천루 구상 속에 이미 선취되어 있었다. 마천루는 저주가 아닌 축복이다. 마천루의 저주설이 유포된 된 데는 마천루가 노동자의 피와 땀으로 건설된 자본가의 착취물이라는 1930년대 미국 좌파지식인들의 선동도 한몫하였다. 마천루는 강대국 대한민국의 미래를 선취하는 것이다. 롯데월드타워는 서울을 아시아를 뛰어넘어 미국 뉴욕과 같은 국제도시로 진입한다는 신호탄이다. 기업 또한 세계적 기업의 반열에 오를 것이다.

마천루는 바벨탑인가?

흔히 마천루를 바벨탑에 비유하기도 한다. 바벨탑처럼 무너질 운명이라는 것이다. 그런데 바벨탑 붕괴에 대해서는 잘못된 지식이 세상에 전해지고 있다. 성경 「창세기」의 해당 부분이다.

'그 당시 온 세상이 동일한 언어를 사용하고 있었다. 그때 일부 사람들이 동쪽으로 옮아가 어느 들판에 이르러 정착하였다. 그들은 도시를 만들고 그 가운데 하늘까지 닿을 높은 탑을 쌓았다. 더 이상 흩어지지 않고 영원히 함께 살고자 함이었다. 그런데 이것을 하늘에서 지켜보던 이가 있었다. 다름 아닌 야훼였다. 야훼는 사람들이 한 종족으로 동일언어를 쓰고 일치단결하여 그들의 강력한 세계를

사진 69 | **바벨탑**(인터넷 캡처)

건설한다면 앞으로 못할 것이 없는 위협세력이 될 것을 걱정하였다. 자신에 대한 도전이 될 것이다. 그는 사람들이 쓰는 말을 뒤섞어 서로 알아듣지 못하게 분열시켰고, 도시를 세우고 탑을 쌓던 일도 그만두게 하였다. 이때 사람들이 머물던 도시가 바벨이었고, 거기에 세운 탑이 바벨탑이었다.'

이 대목에 대해 두 가지 해석이 필요하다. 바벨탑이 세워진 바빌론은 현재 이라크 지역으로 이슬람 문화권이다. 기독교적 관점에서 이교도 세력의 분열과 좌절을 말한 것으로 해석 가능하다. 트럼프가 이슬람권 말레이시아에 세워진 당시 최고의 마천루를 보고 시카고에 더 높은 마천루를 세우고자 하였던 것도 이슬람권에 대한 기독교의 자존심 경쟁의 발로였다. 아랍에미리트 두바이에 세워진 세계 제1의 마천루 부르즈 할리파(Burj Khalifa)가 전설 속의 바벨탑을 형상화한 것도 분열된 이슬람의 통합과 강한 강대 민족에 대한 염원을 담은 것이었다.

인간의 도시건설과 높은 탑 쌓기는 신인 야훼의 입장에서 보면 신에 대한 도전이다. 그러나 인간의 입장에서는 과학과 사회 발전을 의미한다. 그 발전의 궁극은 신의 영역까지 침범할 것이다. 신의 입장에서 이를 가만히 두고 볼 수 없다. 바벨탑을 무너뜨려야 했다. 바벨탑은 인간세계의 진보와 통합을, 바벨탑 붕괴는 분열과 혼란을 상징한다.

1993년에 유럽연합(EU)이 출범한다. EU는 유럽 내 단일시장을 구축하고 단일통화를 실현하여 유럽의 경제·사회의 평화로운 발전을 촉진하자는 것이 그 핵심 목표이다. 그 당시 유럽연합을 성공시키기 위해 '여러 언어를 하나의 소리로'라는 슬로건과 함께 바벨탑을 포스터로 활용하였다. 이것이 바로 바벨탑의 진정한 의미이다.

따라서 바벨탑은 과학의 진보와 전 세계의 평화스러운 통합을 상징하는 글로벌 시대의 아이콘이다. 바벨탑으로 상징되는 마천루 역시 평화로운 통합과 발전의 상징이다. 이와 같은 맥락에서 이종원 교수는 마천루를 두고 "인류가 문명이라는 이름 아래 이룩한 위대한 서사시이며 마천루가 높을수록 사람들의 마음을 사로잡고, 기업 브랜드가 올라간다."고 주장한다. 마천루 서열상 세계 5위 롯데월드타워는 바로 위대한 서사시이며, 강대국 대한민국의 미래에 대한 상징이 될 것이다.

2. '도시침술'과 풍수

조각상인가 조개상인가?

필자의 직장은 지방, 집은 서울
에 있기에 자주 서울 남부시외버스
터미널을 이용한다. 집으로 갈 때
는 터미널 건너편에 있는 ○○본사
앞 승강장에서 시내버스를 탄다.
승강장 바로 뒤 ○○본사 앞마당에
는 조각상이 하나 있다. 작가명도
작품설명도 없는 조각상이다.

사진 70 | 서울남부시외버스 터미널 맞은편 ○○
본사 앞 조각상(2021년 현재, 이 조각상은 철거됨)

조각상을 보는 필자만의 편견인
가? 그 조각상은 여성의 두 가랑이 사이에 있는 조개를 형상화하였다. 명
백히 여상의 은밀한 부분을 작품화하였다. 노골적인 모습에 민망하고 짜
증이 난다. 시내버스를 기다리면서 가끔 그 조각상을 바라보지만 접근하
는 사람들이 거의 없다. 비교적 넉넉한 공간이 있음에도 사람들이 모이
지 않는다.

작가는 『심청전』을 들먹이며 자신의 작품을 정당화하려 할지 모른다.
심청을 낳은 아내 곽씨가 아들이냐 딸인가를 묻자 눈먼 심봉사가 대답
한다.

"아기 아랫도리 만져 보니 손이 나룻배 지나듯 거침없이 지나가니
아마도 묵은 조개가 햇조개를 낳았나 보오."

이 문장만 보면 음란과 해학이 섞여 있는 것 같다. 하지만 이어지는 대목은 새로운 생명에 대한 소중함과 기쁨이 드러난다.

"남전북답南田北畓 장만한들 이보다 더 반가우며, 산호진주珊瑚珍珠 얻었은들 이보다 더 반가울까?"

내용 없이 덜렁 '조개상'을 설치해놓은 ○○본사의 조각상과는 그 철학이 다르다. 회사 사옥 앞에 설치되는 조각상은 조경법규에 따라 의무적으로 설치해야 하는 조경물(벤치·분수·조각상 등) 가운데 하나이다. 일종의 '야립野立간판'이다. 야립간판은 법령이 정한 '미술장식품 설치' 규정을 충족시킬 수 있으며, 건물과 터의 부족한 부분을 보완하여 운을 상승시키는 촉매가 되기도 한다.

비보·진압풍수란?

전통적으로 풍수에서는 이를 비보·진압裨補·鎭壓풍수로 분류한다. 비보풍수란 부족한 것을 보충해주는 것을 말하며, 진압풍수는 강한 것을 눌러서 균형과 조화를 꾀하는 것을 말한다. 비보·진압풍수를 송나라 채원정은 다음과 같이 정의하고 있다.

"긴 것을 자르고, 짧은 것을 보완하고, 높은 것은 덜고, 낮은 것은 덧보태니 당연한 이치가 없을 수 없다. 그 출발점은 눈으로 잘 살피고, 인공의 방법으로 터를 잘 갖춤에 지나지 않지만, 그 마지막에 이르러서는 하늘의 하는 바를 빼앗아 천명을 바꿈에 있게 되어, 사람과 하늘이 하는 일에 차이가 없게 된다裁長補短, 損高益下, 莫不有當然之理.

비보·진압풍수를 잘하면, 비록 그것이 인위적인 행위일지라도 하늘의 하는 바와 같다는 뜻이다. 인간의 노력으로 천명을 바꿀 수 있다는 풍수의 기본정신이다. 우리나라 고유의 비보·진압풍수는 고려 시대에 왕성하게 실행되었다. 대표적인 예가 고려 신종 때 '산천비보도감'(1197)을 설치하여 전국적으로 비보·진압풍수를 행하게 한 것이다.

조선왕조에 이르러 묘지 풍수가 주류를 이루면서 국가 차원의 공식적인 비보·진압풍수 활동은 점차 사라지고 마을이나 고을 차원의 비보풍수가 근근이 명맥을 유지한다. 조선조 비보·진압풍수 내용은 「백운산 내원사 사적기白雲山內院寺事迹記」(1706)에서 그 일부 내용을 엿볼 수 있다.

"비유컨대 우리나라 땅은 병이 많은 사람과 같습니다. 그러므로 인물의 태어남은 이러한 산천의 기氣에 감응되는 것인데, 인심과 산천의 형세는 서로 닮지 않을 수 없습니다. (…) 산천에 결함이 있는 곳은 절을 지어 보충하고, 산천이 기세가 지나친 곳은 불상으로 억제하며, 산천의 기운이 달아나는 곳은 탑을 세워 멈추게 하고, 배역하는 산천 기운은 당간을 세워 불러들이고, 해치려 드는 것은 방지하고, 다투려 드는 것은 금하며, 좋은 것은 북돋아 세우고, 길한 것은 선양케 하면, 비로소 천하가 태평해질 것입니다比之則多疾之人也. 故人物之生感是山川之氣者. 其心其勢無不相類 (…) 而缺者以寺補之, 過者以佛抑之, 走者以塔止之, 背者以幢招之, 賊者防之, 爭者禁之, 善者樹之, 吉者揚之, 則天下太平."

비보·진압풍수는 연못·제방·당간지주·당산나무·탑·석상·문자 등 다양한 형태로 나타난다. 광화문 앞의 해치석상과 경회루의 연못도 비보·진압풍수의 결과물이다. 관악산 화기가 경복궁을 위협한다고 믿어 이를 제압하기 위하여 물의 신[水神] 해치상을 맞세웠고, 경회루에 연못을 조성하였다. 진압풍수의 흔적이다.

사진 71 | 광화문 앞 해치(해태)상은 관악산 화기를 억누르는 진압풍수

반면 속칭 동대문의 본명인 흥인지문興仁之門은 다른 숭례문이나 돈의문과 같이 세 글자가 아닌 네 글자로서 '之'가 추가되었다. 흥인문이라 해도 될 것을 굳이 흥인지문이라 한 것이다. 한양의 지세가 백호인 인왕산이 더 높고 긴 반면, 청룡인 낙산은 낮고 짧다. 약한 청룡을 보충하기 위하여 산의 흐름과 비슷한 '之'를 추가한 것이다. 비보풍수이다. 이렇듯 비보·진압풍수는 작게는 개인 무덤에서 주택·사옥뿐만 아니라 도시 조경에서도 유용하게 활용되었고, 이야깃거리를 제공하였다.

"살아있는 재물신[活財神]" 호설암胡雪岩의 간판 풍수론

중국에서 이를 잘 활용한 사업가는 호설암胡雪岩(1823-1885)이다. 가난한 농부의 아들로 12살 때 홀어머니를 떠나 항주杭州의 어느 전장錢莊(금융업

체)에서 허드렛일로 세상에 나선 그는 훗날 중국 최고의 상인이 되었다. 동시대인들은 그를 살아있는 재물의 신[活財神]으로 모셨고, "정치를 하려면 모름지기 중국번曾国藩(19세기 사상가·정치가)을, 장사를 하려거든 호설암을 배워야한다."는 말이 나올 정도였다.

그의 성공에는 여러 가지 요인들이 있었는데, 그 가운데 하나가 풍수였다.

호설암이 풍수 관련 강조한 것은 세 가지이다. 첫째 적당한 위치, 둘째 깨끗하고 운치 있는 건축, 셋째 정교하고 단아한 실내장식, 이 세 가지만 주의하면 된다고 한다. 터와 건물 그리고 인테리어, 즉 풍수 전반에 관한 것이다. 그러나 대기업과 부자들에게는 선택의 폭이 넓지만, 중소상인의 입장에서는 그리 쉬운 일이 아니다. 그렇다고 어려운 것은 아니다. 호설암은 말한다.

> "기업이나 점포의 외관은 사람의 얼굴에 해당하기 때문에 최대한 깨끗하고 아름답게 꾸며야 한다. 이는 사업에 직접적인 영향을 주기 때문이다. (…) 사람은 얼굴을 보고, 나무는 껍질을 보며, 사업의 성패는 간판을 본다."
>
> 『商經』

전형적인 비보·진압풍수의 활용이다.

풍수를 브라질에 수용한 세계적 건축가 자이미 레르네르
비보·진압풍수의 내용물들은 고객을 유혹할 수도 내쫓을 수도 있다. 호설암의 풍수 응용은 지구 건너편 어느 건축가에 의해 되살아난다. 비보·진압풍수를 현대적으로 재해석 응용하여 세계적인 건축가 겸 행정가가 된 인물이 있다. 자이미 레르네르(Jaime Lerner: 1937-)이다. 무명 건축가였던 레르네르는 우연한 기회에 정치에 입문하고, 행정가로서 능력을 발휘하면서 쿠리치바시 시장으로 선출되었다. 그가 시장에 선출될 당시 쿠리치바시는 폭발적 인구증가로 도시환경이 무너지면서 빈민가로 변해가고 있었다. 이에 레르네르는 쿠리치바시를 생태도시로 탈바꿈시키기 위해 새로운 작업을 시작했다. 그는 동양 한의학이 말하는 침(Acupuncture) 이론을 차용한다. 침이 몸에 작은 자극을 주어 병을 치유하듯 도시에도 최소한의 개입으로 놀라운 효과를 낼 수 있다는 것이 그의 '도시 침술론(Urban Acupuncture)'이다.

> "나는 도시에도 의술이 지닌 마법 같은 힘을 어느 정도 발휘할 수 있고, 또 그래야 한다고 믿는다. 많은 도시가 병들어 있고 그중 어떤 도시는 거의 손을 쓸 수 없을 정도로 상태가 심각하기 때문이다."
>
> 『도시침술』

조명·조각상·음악·흐르는 물·나무·탑 등이 모두 침이 될 수 있다. 그런데 침은 어디에 놓는가? 풍수와 한의에서 말하는 혈穴에다 놓는다. 한의학에서 말하는 혈 이름은 대부분 대우주인 자연에서 따왔다. 소우주인 인체에도 산맥과 수맥처럼 기가 흘러가는 곳이 있기 마련인데 그 멈추는 곳이 혈이다. 기의 흐름이 순조로우면 건강하지만, 원활치 못할 때 병이 생긴다. 침은 기의 흐름을 원활하게 한다. 풍수에서 말하는 혈도 마찬가지이다. 기의 흐름이 원활하지 못하면 병든 산천이 되며, 그 땅 위에 살아가는 사람 역시 삶이 힘들어진다. 이를 치유하기 위한 것이 비보·진압풍수이며, 레르네르의 도시 침술론과 같은 내용이다. 비보·진압풍수의 흔적이 우리나라 사옥들에서는 어떻게 나타나고 있을까?

코끼리 석상의 뜻은?

용산구 동자동의 KDB 생명타워 앞에는 네 마리의 코끼리 석상이 있었다. 사옥이 서쪽을 바라보면 불길하다는 '풍수 곡해曲解'에서 비롯된 것이다. 서쪽을 사신사四神砂 가운데 백호白虎로 오해한 것이다. 백호는 문자 그대로 해석하면 흰 호랑이이다. 흰색은 오행상 금金에 해당하며, 금은 쇠를 상징하기도 한다. 따라서 흰 호랑이[백호]는 강철과 같은 호랑이다. 호랑이 가운데에서도 가장 무섭다. 이 무서운 호랑이가 건물을 노려보니 회사가 잘 될 수 없을 것이라는 속설에서 이를 제압하기 위해 코끼리 석

사진 72 | KDB 타워 정문의 코끼리 석상(용산구 동자동)

상을 세웠다는 것이다. 그런데 오행상 金을 쇠[鐵]로 보기도 하지만 문자 그대로 금(gold)으로 보기도 한다. 서향이 좋을 수도 있다. "전통적으로 서울에서 한국의 큰 기업이 동쪽으로 가지 않고 서쪽으로 가야 성공했다."라고 50년 넘게 주요 사옥들의 입지 흐름을 관찰한 세계적인 모자왕 백성학 영안모자 회장은 술회한다. 따라서 서향 건물이 회사운에 결코 나쁘지 않다.

여의도 대신증권 사옥 앞에는 황소상이 하나 서 있다. KDB 타워 앞의 코끼리 석상에 아무런 설명이 없는 것과 달리 이곳 황소상 앞에는 친절한 설명문이 있다.

> "황우黃牛는 대한민국 주식시장을 대표하는 상징물로, 증시 강세장을 뜻하는 불마켓(Bull Market)을 상징한다. 가장 한국적이면서도 (…) 증권맨과 고객들이 황우黃牛를 만지면서 강세장을 기원하는 토테미즘(Totemism)의 대상이 되었다."

토테미즘은 비보풍수의 다른 표현이다. 실제로 현장에 가보면 사람들이 황우상을 만지기도 하지만, 그 설명문을 유심히 보면서 고개를 끄덕이는 장면도 심심찮게 본다. 조직원들에게 자

사진 73 | 대신증권의 황우상(영등포구 여의도)

신감을 심어주고 이를 통해 회사의 번영을 꾀할 수 있는 조각상이자 비

사진 74 | 라이벌의 기를 누르기 위한 진압풍수로서의 철근(서울 숭의여자대학교 정문)

보풍수물이다.

남산자락에 숭의여자대학이 있다. 학교 정문 위를 하얀색의 긴 철근 하나가 마치 고가高架처럼 가로지른다. 철근의 마지막은 뾰족하다. 조형물로서 그 뾰족한 부분이 노란 건물(R초등학교)을 향하고 있다. 이곳에는 유명 사립초등학교가 둘(R과 S초등학교)이 있는데 상호 경쟁 관계이다. 이 철근은 라이벌 초등학교 쪽을 향해 있다. 일부러 설치한 흔적이 뚜렷하다. 전형적인 진압풍수이다. 실제로 이 조형물이 설치된 이후 S초등학교가 R초등학교를 앞서게 되었다고 관계자가 필자에게 귀띔한다. 전형적인 홍콩풍수의 흔적이다.

잠실 한복판의 괴테(Goethe) 조각상과 삼전도비

'제2롯데월드' 잔디밭에는 독일이 배출한 세계적 작가 괴테상이 서 있다. 독일문화원도 아닌 잠실에 웬 괴테상인가 궁금하다. '롯데'라는 회사명의 기원을 밝힘과 동시에 롯데라는 기업의 감성적 이미지를 드러내고자 함이라고 롯데 측은 말한다. 괴테의『젊은 베르테르의 슬픔』은 감수성

예민한 청년 베르테르가 19살 아가씨 샤롯데(Charlotte: Lotte)와의 이루지 못할 사랑에 대한 번민을 형상화한 소설이다. 샤롯데는 이국땅 일본에서 고학하던 문학청년 신격호(롯데 창업주)의 우상이었다. 훗날 그가 회사를 차렸을 때 샤롯데를 잊지 못하여 회사명을 '롯데'라 하였다. '롯데'는 일본에서 큰 기업이 되었다.

1960년대 박정희 당시 대통령에게는 근대화와 산업화를 위해 외국자본유치가 절실하였다. 이때 박 대통령의 요청에 따라 일본에서 번 돈을 국내에 투자한 것이 지금의 한국 롯데이다. 그로부터 50년 후 한국 롯데는 세계 5위의 마천루 제2롯데월드(123층, 555m)를 지었다. 그리고 '롯데'의 기원을 밝히려 괴테상을 그 앞에 세웠다. 서비스업을 주종으로 하는 롯데는 세계적 문호 괴테의 이미지를 차용함으로써 '문화기업'임을 홍보하

사진 75 | 제2롯데월드 잔디밭의 괴테상과 대각선 길건너 삼전도비(송파구 잠실)

려는 의도이다. 여기서 그치지 않는다.

괴테 조강상과 도로 하나를 사이에 두고 지근의 거리에 삼전도비가 있다. 2017년 개봉되어 온 국민을 울렸던 영화 '남한산성'의 마지막 장면에 등장하는 삼전도비이다. 공식 명칭은 '대국 청나라 황제의 덕을 기린다'는 뜻의 '大淸皇帝功德碑'이다. 비문은 중국·만주·몽고문자로 쓰였다. 한글은 없다. 그들(중국·몽고·만주족)에게 조선은 나라도 아니었다. 이후 몇백 년 동안 조선은 청나라 앞에 꼼짝 못한다. 치욕의 진압풍수 흔적이다.

수백 년 후 지근의 거리에 괴테상이 세워졌다. 괴테상 앞에는 한글·영어·중국어·독일어 등 4개 국어로 롯데의 내력을 설명하고 있다. 롯데가 세운 괴테상은 중국·만주·몽고문자로 쓰인 삼전도비에 대해서 이제는 한국이 더 이상 치욕의 약소국가가 아닌 세계 경제대국이 되었음을 보여주는 진압풍수가 되고 있다.

동양 최대의 닭석상

이천 '치킨대학(BBQ 연수원)' 입구에는 동양 최대의 닭석상이 세워져 있다. BBQ 윤홍근 회장의 작품이다. 치킨대학 앞산에는 저명산猪鳴山(멧돼지 우는 산)이, 우측 산 너머에는 암캥이산이 자리하는데, 그 삼각지점에 치킨대학 터가 들어섰다. 풍수상 '삼수부동격三獸不動格'이 되는데, 이를 스토리텔링화하였다는 BBQ 관계자의 설명이다. '돼지↔고양이↔ 닭, 이 세 짐승이 긴장 속에 균형을 유지하는 기운생동의 터이면서 동시에 황금닭이 알을 품는 형국金鷄抱卵形임을 드러내고자 하였다.

닭석상을 동양 최고로 만든 데에는 풍수적 이유 말고도, 장차 BBQ가 치킨업계에서 세계 최고의 기업이 될 것이라는 염원이 담겼다. 특히 BBQ가 관심을 기울었던 부분은 미래 시장으로서 중국이다. 중국인들은

사진 76 | 이천 BBQ치킨대학 입구의 동양 최대 닭석상과 설명문

닭을 특히 좋아하는데, 중국의 땅 모양이 닭모양과 닮아서이기도 하지만, 금계金鷄가 행운을 가져다준다고 믿기 때문이기도 하다. 이를 염두에 두고 이곳을 찾는 중국인들과 외국인들을 위해 자세한 설명문까지 붙여 놓았다.

실제로 닭석상 아래 한글·영어·중국어로 된 설명문이 있는데, 그 내용 중에는 '금계포란'과 같은 풍수 용어가 언급되고 있다. 중국어 설명문 마지막은 '好运连连, 财源滚滚, 大喜不断'이라고 쓰였다. '좋은 운이 계속 이어지고, 재물이 강물처럼 흐르고, 크나큰 기쁨이 끊이지 않는다.'는 뜻이다. 이곳을 찾는 이들에게 덕담이지만, 실제로 풍수를 신봉하는 중국인들은 이 문장과 닭석상을 매우 좋아하여 이곳이 포토존이 되기도 한다고 한다. 전형적인 비보풍수의 현장이다. 닭석상이 세워지고 많은 사람들이 이곳을 즐겨 찾는 명소가 되었다.

청계천 '스프링(Spring)'탑은 제대로 된 도시 침鍼일까?

청계천 복원과 함께 들어선 '스프링'탑(동아일보 본사 앞, 청계천 물길의 시작 지점)은 그 건립 초기부터 논란이 많았다. 미국의 세계적 팝아트 작가인 클래스 올덴버그의 작품으로 2006년 세워졌다. 당시 제작자 선정·조각상

사진 77 | 청계천 시작점의 스프링(Spring)탑(동아일보 본사 앞)

모양·제작비용 등을 두고 찬반이 격렬했다. 제작비용이 무려 340만 달러(34억 원)였던 것도 문제였다. 탑의 의미에 대해서는 "20m 높이의 나선형의 다슬기 모양으로, 역동적이고 수직적인 느낌을 주어 복개된 청계천의 샘솟는 모양과 도시 서울의 발전을 상징한다."고 올덴버그는 설명하였다.

그러나 당시 국내 일부 예술가들은 '허공을 뾰족하게 찌르는 모습', '똥 싼 모습', '비비 꼬이는 꽈배기 모양' 등으로 비판하기도 하면서, 청계천 주변과 전혀 어울리지 않는다고 비판하였다. 15년이 지난 지금 '스프링'은 풍수적으로 어떻게 평가해야 할까?

복원된 청계천에는 물이 흐르고 물고기와 새들이 모여들었고, 천변에는 수생식물들이 우거져 갔다. 사람들도 물길을 따라 걷는 명소가 되었다. 그러나 '스프링' 탑은 늘 혼자 있다. 주변에 사람이 모이지 않는다. 뾰족한 탑은 첨살尖煞이 되어 사람들뿐만 아니라 주변 건물들을 찌르고 있다. 풍수에서 지극히 꺼리는 바이다. 전통적 비보·진압풍수나 레르네르의 도시 침술적 관점에서 이를 어떻게 보완하면 좋을까?

과거 조선조 한양 물길의 시작점[得水處]은 인왕산과 북악산 골짜기였다. 산 아래 바위틈에서 샘이 솟고, 그 샘은 실개천이 되어 청계천으로 모이고 다시 한강이란 큰 강으로 나아간다. 그러나 지금은 모든 실개천이 복개되어 더 이상 물이 흐르지 않고 있다. 따라서 스프링탑이 있는 곳이 현재 서울의 득수처(발원지)가 된다. 득수처, 즉 물길의 시작을 풍수적으로 어떻게 형상화해야 할까? 산에는 나무가 있고, 나무 아래 바위틈에서 물이 솟는다. 이를 그대로 재현하면 된다. 소나무 몇 그루를 심고 그 아래 너럭바위 서너 개를 놓으면 된다. 왜 소나무와 너럭바위인가?

비용면에서도 아무리 비싸도 몇억 원이면 낙락장송 몇 그루를 이식할 수 있고, 몇백만 원이면 좋은 너럭바위를 구할 수 있다. 또 이것은 전통적 비보풍수의 방법이기도 하지만, 소나무[松]와 바위[巖]는 십장생十長生에 포함된다. 십장생은 중국에 없는 우리 고유의 신앙이다. 경복궁 자경전 굴뚝에도 십장생이 새겨져 있다. 서울을 찾는 외국인들에게도 세워진 내력을 소개하기에 좋다. 스프링탑 주변에 소나무와 너럭바위를 놓고, 자

사진 78 | 경복궁 자경전 굴뚝벽에 새겨진 십장생, 소나무가 새겨져 있다.

세한 설명문을 붙이고, 경복궁 자경전에 가서 꼭 벽화 속의 십장생을 구경할 것을 권한다면 한국 풍수가 어떻게 도시침술로 거듭나고 있는지를 보여 줄 기회가 될 것이다.

『도시침술』의 저자 레르네르는 말한다.

"도시가 만남의 장소라는 점을 잊지 말아야 하며, 대단한 명소가 없는 도시도 나무를 심으면 극적으로 바뀌기에 나무 심기가 좋은 도시 침술이 될 수 있다."

바로 청계천의 '스프링' 탑이 있는 곳에 해당하는 발언이다. 여름에는 그늘을 찾아 사람들의 쉼터와 만남의 장소가 될 것이고, 겨울에는 소나무에 소복이 덮인 설경 또한 사람들에게 자연미를 제공할 것이다. 좀 더 욕심을 부려 작은 정자 하나를 만들어도 좋다. 한국의 전통적 비보풍수의 현대적 활용이자 진정한 도시침술이다.

3. 보석과 풍수

박정희 전 대통령과 '한국의 앙베르'

"1975년 박정희 당시 대통령은 전북 익산(이리)에 보석 가공단지를 만들게 하였다. 외국의 보석원석을 수입·가공 후 수출하여 외화벌이를 하자는 것이 주목적이었다. 박 대통령이 관심을 갖게 된 것은 당시 매달 개최되는 '수출진흥 확대회의'에서 '벨기에는 작은 박스 하나에 다이아몬드를 넣어 1억 달러를 수출하고 있지만 우리나라는 고무신·김·광물 등을 다 수출해도 1억 달러가 안 된다'는 상공부 관계자의 보고를 받고서였다."

강승기 한국다이아몬드거래소 대표

여기서 언급되는 벨기에는 벨기에의 작은 도시 '앙베르(Anvers)'를 의미한다. 앙베르는 지금까지 500년 넘게 세계 최대 다이아몬드 거래 중심지로 자리 잡고 있다. 앙베르에서 보석원석이 생산되는 것도 아니었는데, 이렇게 보석의 메카가 된 것은 사연이 있다. 1477년 앙베르 시장은 법령을 발표한다.

"누구든지 다이아몬드·루비·에메랄드·사파이어 등의 모조품을 거래해서는 안 되며 또한 그것을 저당 잡히거나 양도할 수 없다."

'짝퉁' 보석의 창궐을 막고 진품 보석으로 앙베르의 명성을 키워나가기 위해서였다. 앙베르는 보석 원석의 산지가 아니었다. 원석 산지는 유럽이 아닌 아프리카·아시아·아메리카였다. 앙베르는 보석가공·유통·수출의 유럽 중심지가 됨과 동시에 유럽 경제활동의 중심지가 되었다. 유럽에서 가장 부유한 상인들이 이 도시에 들어와 자리 잡기 시작했다.

박정희 당시 대통령이 익산(이리)에 보석단지를 세우게 한 1차 목적은 익산을 '한국의 앙베르'로 만들고자 함이었다. 그러나 박 대통령의 서거 이후 흐지부지되어 지금까지 익산보석단지는 겨우 연명을 할 정도이다. 이후 한국 보석가공의 85%가 서울 종로의 보석거리에서 이루어지며, 아시아에서는 태국이 보석의 집산과 유통의 메카가 되었다. 익산보석단지가 활성화되지 못한 데에는 "순수하게 보석을 수입·가공·수출하는 업자들 이외에 제3의 불순세력이 보석 사업에 끼어들면서 위협을 느낀 보석업자들이 떠나게 된 것도 하나의 요인"이라고 김수정 학예연구사(익산보석

사진 79 | 지금은 초라하게 연명하는 익산 보석단지

^{박물관})는 덧붙인다.

박정희 대통령이 익산을 '한국의 앙베르'로 만들고자 하였던 구상은 탁견이었다. 그런데 보석에는 수많은 종류가 있지만, 금·은·옥·자수정 말고는 우리 민족과는 별로 관계가 없는 듯 보인다. 그럴까?

보석 산업은 그 나라 풍수관에 따라 좌우된다.
보석에 조예가 깊은 오윤선 호림박물관장은 말한다.

"개성 여인들이 보석에 대해 깊은 이해와 안목을 갖고 있다. 왜 한양 여인이 아닌 개성 여인일까? 도읍지를 개성으로 하던 고려는 국제무역 국가였다. 또 원나라 공주들이 고려 왕실로 시집을 오면서 공주뿐만 아니라 수행원들이 가져온 사치스러운 문물들 가운데 보석이 빠질 리 없었다. 고려가 망한 지 몇백 년이 흘렀으나 그 후예들에게 보석문화가 희미하게나마 전승된 까닭이다."

단지 이 때문만이 아니다. 더 본질적인 문제가 있다. 고려와 조선의 풍수관의 현격한 차이 때문이다. 고려와 조선의 공인 풍수서적이 각각 9개 풍수 고전을 활용한 점은 같았으나 그 책 내용은 전혀 달랐다. 이렇게 풍수 고시과목이 달랐던 것은 국교^(불교vs유교)·사회경제체제·정치상황이 달랐기 때문이다. 불교가 국교였던 고려에서는 절과 부처상^(금동불)을 치장하기 위한 화려한 보석들이 많이 요구되었던 반면, 유교를 국교로 하던 조선에서는 사치행위를 금하여, 겨우 기생들이나 보석을 공개적으로 패용할 정도였다.

고려왕조에서는 산보다는 물을 중시하는 '주수^{主水}' 관념이 강하였다.

"고려 창업 주축 인물인 왕건·복지겸·왕규·홍유·윤신달 등이 서해로 이어지는 주요 강들(예성강·임진강·한강·영산강)과 중국과의 해상무역항들의 거점세력"(윤명철: 동국대 명예 교수)이었던 것과도 관련이 있다. 건국 주체가 해상세력이었던 고려 전성기 때는 중국뿐만 아니라 멀리 아라비아와 무역 교류를 하여 문자 그대로 국제해상국가였다. 당연히 휘황찬란한 보석들과 장신구들이 고려의 여인들에게 파고들었다. 고려의 수도 개경은 번화와 사치의 국제도시였음을 충분히 짐작케 한다.

반면에 조선은 국초부터 명나라에 '조공품으로 금·은을 바치는 것[金銀貢]'을 피하기 위하여 '금은은 본국의 생산품이 아니니 진상품 중 금은을 토산물로 대체해줄 것'을 반복적으로 명나라에 요구한다(태종·세종·성종). 이러한 과정에서 금은의 채굴과 유통이 억제된다. "이로 인해 귀금속의 제련·가공기술이 후퇴하였고, 장신구 공예 발달에 커다란 장애 요소가 되었으며, 그 이전부터 내려오던 목걸이·귀걸이·팔찌 패용 습관은 사라

사진 80 | 익산보석박물관과 그 안에 전시된 보석 원석

졌다."(김수정, 익산보석박물관 학예사연구사).

우리민족과 보석과의 깊은 관계는 중국에서조차 잘 알려진 사실인데 『삼국지』「위서魏書」에 '옥구슬을 재물과 보화로 삼았다以瓔珠爲財寶.'는 대목이 그 방증이다. 실제로 4세기 이전의 고분에서 곡옥·다면옥·관옥·환옥·소옥 등 다양한 형태의 옥과 유리·수정·마노·호박·비취 등 보석이 삼한시대 고분에서 출토되었다(이송란, 『신라 금속공예 연구』).

보석이 우리 민족에게서 사라진 것은 명나라에 금은을 진상하지 않으려는 정책도 한몫하지만, 더 본질적인 이유가 있었다. 조선왕조는 본질적으로 유교를 바탕으로 한 농경사회였다. 사농공상의 신분제 계급은 공업과 상업의 발전을 차단하였고, 유가의 잘못된 종법주의가 인간과 사회뿐만 아니라 자연체계에게도 강제된다.

그 대표적인 것이 산을 중시하는 '진산鎭山관념'이다. 고려의 지리를 다룬 『고려사』「지리지」에는 진산 개념이 없었다. '진산'이 표기된 곳은 딱 두 군데이다. 고려의 왕도 개경의 송악산과 제주의 한라산이다. 그 이외에는 진산을 소개하지 않고 있다. 그러나 조선에서는 전혀 영뚱한 현상이 벌어지는데, 모든 고을마다 진산이 설정되고 신성시된다. 16세기에 간행된 『신증동국여지승람』에 소개된 조선의 행정구역 320여 개 고을 가운데에서 250개 이상의 고을에 진산이 있는 것으로 기록된다. 왜 유독 조선왕조에서만이 각 고을의 진산 개념이 크게 부각된 것일까?

풍수지리를 수용한 점에서는 고려나 조선이 모두 같았지만, 고려는 통치과정에서 풍수지리의 진산을 활용할 필요가 없었고, 조선은 진산을 적극 활용할 필요가 있었다. 종족 내에서 적장자가 대종大宗이 되어 종가宗家를 형성하고 문중을 대표하는 종법제도는 임금을 정점으로 수직적 봉건 지배질서를 가능케 하였다. 임금→제후→사대부→백성의 신분관계

와 시조→중시조-할아버지→아버지→나로 이어지는 혈연관계나 태조산
→중조산→소조산(진산)→소조산(주산/부모산)→혈처로 이어지는 구조가 같
다. 유교를 국가 이데올로기로 활용한 조선으로서는 나라에는 임금이 있
고 집안에는 종손이 있듯, 그가 사는 고을에는 진산(주산)이 있어 다른 주
변을 산을 지배해야 한다는 관념은 당연한 것이었다.

심지어 고려에서 개경의 송악산과 더불어 유일한 진산 자격을 갖던 제
주의 한라산은 백두산의 말단에 편입된다. 이렇게 산을 중시하는 조선
은 위계적·폐쇄적일 수밖에 없었다. 게다가 공식적으로 조선은 바다에
서 활동하기를 금하고 섬을 비우는 '해금공도海禁空島'정책을 펼친다. 바다
건너에서 보석이 들어올 수도 없었고, 상업을 무시하고 농업만 중시하던
조선에서 보석은 자취를 감출 수밖에 없었다.

"산을 중시[主山]할 것인가 물을 중시[主水]할 것인가?"

어느 것을 택하느냐에 따라 나라의 운명이 달라진다. 물은 재물을 주
관하고[水主財], 산은 인물을 주관한다[山主人]는 풍수 격언에서 보면 당연
고려가 더 풍성한 부와 보석의 혜택을 누렸음을 알 수 있을 것이다. 우리
나라 보석산업이 발달하지 못했던 역사적 원인遠因이 이와 같았으나 또
한 번의 기회, 즉 박정희 전 대통령의 익산(이리)보석단지 프로젝트가 제
대로 이행되지 못한 것 역시 우리 국운에 큰 실책이었다.

보석과 풍수

보석과 풍수는 어떤 관련이 있는가? 조선왕조 풍수학 고시과목 『타옥
부』는 보석과 길지와의 상관관계를 다음과 같이 말한다.

"무성하게 숲이 이루어졌으면 그 아래에 금은보화[金寶]가 있고, 땅

에서 많은 구름이 서리와 눈처럼 솟아오르면 그 아래에 보석과 옥

[珠玉]이 있다 森森而林, 下有金寶. 地多霧起如霜雪, 下有珠玉.

그런데『탁옥부』의 다음 문장이 의미심장하다.

"터가 감추고 있는 것 중에서 어떤 것이 좋은가? 구슬과 옥珠玉이 최

고이며 (…) 옛 도장·칼·그릇 등이 묻힌 땅은 오품의 벼슬을 배출한

다 基之所藏何物乃祥, 珠玉爲上 (…) 古印劍器五品官方."

마지막 문장 '옛날 명품이 묻힌 땅도 좋다.'인데, 그러한 땅은 한때 흥
성하였다가 망하여 매몰된 곳일 수도 있고, 명품의 매매와 유통이 그 땅
과 같은 인연을 맺은 곳일 수도 있다는 것이다. 보석의 원산지가 아닐지
라도 그 땅이 명품들과 인연을 맺었다면 좋은 땅이라는 논리다. 풍수에
서 말하는 비보풍수이다. 좋은 명품들을 들여다 놓으면 그곳이 길지가
된다는 주장이다.

보석과 풍수와의 상관관계를 좀 더 구체적으로 밝힌 조선조 풍수학 고
시과목이『장서(금낭경)』이다. 풍수에서 좋은 기가 뭉친 곳을 혈穴이라고
한다. 혈을 중심으로 사방의 산이 감싸고 그 사이로 물이 흐른다. 이러한
땅을 흔히 길지라고 한다. 길지는 여러 특징을 구비하는데 그 가운데 하
나가 혈토穴土이다.『장서(금낭경)』는 '혈토는 고우면서도 단단해야 하고,
윤기가 흐르되 질지 않아야 하고, 지방을 자른 듯, 옥을 간 듯 해야 하고
다섯 빛깔을 갖춰야 한다.'고 하였다. 이 문장에 대해 중국『사고전서四庫
全書』에 수록된『장서(금낭경)』주석본은 좀 더 자세한 설명을 덧붙인다.

"오행의 기가 땅속으로 다니면서 금金의 기가 응결한 것은 흰색이고, 목木의 기가 응결한 것은 푸른색이며, 화火의 기는 빨간색이고, 토土의 기는 노란색이 되는데, 이 넷은 모두 좋은 빛깔이다. (…) 오행상 노란색은 토색土色이므로, 또한 순전히 노란색만으로 된 흙도 길하다. 토산에 맺힌 석혈石穴에서는 금과 옥 같은 것·상아 같은 흙·용뇌龍腦·산호珊瑚·호박琥珀·마노瑪瑙·거거車渠·주사朱砂·자분화紫粉花·세석고細石膏·수정·운모雲母·우여량禹餘糧·석중황石中黃·자수정紫水晶 같은 것·돌 속에 사슬 같은 무늬가 있는 것·빈랑檳榔무늬가 있는 것·오색을 갖춘 것 등으로, 이들은 모두 사각사각하면서 부드럽게 윤이 나서 돌 같으면서 돌이 아닌 혈토穴土들이다. 석산石山에 맺힌 토혈土穴에서는 용간龍肝·봉수鳳髓·성혈猩血·해고蟹膏·산옥散玉·적금滴金·사인絲紉·누취縷翠·유금황柳金黃·추다갈秋茶褐 등과 같은 것이 있다."

당시 풍수사들이 땅의 기에 따라 다른 보석이 나온다는 것을 알고 있었음을 보여주는 대목이다. 조선왕조에서 보석을 애써 외면한 까닭에 보석문화가 발달하지 못한 반면, 중국·일본·인도·유럽에서는 보석과 풍수가 밀접한 관계를 맺으면서 보석문화가 발그한다.

중국에서는 풍수 소품으로서 '첫째가 옥, 둘째가 수정一玉二水晶'이라고 말한다. 옥은 장식용뿐만 아니라 귀신퇴치·진정작용·질병치료·미용 등에 효과가 있다고 믿어 '사람이 옥을 기르고, 옥이 사람을 기른다人養玉, 玉養人'거나 '몸에 옥을 두면 재앙도 복으로 바뀐다身上有玉, 化禍爲福.'는 격언이 생겨난다. 수정은 복된 집[福宅]을 만들어주고 재물을 번성케 한다[旺財]고 믿어져 다양한 종류의 수정들(자수정·홍수정·녹수정·황수정)을 활용하였다.

최근 서양에서도 풍수 차원의 보석 활용이 생활화되고 있다. 미국의 건축·인테리어 디자이너 소린 밸브스가 최근 출간한『영혼의 공간(soulspace)』(2011)은 집안을 번창할 수 있게 하려면 자수정이나 석영 원석 같은 것은 집안에 놓아두라고 권한다. 왜 그럴까? 독일인 실내 건축가 바바라 아르츠밀러가 쓴 풍수서『영혼의 거울로서 우리 집』(2015)이 이를 설명하고 있다.

"보석들은 땅 속 깊은 곳에서 생겨난다. 그것들이 지표면으로 나와 빛에 쪼이면 비로소 그 보석들이 갖고 있는 강력한 힘들이 발산되기 시작한다. (…) 인간들은 질병치료와 장식으로 보석들을 활용하고자 한 시도들은 옳은 행동이었다. 왜냐하면 보석들 속에 잠재된 힘들이 실제로 인간에게 전달될 수 있기 때문이다."

일본의 카호우 세이쥬華寶世珠는 자신의 저서『다이아몬드 풍수』(2017)에서 '다이아몬드는 사람들을 행복하게 해 줄 수 있는 돌로서 연애·사업·금전·미용·건강운을 향상시켜준다.'면서 결혼반지로 선물 받은 다이아몬드를 장롱 깊숙한 곳에 보관하지 말고 적극 패용하여 개인과 가족 그리고 온 나라가 함께 행복하자고 역설한다. 이슬람권인 아랍의 민간 의술에서도 '완전한 돌인 다이아몬드가 육체와 마음의 모든 질병을 치료한다.'고 말한다. 동서고금과 종교의 차이를 초월하여 보석이 갖는 힘을 인정하고 있음을 알 수 있다.

보석으로 질병치유

보석 패용이 인간의 운명을 향상시킨다는 관념뿐만 아니라 그것이 질병치료에 효과가 있다는 속설은 동서양의 오랜 전통이다. 중세 독일에 힐데가르트 폰 빙엔(1098-1179)이라는 수녀가 있었다. 신학·의학·음악 등 다방면에 박학다식하였던 그녀는 공식적으로 성인품에 들지는 못했지만 지금도 독일에서는 성녀로 추앙받는 인물이다. 그녀가 남긴 글 가운데 「보석을 이용한 질병치료(Steinheilkunde)」는 지금까지도 주요 고전이 되고 있다. 그런데 그녀의 '보석치료론'은 그 출발점이 신학에서 시작하지만 풍수에서 말하는 동기감응과 흡사하다. 그녀는 말한다.

  "하느님은 보석이 갖는 빛과 힘들을 헛되이 버리지 않는다. 왜냐면 이 땅 위에서 보석들이 치료의 목적으로 봉사하기를 바라기 때문이다."

보석들은 땅속 깊은 곳에서 강력한 압력이나 충격에 의해 만들어진다. 이때 보석들은 특정한 진동(Schwingung)을 얻게 되며, 이러한 특정 진동은 다시금 다른 사물(사람)에게 전이될 수 있다. 보석의 에너지 파장이 피부와의 접촉을 통해 패용자의 에너지 흐름에 작용하여, 보석마다 갖는 특정한 에너지가 인간의 질병치료에 이용 가능하다. 단순히 육체 질병뿐만 아니라 정신 또는 영혼의 상태에도 효능을 끼친다.

힐데가르트의 이러한 지론은 현대 독일의 대체요법의학자 쉬바이카르트(J. Schweikart)에 의해 수정·보완되어 지금도 소개되고 있다. 이 둘의 주장 가운데 대표적인 것 몇 가지를 비교하여 소개하면 다음과 같다.

보석명＼효능	힐데가르트(11-12세기)	쉬바이카르트(현대)
마노	간질·몽유·도둑예방·사교능력향상	현기증·두통·피부병
에메랄드	각종 통증·해독	눈병·신경쇠약
페리도트	발열·인후통·심장통·우울증·시기심 완화	소화·신진대사
다이아몬드	정신이상·돌발성 분노·동맥경화	졸도발작·신경쇠약
호박	위장장애·방광염	위장병
수정	시력향상·갑상선·심장병·복통	다양한 질병 완화
지르곤	눈병·심장	심장·폐·기관지
가넷	발열·통풍·두통	혈액순환
사파이어	안질·논리력 증강·충동적 기질완화	정신을 맑게 하고 집중시킴
토파즈	피부질환·안질·발열	소화·신진대사

　힐데가르트의 보석치유론 말고도 전통적으로 유럽에서는 보석의 신비력에 대해 다양한 견해들이 전해진다. 예컨대, 자수정을 몸에 지니고 있으면 아무리 술을 많이 마셔도 취하지 않을 뿐만 아니라 심신을 맑고 편안하게 해준다는 속설이 있었다. 자수정으로 만든 와인잔이 유행하거나 귀중한 선물로 주고받았던 것은 당연한 일이었다. 자수정에 관한 한 우리나라도 세계적인 산지이다. 설악산과 속리산 등 백두대간 줄기를 따라 여러 군데 자수정 광맥이 있는 것으로 확인되고 있다. 설악산에 케이블카를 설치하여 관광객을 유치하는 것보다 설악산 자체가 품고 있는 자수정으로 인해 분출되는 땅의 기운이 이곳을 찾는 사람들에게 더 좋은 기운을 줄 것이다. 케이블카를 설치하면서 환경을 파괴하는 것보다 설악산 자체를 활용하는 것이 장기적 국운에 도움을 준다. 풍수가 끊임없이 환

경파괴를 반대하고 그 보존과 활용을 주장하는 것은 이와 같은 까닭에서이다.

오팔(opal)은 시력에 도움이 될 뿐만 아니라 그것을 패용하면 다른 사람들의 눈에 띄지 않는다는 전설이 있다. 그래서 '아이 스톤(eye stone·눈의돌)'이란 별명이 생겨났다. 대도大盜들이 '거사'를 감행할 때 오팔을 패용하였다. 토파즈(topaz)도 오팔과 비슷한 힘을 준다고 믿어졌다. 또 위급상황에서 토파즈를 지니면 투명인간이 될 뿐만 아니라 더 강한 힘을 준다는속설이 있어서 군인·기사들이 좋아했다. 물론 가난한 군인들이 패용할수 있는 것은 아니고, 귀족출신들의 고급장교나 기사들이 패용하였다.더 나아가 독이 든 음식물을 갖다 대면 음식물이 변색이 되는 것으로 알려졌다. 또 토파즈는 불면증 치료에 도움이 된다고 하여 잠 못 이루는 귀부인들이 즐겨 패용하였다.

'보석의 여왕'으로 불리는 진주는 위장·심장병 등에 좋다고 알려졌다.그러한 까닭에 청나라의 마지막 권력자 서태후(1835-1908)는 진주를 갈아서 갓 출산한 산모의 젖과 함께 상복하였다. 그 덕분인지 70이 넘은 나이에도 그녀의 피부는 40대 여인과 같았다. 호박의 경우 간질·중풍·후두염을 예방해준다는 속설이 있다. 중풍을 두려워하는 유럽의 노귀족들이선호하였을 것이다. 우리의 한복 마고자·조끼 단추에 호박이 사용되는것도 이와 유사한 관념이다.

한국의 보석 수용과 풍수

한국의 보석시장이나 풍수시장을 보면 매우 유사하다는 생각이다. 풍수의 경우, 조선왕조의 풍수 패러다임을 한 걸음도 벗어나지 못하고 있다. 미국의 트럼프 대통령이 부동산 개발업자 시절 풍수를 자신의 사업

사진 81 | 보석가게와 그 안에 진열된 보석들

에 적극 수용하여 크게 성공한 것과 같은 방식의 공격적인 확장 응용을 보여주지 못하고 있다. 한국의 보석시장도 마찬가지이다. 늘 '사치품목'과 '밀수'라는 부정적 단어와 연계되어 있다. 보석산업이 미래 한국 발전의 견인차가 될 수 있다고 확신하는 '한국다이아몬드거래소' 강승기 대표는 말한다.

"보석산업은 미래 성장산업이 될 수 있다. 도심산업이면서도 친환경적이며 무한한 부가가치 창출이 가능하며 그 미래 시장은 국내가 아닌 인도와 중국이라는 큰 시장이 될 수 있다."

한류를 더욱더 고급화할 수 있는 것이 보석산업이다. 정부는 보석을 사치품이라는 편견을 버리고 새로운 접근을 해야 한다. 박정희 전 대통령이 추진하였던 것처럼 원석을 수입·가공 후 중국과 인도라는 큰 시장을 공략한다면 아직도 승산이 있다. 보석시장의 양성화에 정부가 적극적이어야 한다. 현재 우리나라 보석시장은 20-40조 원으로 추정한다. 이를 양성화하면 국가 세수에 도움이 될 뿐만 아니라 보석시장의 활성화가 절로 된다. 한국인들의 보석 디자인 및 세공 솜씨는 세계적인데 이를 사장시키고 있음이 안타깝다. 대통령 부인과 사회지도층 여성들의 보석 패용을 단순히 사치품으로 비난하지 말고, 새로운 패션 창출이라고 적극 권장하는 풍토가 되어야 진정 우리나라가 세계 부국이 될 수 있다.

4. 명사들의 명당탐방기
-동작동 현충원 대통령 묘역 풍수 답사와 토론-

답사일: 2017년 4월 20일

답사장소: 서울 동작동 국립현충원

참석자: 자유포럼 회원

　　　　강철규(전 공정거래위원장·전 우석대 총장)

　　　　안경환(전 국가인권위원회위원장·서울대 명예교수)

　　　　정경택(김앤장 대표변호사)

　　　　최정표(전 경실련 대표·전 KDI 원장)

　　　　정영록(전 주중공사·서울대 교수)

　　　　김두규(필자, 문화재청 문화재위원)

　　　　(자유포럼에는 황주리 화가·정영무 한겨레 신문사 사장·김애옥 동아방송예

　　　　술대 교수도 멤버이나 이날 불참)

대통령 당선자가 맨 처음 가는 곳

2017년 5월 9일 대통령 선거에서 문재인 후보가 당선되었다.

다음날인 5월 10일 10시 문재인 대통령은 동작동 국립현충원에 참배를 한 뒤 국회에 가서 취임식을 가졌다. 동작동 국립현충원의 위상을 말해주는 장면이다. 동작동 국립현충원이 전사자의 무덤으로 처음 인연을 맺게 된 것은 1950년 9·28 서울 수복 과정에서 아군과 적군의 치열한 전투가 한강을 사이에 두고 벌어졌다. 특히 한강 대교 지나가는 노들섬에는 많은 아군 전사자가 쌓였다. 전사자를 급히 가매장해야 할 상황에서

근처에 있는 지금의 현충원이 눈에 띄었다. 국립현충원이 전사자의 무덤으로 인연을 맺게 된 시작은 이러했다.

동작동 현충원이 포화상태가 되면서, 전사 국군과 순국자들이 대전 현충원에 안장되는 반면, 대통령이나 정부 요인들 일부가 비좁은 동작동 현충원에 안장되면서 뉴스거리가 되고 있다. 특히 이곳에 안장된 전직 대통령들의 무덤이 풍수상 명당인가 아닌가라는 비본질적인 것이 뉴스가 되고 있다. 앞으로 퇴임한 대통령들도 대전 현충원이 아닌 이곳에 안장될 것인가? 그것도 풍수적인 이유에서? 이러한 문제의식 속에 '자유포럼' 회원들이 동작동 현충원 풍수답사를 하였다. 우선 현충원 명칭에 대

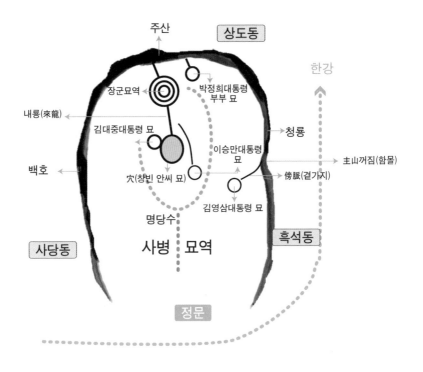

사진 82 | 동작동 현충원 대통령 묘역도

한 본질적 문제 제기이다.

"임금과 그 부인 묘는 능陵, 태자(세자)와 태자비(세자비) 묘는 원, 그리고 일반인 묘는 묘墓다. 중국도 "혁명열사릉", 북한도 "혁명열사릉", 일본도 임금[덴노] 묘를 "능陵"이라 표기한다. 우리나라는 왜 "원園"인가?

명사들의 '제왕지지' 답사와 겸재 정선의 '동작진'

2017년 4월 20일 '자유포럼'의 회원들이 그림 한 장을 유심히 보고 있었다. 이들 모임은 공식 단체가 아닌 9명으로 구성된 순수 인문학 모임이다. 특정 이념이나 정치가 목적이 아니다. 두 달에 한 번씩 저녁에 만나 회원 한 명이 간단한 주제 발제를 하고 토론을 한다. 주제도 정치·경제·법학·문학·역사·미술·풍수 등 발표자의 자유이다. 그런데 이날만큼은 저녁이 아닌 점심시간에 모임을 가졌다. 현장 답사를 하기로 하였기 때문이다. 만남의 장소는 우선 강남고속버스터미널 근처의 어느 중식당이었다. '동작동 현충원에 안장된 대통령들의 묘역이 과연 풍수설을 근거로 한 것인지 한번 살펴보자'는 최정표 교수(전 KDI 원장)의 제안이 있었기 때문이다. 일행들 가운데 일부는 공직에 있을 때 공식 참배로 몇 번 온 적은 있으나 사적으로 현충원을 자유롭게 둘러보는 것은 처음이라고 한다.

저녁이 아닌 점심시간으로 모임을 바꾸는 바람에 몇몇 회원은 참석하지 못했다. 회원들이 점심 식사 중 유심히 보고 있던 그림은 겸재 정선이 18세기 중엽에 그린 '동작진銅雀津' 그림이었다.

'동작진'은 현재 동작동 국립현충원이 그려진 진경(실경) 산수화이다. 늘 그러하듯 '동작진' 그림에 대한 진솔한 의견들이 나왔다.

"진경산수화이기에 동작진의 실제와 똑같을 것이라고 생각하였는데 그림 속의 관악산은 실물보다 더 우뚝 솟아있다. 왜 그럴까?

겸재가 그림을 그렸던 장소는 어디였을까? 현재 동작대교 건너 동부이촌동 어느 지점이었을 것이다.

현재 현충원 자리에는 기와집들이 늘비해 있었다. 그 기와집들은 실제 살던 집들일까 아니면 한양 명문가들의 별서(別莊)였을까?

겸재 정선은 한양의 명소를 여럿 그렸는데 그 선택 기준은 무엇이었을까?

지하철 '동작역'은 그림 속의 어느 지점일까?

지금 이곳은 동작릉陵이라고도 불리는데 실제 왕릉이 있었는가?

그림 속에 배가 많이 떠 있는데 실제 그렇게 많았을까? 어디로 가는 배들일까?

왜 이곳이 국립현충원이 되었고, 대통령들은 사후 고향이나 대전 현충원에 안장되지 않고 이곳에만 묻히고자 하는 것일까?

미국의 역대 대통령들은 사후 어디에 안장되는가?

산수화와 풍수는 어떤 관계가 있는가?"

동작동 현충원의 원주인 창빈안씨의 천하제일길지天下第一吉地 '동작릉'

흔히 동작동 국립현충원을 이승만 전 대통령의 명으로 1950년대 초에 터잡기가 이루어진 곳이라고 알려져 있으나 사실이 아니다. 그 역사는 아주 길다. 창빈안씨昌嬪安氏가 본래 주인이다.

창빈안씨는 연산군 5년(1499)에 경기도 시흥에서 한미한 집안의 딸로 태어났다. 미모가 뛰어나기보다는 품행이 단정하고 정숙했던 그는 아홉 살 때인 중종 2년(1507) 궁녀로 뽑혀 궁궐 생활을 시작했다. 그러다 중종의 어머니 정현대비의 눈에 들어 스무 살 때 중종의 총애를 입을 수 있었으며, 영양군·덕흥군·정신옹주 등 2남 1녀를 낳았다. 1545년 중종이 세상을 떠나자 관례에 따라 안씨도 승려가 되어 인수궁으로 물러나려 했다. 그러나 문정왕후의 만류로 그대로 궁에 머물렀다. 4년 후인 1549년 친정집을 방문했던 안씨는 특별한 병 없이 50세에 세상을 떠났다.

중종 사후 즉위한 인종이 단명하여 명종이 즉위했다. 명종은 문정왕후의 아들이다. 명종 22년 집권 기간 중 20년 동안, 문정왕후는 무소불위의 권력을 휘둘렀다. 안씨는 세상을 떠났지만 문정왕후는 그의 자식들을 가깝게 돌보아 주었다. 그런데 명종의 세자마저 일찍 세상을 떠나고 후사가 끊어진다. 명종이 떠났을 때 조선 왕실의 적통은 끊어진 것이나 마찬가지였다. 결국 명종비와 대신들이 덕흥군의 셋째 아들 하성군으로 하여금 왕통을 잇도록 합의해서 추대했다. 창빈안씨의 손자가 조선의 왕이 되었는데, 바로 선조이다. 선조는 조선 건국 이래 처음으로 후궁의 몸에서 난, 그것도 아들이 아니라 손자로 태어나서 임금에 오른 조선 국왕이다. 창빈으로 추존된 것도 선조가 임금이 되고 나서 이뤄진 조치였다. 이후 조선의 왕족은 모두 창빈안씨 소생이었다.

이곳을 '동작릉'이라 부를 수 없다. 왕과 왕비의 무덤만이 능陵이라 불리며, 세자와 세자비 무덤은 원園 그리고 그 이하 품계는 묘墓라 불린다. 따라서 이곳은 창빈묘라 부르는 것이 옳으나 선조의 할머니 묘라는 이유 때문에 존칭하여 후세인들이 '동작릉'이라 부르게 된 것이다.

'동작릉'의 내력과 겸재 정선의 '동작진' 그림 그리고 풍수와 산수화에 대한 이야기가 끝날 무렵 자유포럼 회원들의 두 시간 식사도 마무리가 되었다. 회원들은 2대의 차량으로 창빈안씨의 묘역 앞 주차장으로 이동하였다. 현충원의 장점은 주차가 무료이며 주차공간이 넉넉하다는 점이다. 4월 하순이라 벚꽃이 질 무렵이라 조금은 아쉬웠으나 완연히 지지는 않았다. 이곳의 수양벚꽃은 전국의 명물이다. 답사 동선은 창빈안씨묘를 시작으로 그 주변부터 순차적으로 하기로 하였다. 창빈안씨가 맨처음 이곳에 자리하여 오늘의 현충원이 되게 하였기 때문이다.

창빈안씨와 이곳 국립현충원과는 풍수상 무슨 인연이 있는가?

1549년 10월 창빈안씨가 세상을 뜨자 아들 덕흥군은 창빈안씨를 경기도 장흥에 안장하였다. 그런데 그곳이 풍수상 좋지 않다는 말을 듣고 길지를 찾아 1년 만에 이곳으로 이장을 한다. 당시 이곳은 과천의 작은 마을이었다. 안장된 지 1년이면 육탈이 거의 되지 않는 상황이다. 그럼에도 길지를 찾아 과감하게 이장을 하였다. 지금은 이장하는 일이 어렵지 않지만, 그 당시에 이장을 한다는 것은 다시 장례를 치르는 것과 마찬가지였다. 풍수에 대한 믿음이 확고하였기 때문에 가능한 일이었다. 많은 재물과 시간이 소요되는 것이기에 웬만한 가문에서는 상상할 수 없는 일이다. 무엇보다도 상주 입장에서 새로 옮기게 될 터가 분명 명당인가에 대한 확신이 있어야 한다.

명당발복을 이루고자 한다면 풍수행위와 풍수신앙 두 가지가 충족되어야 한다. 풍수상 길지를 찾아 그곳에 터를 잡는 것이 풍수행위이며, 그렇게 했을 때 집안과 후손에게 좋은 일이 일어날 것이라는 확고한 믿음이 풍수신앙이다. 이 두 가지를 전제하지 않고는 명당발복은 생각할 수 없다. 창빈안씨 이장 사건은 무덤 앞에 세워진 신도비에도 기록되어 있다.

"양주 서쪽 장흥리에 예장하였으나 후에 택조가 좋지 않다고 하여 과천 동작리 곤좌원(남서쪽에서 북동쪽을 바라봄)으로 이장하였다禮葬于楊州治西長興里, 後以宅兆不利, 移葬于果川銅雀里坐坤之原."

이장한 지 3년만인 1552년 선조가 태어났다. 그리고 1567년에 임금이 되었다. 길지를 찾아 이장을 한 '풍수행위'가 있은 지 20년이 채 안 된 기간이었다. 하성군이 임금이 되자 '할머니묘 명당발복 덕분에 임금이 되었다'는 소문이 퍼졌다. 사대문 안 사대부들뿐만 아니라 전국의 호사가들이 이곳을 찾았다. 이로 인해 조선반도에 '풍수붐'이 불었다. 훗날 선조와 그 아들 광해군이 풍수에 대해 맹신할 정도로 지나치게 집착했던 것도 자신들이 창빈안씨 명당발복으로 임금이 되었다는 믿음에서 기인하였다. 특히 선조는 임진왜란·정유재란 중에서도 풍수에 대한 관심과 믿음이 강하여 당시 명나라 군대를 따라 입국한 중국풍수사들을 극진히 모시며 그들의 자문에 의존할 정도였다. 그 가운데 선조는 섭정국葉靖國을 지나치게 우대한 나머지 그로 하여금 조선 조정과 관리 그리고 백성들에게 많은 못된 짓을 저지르는 결과를 빚게 하였으며, 나중에 명나라에서 이 문제를 심각하게 여겨 그를 강제 소환한다.

선조의 풍수 맹신은 임진왜란을 전후로 하여 조선의 풍수내용에 상당한 변화를 가져오게 하였다. 현재 풍수술사들이 사용하는 패철(나침반)도 이때(1600) 중국인 풍수 이문통李文通에 의해 유입되었다. 『선조실록』은 선조가 중국인 풍수에게 쩔쩔매는 장면을 다음과 같이 적고 있다.

"위에서도 또한 이치로 결단하지 못하고 섭정국과 이문통李文通 등에게 와서 살펴주시기를 간청하며 어찌할 바를 몰랐다."

여기서 위上는 선조를 가리킨다. 선조의 부인 의인왕후 박씨의 무덤자리를 찾는데 중국인 풍수사들 섭정국과 이문통이 협조를 해주지 않자 선조와 조정대신들이 당황했다는 기사이다. 선조의 아들로 뒤를 이어 임금이 된 광해군의 풍수 맹신도 이와 같은 흐름 속에서 이해가 가능하다.

창빈안씨묘를 찾아가기란 그리 어렵지 않다. 국립묘지 정문에서 이승만 전 대통령 묘소를 곧장 찾아가면 이승만 대통령 묘 좌측(정면에서 보아)에 비교적 넓은 주차공간이 나오며, 그곳에 '창빈안씨 묘역'이란 안내표지가 보인다. 조금 올라가면 창빈안씨의 신도비가 그리고 20m쯤 더 올라가면 곡장曲牆이 둘러쳐진 창빈안씨묘가 단아한 모습으로 자리하고 있다.

풍수상 어떤 곳일까?

겸재의 '동작진' 그림이 설명하듯 이곳의 조산은 관악산이다. 주산은 박정희 전 대통령이 안장된 곳의 우측(정면에서 바라볼 때) 뒤에 있는 서달산이다. 겸재는 관악산과 서달산을 의도적으로 아주 높게, 즉 실제의 산 모양보다 더 뾰족하고 높게 묘사하였다. 조산과 주산은 높고 웅장해야 한다. 『임천고치』가 강조하는 바이기도 하지만 풍수에서도 마찬가지이다. '산은 인물을 주관한다[山主人]'는 것이 풍수 격언이다. 산이 반듯하면 인물이 반듯하고 산이 웅장하면 인물이 웅장하다. 이곳이 조선 후기 왕손의

사진 84 | 창빈안씨묘(바로 좌측에 김대중 대통령 묘가 붙어있다)

진원지임을 염두에 두었다면 겸재는 관악산과 서달산을 당연히 가장 높고 빼어나게 그렸을 것이다. 겸재가 그린 모든 산수화들의 특징이다.

창빈안씨묘의 주산은 서달산이다. 서달산은 박정희 전 대통령 묘역 옆을 오른쪽으로 살짝 비켜 푹 꺼져 내려오다가 다시 고개를 쳐들어 봉우리 하나를 만드는데, 이것이 장군봉이다. 따라서 서달산과 장군봉 사이는 자연스럽게 하나의 고개가 만들어지는데 풍수에서는 이를 '과협過峽(고개)'이라 부른다. 과협은 산능선이 힘차게 기복起伏을 하면서 그 기운을 조절하는 기능을 맡기에 길지 형성의 필수조건이 된다. 이러한 기복이 없는 곳은 길지가 될 수 없다. 장군들의 묘가 조성된 장군봉은 풍수상 현무정 혹은 부모산이라고 표현한다. 주산의 강한 기운을 잠시 머물게 하였다가 다시 조금씩 흘려보내는 역할을 한다. 장군봉에서 다시 중심 산줄기[來龍]가 급하게 내려와 창빈안씨가 안장된 곳에서 더 뻗어나가지 않고 멈춘다.

이러한 곳은 작은 언덕(토괴·土塊)이 된다. 땅기운이 오롯이 뭉친 곳인데 풍수에서는 이를 혈穴 혹은 혈처穴處라고 부른다. 따라서 이곳의 전체적인 산세 흐름은 조산(관악산)→주산(서달산)→현무정(장군봉)→내룡("국가유공자 제1묘역")→혈(창빈안씨 묘)→명당(일반 사병 묘역)→수구(현충원 정문)→객수(한강)로 이루어진다.

창빈안씨 묘역 우측(정면에서 볼 때) 가까운 곳에 이승만 전 대통령 묘역이 있다. 이곳의 장군봉(현무정)에서 하나의 작은 곁가지가 뻗어 내려온 것으로 창빈안씨의 묘역을 보호해주는 내청룡內靑龍이 된다. 현충원의 주산인 서달산이 좌우로 두 팔을 벌려 현충원을 크게 감싸면서 흑석동 쪽의 산이 좌청룡(현재 이곳에 김영삼 전 대통령 묘가 있다)이 되며, 사당동 쪽이 우백호가 된다. 주산과 좌우 청룡백호의 무게 중심점, 즉 현충원의 무게 중심점에 창빈안씨묘가 자리한 셈이다. 안온하면서도 조용하다.

창빈안씨 묘역 좌측으로(정면에서 볼때) 불과 10여 미터에 김대중 전 대통령이 안장되어 있다. 창빈안씨 묘역의 입장에서 김대중 전 대통령 묘역은 풍수상 우측 선익蟬翼(매미날개)에 해당된다. 창빈안씨 묘역을 매미 몸통이라 한다면 매미 몸통을 얕게 감싸고 있는 것이 매미날개[蟬翼]에 해당된다. 선익이란 용어 말고도 내룡 좌우에 붙어 있는 것이라고 하여 첩신貼身이란 용어를 쓰기도 한다. 즉 이승만과 김대중 전 대통령 묘역은 창빈안씨 묘역을 보호해주는 역할을 하고 있다.

일부 풍수가들은 이곳 현충원과 창빈안씨 묘역이 혈穴(길지)이 아니라고 주장한다. 그 근거로 객수인 한강이 환포環抱(감싸 돎)하지 않고 등을 보이고 흘러가는 것[반궁수·反弓水]을 내세운다. 풍수의 기본원칙은 '내룡과 혈을 우선 보고 난 뒤 주변 산들과 물을 보는 것(용혈위주사수차지·龍穴爲主砂水次之)'이다. 관악산에서 창빈안씨 묘역으로 이어지는 산능선[龍]과 창빈안씨 묘역에 뭉친 지기[穴]가 중요하며 주변을 감싸는 산[청룡·백호]과 물[한강]은 부차적이다. 설령 혈을 향해 물이 치고 들어오는 수충水沖의 흉함이 있더라도 혈과 물의 높낮이가 현저하면 그 흉함의 영향을 받지 않는다는 것이 풍수 원칙이다. 따라서 한강이 반궁수이기에 이곳이 혈이 아니라는 주장은 풍수의 기본원칙을 무시한 말이다. 또 하나 창빈안씨 묘역이 길지임은 창빈안씨 후손의 번창 여부를 보면 알 수 있다. 창빈안씨가 죽은 지 130년 만에 그녀의 후손은 1,000여 명으로 늘어난다. 이후 조선이 망하기까지 역대 임금들은 모두 창빈의 후손들이었다. '창빈안씨의 조선'이었다.

일행 중에 누군가 안경환 교수가 안씨임을 떠올린 듯 '창빈안씨와 같은 종씨 아닌가요?' 물었다.

"우리나라 안씨는 순흥안씨가 가장 많고 광주안씨·죽산안씨 등이 소수로 있습니다. 저의 본관은 광주이고, 창빈의 본관은 안산안씨인데 지금 전국에 그 숫자가 천명 이 채 안되는 극소수이지요. 그런 안산안씨가 조선후기 모든 왕손을 모두 배출했다는 것도 특이하지요."(안경환 교수).

회원들은 현충원과 창빈안씨 묘역의 산세 대강을 파악하고 창빈안씨 묘역을 내려와 이승만 전 대통령 묘역으로 옮겼다.

내려오면서 창빈안씨 신도비를 둘러보던 안경환 교수가 비문 마지막 문장 '崇禎紀元後五十六年(숭정기원후오십육년)'을 지적한다.

"숭정崇禎은 명나라 마지막 황제 주유검(1620-1644년 재위)의 연호로서 '숭정기원후 56년'이라 함은 명나라가 망하고 56년 후임을 말합니다(1683년: 숙종9). 그때까지도 중국에 새로 들어선 청나라를 인정하지 않고 망해버린 명나라를 상국으로 인정하고 있음을 말해주는 대목이지요. 조선 스스로가 자초한 일이지요."(안경환 교수)

"지난 4월초 미국에서 트럼프와 시진핑이 미중 정상회담을 할 때 트럼프 대통령이 "Korea actually used to be a part of China."라는 발언을 하였음이 알려져 우리나라 사람들의 공분을 샀는데, 중국인들은 이것도 하나의 증거로, 즉 과거 조선이 중국의 속국이었다는 증거로 내세울 수 있지 않겠습니까? 전국에 이런 중국 연호가 새겨진 비석들이 얼마나 많은데요. 지정학적으로 한국과 중국 그리고 일본 등과의 어쩔 수 없는 숙명이지요. 그래서 외교가 중요하지요."(강철규 위원장)

도중에 가벼운 대화가 오간다.

"오늘은 참 특이한 체험을 합니다. 이곳에 창빈안씨의 묘가 있는 것도 처음 알았습니다."(정경택 대표)

이승만 전 대통령의 친아들과 영구음수형靈龜飮水形

회원들은 이승만 전 대통령묘를 참배한 뒤 묘역을 풍수로 살폈다. 이미 창빈안씨 묘역에서 명당의 기본 모델을 익혔는지라 모두들 쉽게 그 땅의 좋고 나쁨을 판별하였다. 장군봉(장군묘역)에서 희미하게 산능선(내룡)이 내려와 이승만 전 대통령 묘역에서 작은 흙덩어리[토괴·土塊]를 이루었다. 이와 같은 희미하게 내려오는 산능선(내룡)을 약룡弱龍이라 부른다. 내룡은 자손의 번창을 주관한다. 내룡은 흔히 지맥으로 이해함이 더 쉽다. 맥이 좋아야 후손이 번창한다. 때문에 내룡을 살피는 것을 간룡법看龍法이라 하여 풍수 서적마다 비중 있게 다룬다. 구별법은 대개 2분법·4분법·8분법이 있으며 심지어 32분법까지 있다. 즉 지맥의 흐름(내룡)을 32가지로 분류하기도 한다는 뜻이다.

대통령들의 묘를 풍수적으로 살피는데 참고할 2분법을 소개하면 다음과 같다. 2분법에 의한 간룡법은 용의 대소·강약·장단·귀천·노소 등을 기준으로 하여 정룡正龍과 방룡傍龍, 진룡眞龍과 가룡假龍, 귀룡貴龍과 천룡賤龍, 빈룡賓龍과 주룡主龍, 노룡老龍과 눈룡嫩龍, 장룡長龍과 단룡短龍 등으로 구분한다. 겸재 정선의 산수화도 이와 같은 관점에서 그림을 파악한다면 화가의 의도를 읽어낼 수 있다. 즉 풍수적 관점에서 산수화를 본다면 화가의 의도를 좀더 쉽게 이해할 수 있다는 것이다.

그림에서처럼 주산 서달산에서 장군봉(장군묘역)을 거쳐 창빈안씨 묘역에 이르는 산줄기가 중심이 된 중심룡[정룡]이라면, 이승만 대통령 묘역으로 이르는 산줄기는 곁가지인 방룡傍龍에 해당된다. 창빈안씨 것이 주인이 되는 주룡主龍이라면 이승만 전 대통령은 손님격인 빈룡賓龍에 해당된다. 다른 전직 대통령인 박정희·김대중 묘역은 내룡 자체가 없음에 반해 이곳은 약하기는 하지만 내룡이 있다. 명예를 가져다줄 땅이다.

"이승만 전 대통령은 자식이 없어 이기붕 아들을 양자로 삼지 않았습니까?"(정경택 대표)

"아니, 태산이란 아들이 있었어요. 미국에서 죽어 그곳에 무덤이 있습니다."(안경환 교수) 안경환 교수의 설명이 이어진다.

"원래 이승만은 박씨 부인과 사이에 아들 태산이 있었습니다. 이승만이 미국으로 가버리자 훗날 박씨 부인이 아들을 인편(이승만의 감옥 동지 박용만)으로 미국에 보냈지요. 태산이 일곱 살 때였어요. 그러나 이승만 입장에서 아들을 키울 수 없는 형편이었습니다. 그는 '워싱턴 타임스' 신문에 자기 아들을 맡아줄 가정을 찾는다는 광고를 냅니다(1905년 6월 4일자). 광고를 본 어느 미국 부인의 주선으로 태산은 아동보육시설에 맡겨졌습니다. 그러나 태산의 미국 생활은 짧았어요. 이듬해 2월 태산은 필라델피아 시립병원에서 죽습니다. 지금도 태산의 묘는 필라델피아 론뷰 공동묘지에 "RHEE TAISANAH 1899-1906"이란 묘비명과 함께 남아있습니다. 여기서 흥미로운 것은 아들 이름이 태산인데 영문은 태산아(TAISANAH)로 표기된 점입니다. 만약 이승만이 직접 아들을 위해 묘비를 만들었다면, "TAISAN"으로 하였을 겁니다. 평소 "태산아!"라고 이승만이 부르던 것을 들었던 미국인이 "TAISANAH"로 표기했을 것이라는 추측이지요. 즉 이승만은 아들 무덤을 제대로 챙기지 않았다는 뜻입니다."

"그렇다면 이 전 대통령의 묘역이 길지라고 하더라도 자식이 없으니 명당발복 덕을 보지 못하는 것 아닌가요?"라는 질문이 나왔다. 이승만의 부인 프란체스카 여사와 사이에는 자식이 없었기에 나온 질문이다.

"자식이 없어도 그 명예가 갈수록 높아지고 있지 않습니까? 이승만 대통령이 하야 후 하와이로 쫓겨났음에도 시간이 흐를수록 보수진영이 그를 국부로 추앙하는 것을 보면 아무래도 이 터와 관계가 있는 것은 아닐지. 진보진영 학자조차도 이승만을 국부라고 부르던데…"(최정표 원장)

그렇다면 이 터는 진정 풍수를 보고 자리를 잡았는가? 답은 박정희 당시 대통령의 이승만을 위한 조사弔辭에서 찾을 수 있다.

"그리고 또 박사에 대한 영원한 경의로 그 유택을 국립묘지에서도 가장 길지를 택하여 유해를 안장해 드리고자 합니다."

누가 잡았을까? 지창룡(1922~1999) 씨였다. 지씨는 또 다른 풍수사 손석우 씨와 1960년대부터 1980년대까지 풍수술사로서 쌍벽을 이루고 있었다. 학계에는 1960년대에 이미 연세대 철학과 배종호 교수(작고)가 풍수와 사주에 깊은 조예가 있어 풍수학과 풍수술의 통합을 꾀하는 모임을 주도하기도 하고, 한국철학사에 풍수를 당당히 편입시키려는 노력을 하고 있었다. 배종호 교수는 6·25 전쟁 당시 남원의 이종구 씨에게 풍수술을 배워 개안의 경지에 올랐던 분이다. 이어서 1980년대 최창조(전 서울대) 교수가 풍수학 바람을 일으켰으나 묘지풍수에 대해 아는 바가 없어 풍수술사들과 교류가 없었다. 그러한 중간 지대를 지창룡과 손석우가 풍수시장을 양분하던 상황이었다.

하와이로 망명한 몇 년 후인 1965년의 일이다. 이승만 전 대통령이 위독하였다. 국가에서 그의 장지 문제를 논의하였다. 논의는 현충원 국군묘지로 결론이 났다. 문제는 그곳이 국군묘지라는 점이었다. 아무리 대통령이라 해도 군인이 아닌 이상 묻힐 수 없었다. 박정희 당시 대통령은 국군묘지를 국립묘지로 바꾸는 법안을 올려 국회 승인을 얻어낸다. 군인들뿐만 아니라 대통령과 국가유공자들도 여기에 안장될 수 있었던 것은 이때부터였다(1965년 3월). 법안 통과 후 지창룡 씨가 소점 의뢰를 받아 1965년 3월 현재의 자리로 정한다. 그해 7월 이승만 대통령이 죽자 고국으로 운구되어 이곳에 안장된다. 이 자리에 대한 지창룡 씨의 생전 평이다.

"한강물을 눈앞에 굽어보는 양지바른 언덕에 자리 잡았다. 국립묘지의 많은 묘역 가운데서 가장 빼어난 명당이랄 수 있는 자리이다. 영구음수형靈龜飲水形으로 목마른 거북이 한강물을 바라보고 내려가는 길지였다."

지창룡 씨의 평가는 대체로 적절하다. "양지바른 언덕"은 혈장이 형성되었음을 말한다. 그렇다고 하여 "국립묘지 가운데 가장 빼어난 명당"은 아니다. 앞에서 소개한대로 창빈안씨 묘역이 그 핵심이고, 이승만 전 대통령 묘역은 그 남은 지기가 조금 뭉쳤을 뿐이다. 그렇다면 다른 전직 대통령 묘역도 모두 길지인가 여부이다. 모두 풍수설을 근거로 하여 잡았다고 공개적으로 말해지고 있기 때문이다.

이 문제는 풍수에서 말하는 혈穴이 동작동 현충원 곳곳에 있는가 아니면 하나 혹은 많아야 두 개에 지나지 않는가 하는 문제와 직결된다. 풍수의 핵심 문제이기도 하다. 이에 대해『혼불』의 작가 최명희는 '경치고, 정신이고, 인생이고, 결혈結穴의 묘처妙處는 오직 한 군데 아니면 많아야 두 군데에 불과'하다고 소설에서 이야기한다(혼불 3권). 소설가가 어찌 풍수를 아느냐고 반문할지 모른다. 최명희는 생전에 외조부 허완許晥에게서 풍수를 익혀 소설 속에 형상화하였다. 허완 선생은 한학자이면서 비결파秘決派로 젊은 날 손수 길지를 찾아 전남 보성에서 전북 김제로 대가족을 이끌고 이사를 할 정도로 풍수를 신봉하였으며 예학에 능했다. 그는 아흔이 넘도록 장수하면서 작가 최명희에게 많은 가르침을 준 인물이다.

풍수에서 말하는 혈은 한 장소에 여러 개가 맺히는 것이 아니다. 풍수 격언이다. "산 능선이 천 리를 뻗어가도 혈이 맺히는 곳은 겨우 하나 있다千里來龍僅有一席之地." 따라서 이곳에서 여러 혈을 만나기란 쉽지 않다. 그렇다면 박정희·김대중·김영삼 전 대통령의 묘는 풍수와 무관한 것인가? 아니다. 모두 풍수설을 쫓아 소점된 자리이다. 자유포럼 일행은 김대중 대통령 묘역으로 이동을 하였다.

김대중 전 대통령 묘역의 범장론犯葬論

김대중 전 대통령은 노벨평화상 수상자이다. 세계적 인물이다. 얼핏 풍수에서 자유로울 것처럼 보인다. 대통령이 되기 전까지 수많은 역경과 죽을 고비를 몇 번씩 넘긴 그였다. 몇 번에 걸친 대선 실패의 원인을 주변에서는 풍수 탓으로 돌렸다. 전남 하의도에 있는 선영을 경기도 용인 이동면 묘봉리로 옮겼고, 15대 대통령 선거 직전에 거주지를 동교동에서 일산 정발산 아래 단독 주택으로 옮겼다. 당시 동교동 주택에 거주하면 결코 대통령이 될 수 없다는 측근의 조언을 받아들인 결과였다. 그렇게 해서 그는 대통령이 되었다. 그는 용인 선영에 자신의 신후지지身後之地를 만들어놓았다. 그럼에도 그는 사후 선영으로 가지 않고 현충원에 안장되었다.

왜 그랬을까?

> "용인 선영이나 대전 현충원보다 이곳이 참배하기가 쉬워서 그랬을 것입니다. 참모들이 강권하였을 것입니다. 또 서울이라는 지리적 위상도 중요하고."(정영록 교수)

참배 편의성이라는 실용성이 크게 작용했을 것이다. 그러나 그 자리는 풍수술사 모씨가 소점한 자리이며 그의 말에 따르면 '명당 중의 명당'이라고 한다.

그런데 김대중 전 대통령묘는 창빈안씨 묘역의 일부를 침탈하다보니 매우 옹색하다. 입구도 정면으로 반듯하게 나 있지 않아 묘역 좌측 위를 한참 올라갔다가 다시 아래로 내려가야 한다. 묘 앞이 협소하다 보니 큰 암석들로 석축을 쌓아 억지로 묘역을 만들었다.

조선조 헌법서인 『경국대전』에는 묘에 경계를 정하여 경작과 목축 혹은 타인의 묘를 쓰지 못하게 일정한 거리를 두었다. 품계에 따라 달라진다. 지나간 왕조의 법이기는 하지만 지금도 남의 집 담장을 허물고 함부로 집을 지을 수 없는 일인데 김대중 묘역이 그와 같은 금도를 범하고 있다. 참배를 마친 자유포럼 회원들은 그곳이 창빈안씨 묘역을 침범하고 있다는 사실에 모두 놀랐고, '묘역이 너무 협소하고 옹색하다'는 아쉬움을 표했다. 터를 잡을 때 기본 원칙은 '내룡과 혈처를 위주로 하되 주변 사와 물은 그다음으로 하라龍穴爲主, 砂水次之.'이다. 이곳은 용龍도 없고 혈穴도 없다. 주변 사와 물만이 있을 뿐이다. 몸통이 없는데 좋은 옷이 있는 격이다.

대안은 무엇일까? 용인 선영 아래 신후지지 혹은 대전 현충원내 조성된 대통령 묘역으로 옮기는 것이다. 용인 선영은 조상을 그곳으로 이장 후 대통령에 당선되었으니 좋은 자리가 분명할 것이다. 실제 답사를 해보면 산세가 웅장하며 전망 또한 아름답다. 대전 현충원도 국세나 그 땅의 아름다움에서 이곳보다 훨씬 좋다.

만약 이장을 하지 않고 이 자리에 계속 머물고자 한다면 무덤 앞 도로를 우회시키고 석축을 헐어 무덤 앞을 넓힘과 동시에 진입로를 무덤과

사진 85 | 김대중 대통령묘

일직선으로 하게 하는 방법이다.

자리가 좋으면 머무는 시간이 길어진다. 그런데 참배를 하자마자 일행들이 다음 답사지로 발걸음을 옮겼다. 목적지는 장군봉에 안장된 장군묘역이다.

바람 타는 장군봉과 그곳에 안장된 장군들

김대중 전 대통령 묘역을 나와 위쪽으로 조금 올라가면 우측으로 샛길이 나온다. 그 길로 조금 걷다보면 "국가유공자 제1묘역"이 있다. 장군묘역과 창빈안씨묘를 잇는 산줄기[來龍] 중간 부분이다. 해방 이후 유명인사들(정치인·관료·문인·학자)들의 묘역이 있다. 1983년 북한의 아웅산 테러 사건으로 순직한 고위관료들의 무덤도 여기에 있다. 유명 개그맨 심현섭의 부친 심상우 국회의원도 그때 전두환 전 대통령을 수행하다가 순직하여 이곳에 안장되어 있다. 이곳에서는 창빈안씨·김대중·이승만 전 대통령묘가 한눈에 내려다 보여 풍수상 길지의 우열을 쉽게 가늠할 수 있다.

"이곳이 DJ묘역보다 좋아 보입니다."(정영록 교수)

"여기 정일형·이태영 부부 묘도 있군요."(최정표 원장)

"이곳이 DJ묘역보다 더 좋아서 정일형→정대철→정호준 3대에 걸쳐 국회의원을 배출한 것이 아닐까요."(정영록 교수)

역사학자 이선근, 시인 이은상, 정치인 백두진·장택상(총리) 등의 묘를 둘러보면서 일행은 가파른 계단을 통해 장군봉 꼭대기에 올랐다. 장군봉은 이곳이 현충원 중앙이며 우뚝 솟은 봉우리로 인해 전망도 좋은 데다가 사방이 산들이 완벽하게 감싸 가장 좋은 자리처럼 보인다. 일종의 허화虛花이다. 장군봉 위에서 국가유공자제1묘역까지 몇 계단을 만들어 장군과 그의 배우자가 매장되어 있다. 화장 후 비석 하나에 의지하여 1평도 안 되는 공간에 안장된 일반 사병들 묘역보다 훨씬 넓고 전망도 좋다. 살아서 계급이 죽어서도 그대로 반영된 불평등이다.

"가끔 일본 도쿄 출장을 갑니다. 지난번 도쿄 출장 때 저녁 시간이 한가하여 호텔 근처를 산책하는데 도심에 공동묘지[묘원]가 있는 것을 보고 큰 충격을 받았습니다. 깔끔하게 단장된 묘들이 인상적이었습니다."(정경택 대표)

사진 86 | 일본 도쿄 도심안에 있는 묘원

일본인들의 묘지 개념은 우리와 다르다. 무덤을 산이나 외곽에 조성하지 않고 도심이나 마을 혹은 집 주변에 조성하고 정성스럽게 관리한다. 죽음과 공존하는 모습이다. 물론 집안에 따라 그 규모를 호화롭게 하기도 하지만 우리처럼 뚜렷한 위계를 보이지 않는다. 대통령 묘역→장군 묘역→사병 묘역이 위치와 규모에 차이를 둠은 옳지 않다. 죽음 앞에 누구나 모두 평등하다. 현충원 묘지들에 대한 공간배치가 다시 되어야 마땅하다.

"여기 채병덕 장군(1915-1950) 묘가 있네요."(최정표 원장)

"채병덕은 일본육사 출신으로 6·25때 육군참모총장이었지요. 북한군의 남침 계획을 제대로 파악하지 못하였습니다. 전쟁 발발 다음 날(6월 26일) 국무회의에서는 서울 사수를 공언하였고 명령만 있으면 나흘 안에 평양을 점령할 수 있다고 호언장담하기도 했지요. 그러다가 서울을 빼앗기는 등 패전을 거듭한 무능함 때문에 참모총장직에서 해임되고 하동전투에 투입되어 그

사진 87 | 채병덕 장군묘

해 7월에 전사하였답니다."(안경환 교수)

"일설에 의하면 적탄에 죽은 것이 아니라, 아군에 의해서 사살되었다는 말도 있어요. 적탄을 맞으면 가슴에서 등으로 탄환이 통과하면서 등 쪽이 더 크게 뚫리는데, 가슴 쪽이 더 크게 탄환으로 뚫렸음을 근거로... 단신에다가 100kg가 넘는 거구여서 군화 끈도 혼자서 맬 수 없을 정도로 비만했답니다. 그가 전사할 때 나이 36살이었습니다."(최정표 원장)

하동이 고향이어서 어릴 적부터 관련 이야기를 들어서인지 최정표 원장은 채병덕의 전사 전후를 아주 자세히 알고 있었다. 장군봉에는 채병덕 장군 말고도 수많은 장군들이 안장되어 있다. 비문에 수록된 생애를 보면 전사보다는 자연사가 더 많았다.

"문신불애전, 무신불석사, 천하태평의 文臣不愛錢, 武臣不惜死, 天下泰平矣.'라 하였소. 문신들이 재물을 탐하지 않고, 장군들이 죽음을 두려워하지 않으면, 천하가 태평해진다는 말입니다. 베트남 참전 사령관으로 채명신 장군도 여기에 안장되었는데, 그는 장군묘역이 아닌 일반 사병 묘역에 안장되었다지요. 유언이었다는데, 유언 한다고 해서 되는 것은 아니고 청와대에서 허가를 해야 할 사항인데...아무래도 정치적으로 민감할 수 있는 것이라... 청와대에서 그 요청을 받아들였다지요. 존경할 만한 장군입니다."(강철규 위원장)

장군봉은 현충원에서 주산인 서달산 다음으로 우뚝 솟은 봉우리이다.

봉우리에 올라서면 전망이 아주 좋다. 그러나 바람 또한 세다. 기가 세다는 것을 이곳에서 실감할 수 있다. 그래서 기가 센 장군들의 묘역으로 정했을까?

"대통령들 가운데 이곳에 안장되지 않는 경우도 있습니까?"(정영록 교수)

"대전 현충원에 대통령 묘역을 조성해 놓았습니다. 작고 순서대로 안장할 수도 있고, 또 역임 순서대로 안장할 수도 있는데 그리 가지 않고 모두 이곳에 안장되려 한다지요. 최규하 대통령만이 그곳에 안장되었습니다."(필자)

"윤보선 대통령의 경우는 어디에 있습니까?"(정경택 대표)

"윤보선 전 대통령은 풍수설을 믿어 충남 아산 음봉면 선영에 신후지지를 잡아놓았다가 사후 그곳에 안장되었습니다. 부인 공덕귀 여사 자서전에 나오는 이야기입니다. 지금도 윤보선 대통령 선영은 풍수 공부하는 이들의 필수 답사코스가 되고 있습니다. 노무현 전 대통령의 경우 잘 아시다시피 고향 봉하마을에 안장되었습니다."(필자)

"전두환과 노태우도 현충원에 묻히고 싶다는 기사가 있더군요. 최근에 이순자가 쓴 회고록에 전두환과 자신도 5·18의 희생자라는 황당한 주장을 했다고 합니다."(최정표 원장)

"예, 최근 전두환과 이순자 부부가 각각 회고록을 냈지요. 이순자 여사는 『당신은 외롭지 않다』는 제목의 700페이지가 넘는 자서전을 냈는데, 글의 구성이나 문체가 조잡스럽습니다. 전두환 회고록은 총 3권에 2,000페이지에 가까운데, 누가 대필하였는지 상당히 필체도 좋고 구성이 탄탄합니다. 총 3,000페이지에 달한 것을 다 읽어보았지요. 거기에 비슷한 내용이 나옵니다. 비록 사면을 받았으나 내란죄로 형이 확정된 사람이지요."(안경환 교수)

"언제 그들 회고록까지 다 읽으셨습니까?"(정경택 대표)

"이병주(1921-1992) 작가 평전을 집필 중인데, 이병주 선생이 생전에 전두환과 가깝게 지냈거든요. 그 둘 사이의 관계를 파악하기 위해서지요."(안경환 교수)

"전두환, 노태우가 바란다고 자기 마음대로 현충원에 안장될 수 있겠습니까? 국가보훈처에서 아마 심사를 하지요?"(정경택 대표)

장군봉은 바람이 센 곳이다. 겨울에는 춥고 여름에는 시원하다. 장군봉 정상에서 바라보는 한강과 서울 전경은 일품이다. 전망이 좋다고 하여 그 자리가 좋은 것은 아니다. 풍수에서는 바람을 잘 갈무리[藏風]하는 것이 중요하다. '바람이 스쳐 날아가면 그곳의 땅기운은 흩어진다[氣乘風則散].'는 것이 풍수의 핵심명제이다. 장군봉 정상에서도 핵심처인 장군봉 전망대에는 묘지가 조성되지 않고 소나무 몇 그루에 큰 바위들이 몇 개 놓여 있다. 참배를 왔는지 벚꽃 구경을 왔는지 알 수 없는 중년 부인들

몇이서 바위에 앉아 아래 펼쳐지는 현충원과 한강 그리고 저멀리 서울 전경을 즐기고 있었다. 장군들이라면 누구라도 이곳 현재 중년 부인들이 앉아 있는 자리에 욕심을 낼 만하였다. 서로 다투는 바람에 아무도 못쓰게 하고 빈터로 남겨두었을까?

일행은 이제 행선지를 장군봉에서 주산 서달산 아래에 있는 박정희 전 대통령 묘역으로 바꾸었다. 장군봉에서 서쪽 서달산 쪽으로 시선을 돌리면 쉽게 박 전 대통령묘지를 관망할 수 있다.

박정희를 논하면서 자연스럽게 대통령직에서 파면되고 구속된 그의 딸 박근혜 지도자 자질론에 대한 이야기가 나왔다.

> *"얼마 전에 박근혜의 경제 과외선생이었던 김광두 교수를 만났어*
> *요. 그때 '어떻게 가르쳤기에 박근혜 대통령이 저렇게 나라를 망치*
> *게 하였소?'라고 농담 삼아 물었더니 '내가 가르칠 때는 그렇게 어리*
> *석지 않았어요.'라고 답하더군요."(강철규 위원장)*

정말로 박근혜는 최순실이라는 귀신에 홀린 것일까? 아니면 애당초 어리석은 지도자였는데 국민들이 몰랐을까? 한 나라의 지도자를 뽑는 것은 나라마다 그 시스템이 다양하다. 이론과 실무로 명실상부 중국통 1인자로 알려진 정영록 교수가 중국 지도자 선출과정을 들려준다.

> *"중국에서는 13억 인구 가운데 8,200만 명 정도가 공산당원입니다.*
> *이들은 청년시절부터 당원으로 각종 정부기관과 기업 및 사회조직*
> *에서 하급간부로 사회활동을 시작합니다. 5년마다 개최되는 중국*

사진 88 | 박정희 대통령묘

공산당 전국대표대회를 통해 정기적으로 피라미드 형식으로 간부
들이 선출되지요. 그렇게 해서 200여명의 중앙정치위원이 선출되
고 이 가운데 다시 25명의 중앙정치국위원이 선출됩니다. 이 가운
데 다시 7명의 상무위원이 뽑히고, 그 가운데 서열이 가장 높은 1명
이 현재 시진핑 주석입니다. 따라서 수십 년에 걸쳐 다양한 방식으
로 검증을 거치기에 진정한 최고지도자를 중국인들은 뽑을 수 있습
니다. 갑자기 어떤 사건 하나로 유명해져 대통령 후보가 되거나 대
통령이 되는 우리나라와 전혀 다릅니다.” (정영록 교수)

이야기는 다시 박정희 전 대통령 무덤과 풍수로 돌아간다.

박정희 전 대통령 부부 묘역의 냉혈론冷穴論

회원 일행은 박 전 대통령묘 앞에서 지금까지 습득한 풍수지식을 바탕으로 주변을 살핀다. 우선 '답답하다'는 것이 공통된 의견이었다. 여기에 터를 잡은 것은 바로 앞에 치솟은 장군봉 때문이었다. 장군봉에는 수많은 장군들이 자리하고 있기에 제왕이 장군들의 조회를 받는 자리일 것이라는 생각이 들 수도 있다. 그러나 장군봉이 오히려 박 전 대통령 무덤을 가로막아 답답하게 만들었다. 풍수상 역룡逆龍이 된다. 역룡이 진혈을 만들면 하극상을 일으켜 성공할 수 있지만 그것이 진혈이 아니면 하극상은커녕 까닭 없이 감옥에 갇힐 수 있다는 것이 역룡에 대한 풍수적 해석이다. 또 장군봉이 가로막는 바람에 박 전 대통령 묘역의 명당수가 장군봉을 사이에 두고 양쪽으로 빠져나가는 이른바 '양수양파兩水兩破'가 된다. 풍수에서 물은 재물을 주관한다[水主財]. 물이 한쪽으로 보이지 않게 빠져나가야지 양쪽으로 빠져나감을 풍수의 금기사항이다. 재물이 흩어진다. 물론 이것은 술사들의 해석이므로 그리 중요하지 않다.

더 중요한 것은 이곳이 '시신이 썩지 않는 냉혈冷穴의 땅'이란 소문이다. 이 소문은 아주 오래되었으며 박근혜가 대통령이 되기 전 많은 사람들이 간접적으로 이장을 권유하거나 냉혈에 대한 액막이를 하였다는 소문도 돌았다. 그런데 박근혜가 대통령이 되고 이 냉혈이 소문나서 슬그머니 사라졌다. 냉혈 소문의 근원지는 어디였을까? 다름 아닌 한때 '육관도사'로 유명세를 탔던 손석우(작고) 씨였다. 그는 김일성 사망 예언으로 유명해진 인물이다. 이 땅에 대한 그의 평이다.

"여기 이 자리는 음양의 교구交媾가 안 되는 자리이고 냉혈입니다.
냉혈이니 시신이 썩지 않고, 음양교구가 안되니 자손이 끊어집니

다. 딸이라도 시집을 가서 살 수가 없게 됩니다."

그가 이 발언을 세상에 공표한 것은 1993년 자신의 저서 『터』에서였다. 그로부터 25년이 흘렀다. 아들 박지만이 장가를 가서 자손을 보았고, 딸 근령도 재혼을 하였다. 박근혜만 결혼을 하지 않았으니 손석우 씨의 예언이 적중하였다고 보기는 어렵고 틀렸다고도 할 수 없다. 왜 이런 냉혈 논쟁이 나왔을까?

사건은 이로부터 다시 20년을 거슬러 올라간다. 즉 1974년 박정희 전대통령 부인 육영수 여사가 광복절 기념식장에서 피격되었을 때의 일이다. 예기치 못한 일이라 당황한 청와대 실무자들이 장지 선정에 술사들의 자문을 받았다.

청와대에서는 지창룡 씨와 손석우 두 사람에게 의견을 물었다. 둘은 라이벌이었다. 지창룡 씨가 이론에 능했다는 것은 손석우 씨도 그의 자서전에서 인정한다. 반면 손석우 자신은 이론보다는 직관에 능하다고 말한다. 서로 의견 합치가 될 수 없는 상황이다. 한 사람은 글자에서 벗어나지 못한 답답한 사람으로 비춰질 것이고, 다른 한 사람은 이론 없이 내키는 대로 땅을 논하는 것은 전형적인 '뻥(허풍)풍수'로 보일 수 있기 때문이다. 풍수를 다면평가로 결론 낼 수 없는 이유이다. 클라이언트(고객) 스스로가 풍수 전반을 정확히 이해하고 스스로 터를 잡은 연후 풍수술사들의 의견을 참작하는 것이 옳은 방법이다. 전통 명문가들이 그렇게 해왔다. 이는 마치 정원이나 건축을 행할 때 클라이언트(고객)가 원하는 것을 분명하게 말하면 정원사나 건축가가 고객의 의도를 실현시켜 주는 것과 같은 구조이다. 그런데 당시 청와대 관계자들(그리고 지금의 일부 고객들)은 이점을 간과하였다. 무조건 많은 풍수전문가들을 동원하면 좋을 것이라고 판단한 것이다.

손석우 씨가 육영수 여사를 위한 장지 선정 현장에 도착했을 때 지창룡 씨가 먼저 와 있었다. 그는 이미 육 여사(그리고 훗날 박정희)의 자리를 이곳으로 정해놓고 있었다. 청와대 관계자가 손석우 씨에게 의견을 묻자 심사가 틀렸던지 그는 '시신이 썩지 않는 냉혈'이란 답변을 한다.

그럼 지창룡 씨는 이 자리를 어떻게 평했을까? 지창룡 씨는 이 자리에 대해 '이곳에 영부인(육 여사)을 묻으면 박 대통령께서는 남북통일을 이루고, 그 아드님은 만주까지 지배하는 위대한 지도자가 된다'고 하였다. 물론 손석우 씨의 전언이다.

이에 대해 라이벌 지창룡 씨는 어떤 반응을 보였을까? 지창룡 씨는 묘역 조성에 관여를 하긴 하였으나 자신이 직접 잡은 자리는 아니라고 변명한다.

"당시 육 여사가 저격을 당했을 때 고향집에 가 있었다. 한밤중에 청와대에서 전화가 와 육 여사 유택을 봐달라고 하였다. 다음날 현장을 갔더니 묘지 관리소장 이주호 씨가 안내를 하였다. 나를 기다리다 지쳐 최풍수와 남풍수 사람이 자리를 잡고 광중 작업을 하고 있었다. 물론 청와대 관계자는 내가 자리를 잡은 것으로 박 대통령에 보고를 했다고 하였다. 할 수 없이 현장 작업을 내가 지휘하고 육 여사를 안장했다. 그리고 나중에 박 대통령이 시해를 당했을 때는 무덤 뒤 약한 용세(내룡)가 마음에 갈려 수백 트럭의 흙을 날라다가 비보를 했다."

지창룡 씨도 이곳의 내룡이 약한 것은 인정하였다. 수백 트럭 분량의

흙으로 내룡을 만들었다면 그곳은 내룡 자체가 없음을 의미한다. 풍수 원칙의 가장 첫 번째가 용과 혈이다[龍穴爲主]. 용이 없으면 혈도 없는 법이다. 자리가 좋을 수 없다. 그런데 지창룡 씨가 언급한 최풍수와 남풍수는 누구일까? 대통령 영부인의 자리를 소점한 것은 풍수술사에게는 영광이자 그보다 더 좋은 자기 홍보가 없을 것이다. 그런데 지금까지 최풍수와 남풍수는 세상에 나타나지 않았다. 훗날 박정희 전 대통령 부부의 묘에 물이 차며 그 장본인 지창룡 씨라는 소문 때문에 지씨는 마음고생을 많이 한 듯하다. 어쨌든 그 자리가 물이 습하여 잔디가 잘 자라지 않아 해마다 잔디 교체를 해야 한다는 증언을 10여 년 전에 필자도 그곳 관리인에게 들은 바 있다.

손석우 씨 주장대로 '이곳이 냉혈이어서 시신의 손톱과 머리가 자란다.'는 주장을 그대로 믿을 수는 없지만 대체로 이곳이 습하다는 것은 이곳을 둘러본 회원들도 동의하는 분위기였다. 무덤과 그 후손의 길흉화복에 상관관계가 있는 것일까?

회원들이 마지막으로 간 곳은 2015년 말에 작고하여 이곳에 안장된 김영삼 전 대통령 묘이다.

김영삼 전 대통령 묘역의 "석불가장론石不可葬論"

김영삼 대통령 묘역 입구 산기슭에 눈에 띄는 것들은 몇 자씩 되는 큰 바위들이다. 거무튀튀한 바위들이 산능선 끝자락 이곳저곳 나무 사이로 박혀 있다. 무덤은 그 산능선 위쪽에 조성되었다.

참배를 위해 가파른 신작로를 따라 올라가는데 그 진입로 모양이 어디서 많이 본 듯하다. 그렇다. 김대중 전 대통령 묘역 진입로와 거의 똑같은 공간구조이다. 무덤 정면에서 보아 왼쪽 옆구리를 째고 들어가는 형상이다. 창빈안씨·이승만·박정희 전 대통령 무덤의 경우 묘역 정면에서 직진으로 진입로가 조성되었다. 이는 마치 양택의 경우 대문이 본채 정면에 나 있는 것과 같다. 정면으로 대문을 낼 수 없는 것은 터가 옹색한 경우이다. 김대중과 김영삼 전 대통령 무덤의 경우 묘역 왼쪽을 한참 올라가 그 옆구리를 째고 다시 무덤 앞으로 다시 내려오는 진기한 구조이다. 불편하다.

> "진입로를 정면으로 내지 못하고 가파르게, 게다가 구불구불 옆구리를 째고 들어가는 형상이군요. 풍수상 특별한 이유가 있습니까?"(최정표 원장)

진입로를 정면으로 내지 못하는 경우 대개는 땅의 문제이다. 지나치게 가파른 경우, 축대를 쌓아서 묘 앞으로 진입을 어렵게 한다. 김대중 전 대통령 무덤은 묘역이 너무 협소하다. 무덤 앞에 석축을 쌓아 묘역을 넓히다 보니 그렇게 되었다.

김영삼 전 대통령 무덤의 경우 무덤 앞에 비교적 공간이 확보되었으나 지나치게 가파른 데다가 암괴가 있어 진입로를 낼 수 없다. 그런데도 이상하다. 묘역 공간구조나 봉분양식이 거의 동일하다. 동일 술사에 의해 소점되었다는 뜻이다.

> "김영삼 대통령 안장식 때 광중에서 바위가 나왔는데 그것이 봉황의 알이었다는 뉴스를 본 적이 있습니다만.... 길지의 증거가 된다고."(정경택 대표)

이곳을 봉황에 비유한 것은 그 역사가 길다. 우선 이곳 지명 동작銅雀을 끌어들여서 술사들이 형국론形局論으로 봉황이라고 표현하였다. 흔히 동작은 삼국시대 조조曹操가 업鄴의 북서쪽에 누대樓臺를 짓고 그 위를 구리로 만든 봉황[銅雀]으로 장식한 데에서 유래한다. 건강부회이다. 이곳 지명 동작은 원래 '동재기'이다. 이곳 일대에 검붉은 구릿빛 색깔을 띤 돌들이 많이 분포되어 있던 데서 유래한다. 후세에 문자 쓰기 좋아하는 사람들이 銅雀이란 한자로 바꾸어 버린 것이다. 토질이 '구릿빛 색깔을 띤 돌'이 많았음은 동작동 옆의 지역 명칭이 흑석동인 것에서도 알 수 있다. 이곳 옛 지명이 '검은돌마을'이었다. 따라서 봉황 운운함은 풍수술사들의 말장난일 뿐이다. 구리빛 돌[동작]이나 검은 돌[흑석] 지명은 이곳에 돌이 많았다는 뜻이다. 험하다는 뜻이다.

풍수에서 돌은 어떤 의미가 있는가? 양날의 칼이다. 살도殺刀가 될 수도 아도衙刀가 될 수도 있다. 조선조 지관선발 필수서인『금낭경(장서)』은 '기는 흙을 의지하여 다니므로, 돌산에 장사지내서는 안된다石山不可葬也.'고 하였다. 청나라 때 이 책을『사고전서四庫全書』에 수록하면서 당시 학자들은 다음같이 주석을 단다.

"높은 언덕의 땅 치고 어찌 돌이 없겠는가? 이른바 산세란 뼈대를 근본으로 하는데, 그 뼈가 바로 돌인 것이다. 돌산이 뻗어 가는데, 어찌 돌이 있어서 안 될 것인가? 다만, 땅 기운이 맺힌 곳은 마땅히 돌이 있어서는 안 된다는 것이다惟融結之處不宜有石耳."

우리 주변 산치고 돌 없는 산이 어디 있겠는가. 산에 돌이 있는 것은 당연하다. 다만 광중에 돌이 있어서는 안 된다는 뜻이다. 그러한 까닭에 조선조 지관 선발 고시과목인 『명산론』에서는 '흙은 살이 되고, 돌은 뼈가 되고, 물은 피가 되고, 나무는 모발이 된다.'고 하였다. 따라서 돌줄(석맥)이 나타나면 매우 귀한 것으로 여긴다. 『명산론』은 돌줄石脈이 서로 번갈아 이어지는 곳, 징검다리 돌이 물을 가로지르는 곳, 기이한 돌이 모여 있는 곳 등이 기가 모여 있는 곳이라고 하였다. 물론 이 돌은 원래부터 박힌 돌이어야 하고 지표면에 너무 심하게 노출되어서도 안 되며, 깨지거나 금이 간 돌이어서도 안 된다. 또 돌줄이 있다 할지라도 한쪽으로 치우쳐서는 안 되고 좌우로 균형을 이루어야 하며, 그 생긴 모습이 둥글거나 반듯해야 한다. 비록 하나하나의 생김새가 볼품없다 할지라도 그들이 이어져 형성되는 전체 모습이 아름다우면 이 또한 귀한 것으로 여긴다. 이 책도 광중의 돌을 경계하였다.

『임천고치』는 말한다. "바위란 천지의 뼈에 해당한다. 뼈는 단단하고 깊이 묻히어 얕게 드러나지 않는 것을 귀히 여긴다." 그림에서조차 바위는 함부로 드러나지 않아야 함을 이야기하고 있다.

그런데 이곳 광중을 파는 과정에서 큰 돌들이 7개가 나왔다. 아마도 이곳을 소점한 술사는 당황하였으리라. 땅속 일은 아무도 모른 일이기에 당황할 일은 아니다. 그러나 상황은 벌어졌다. 해석을 해야 한다. 동작동을 봉황마을로 보고, 돌을 봉황의 알로 해석한다. 봉황포란형鳳凰抱卵形! 즉 봉황이 알을 품는 형국으로 풀이하면 아주 좋다. 대통령이니 봉황이 되겠고, 봉황이 알을 낳았으니 후손 가운데 또 대통령이 된다고 풀이하면 얼마나 좋은가? 그렇다면 아마도 김영삼 대통령 후손이 미래 대통령이 될 수도 있지 않을까?

길지가 봉황포란형이 되려면 주변에 오동나무와 대나무 그리고 단샘[예천·醴泉]을 상징하거나 관련된 지세가 있어야 한다. 봉황은 오동나무가 아니면 깃들지 아니하고, 대나무 열매가 아니면 먹지 아니하고, 단샘이 아니면 마시지 않는다 非梧桐不棲, 非竹實不食, 非醴泉不飮. 따라서 봉황포란형이 되려면 이와 같은 세 가지 조건(오동·대나무·샘)을 구비해야 한다. 그밖에 김 전 대통령의 무덤의 경우 주산이 함몰된 것과 좌청룡이 감싸주지 못한 것 등등 풍수의 기본을 벗어난 것이 한둘이 아니다. 그렇다면 김영삼 전 대통령은 풍수설을 믿지 않고 단지 자택이 근처 상도동이었고, 후손과 후배들의 참배 때문에 이곳에 안장되었을까? 그렇지 않다. 김 전 대통령이 생전에 풍수에게 직접 부탁을 했다고 한다.

결론적으로 역대 대통령들 혹은 그 후손들이 풍수를 믿어 동작동 현충원에 안장되기를 원했으나 이곳의 원주인 창빈안씨와 이승만 대통령을 제외하고는 모두 혈이 아닌 곳에 안장되었다는 것이다.

사진 89 | 김영삼 대통령 묘

"그렇다면 대안이 무엇일까요?"(강철규 위원장)

회원들이 답사를 마치고 헤어질 무렵 다음과 같은 결론을 내렸다.

첫째, 대전 현충원에 국가원수 묘역이 마련되어 있다. 최규하 대통령만이 현재 이곳에 안장되었다. 아름답고 편안한 땅이다. 동작동 현충원이 포화상태인만큼 대전 현충원으로 가야한다.

둘째, 풍수상 길지를 원한다면 그들의 고향과 선영만큼 좋은 땅이 없다. 대통령을 배출한 곳이기 때문이다. 윤보선 대통령은 풍수상 길지로 알려진 선영에, 노무현 대통령은 고향에 안장했는데 지금도 많은 사람의 발길이 끊이지 않는다. 고향과 선영에 안장한다면 그곳은 새로운 명소가 될 것이다. 대통령을 위한 묘지 풍수 대안이다. 미국의 역대 대통령은 사후 자기 고향이나 인연을 맺은 곳에 안장된다. 그곳은 많은 사람들이 찾는 관광명소가 된다. 노무현 전 대통령이 대표적인 사례가 될 수 있다. 봉하마을은 이제 참배를 통한 관광명소가 되었다. 지역분권화가 절로 된다.

셋째, 현재 현충원의 묘역 공간배치를 전면적으로 재구성하는 것이다. 대통령·애국열사·장군·일반사병 등 생전의 신분과 지위에 따라 묘역의 넓이와 위치 그리고 화장과 매장 등을 달리하는 것을 일원화한다. 채명신 장군이 사병 곁에 안장된 것도 좋은 모범이 될 수 있다. 봉분의 양식도 대통령과 장군 그리고 사병의 것들이 각각 다르다. 이것 또한 좀 더 깔끔하게 일원화해서 디자인해야 한다.

넷째, 우리 민족 전통사상으로서 풍수에 대한 비판적이며 객관적 이해가 필요하다. 그렇지 않을 경우, 역대 대통령 묘지에서 보는 것처럼 잘못된 안장으로 후세인들의 비웃음만 살 것이다.

우리 한민족에게 풍수란?

답사 도중 자유포럼회원들의 본질적 궁금증은 "우리 민족에게 풍수란 무엇인가?"였다.

그때 이야기된 것을 정리하면 다음과 같다.

우리 민족의 풍수 본질을 정확하게 파악한 사람은 일본인 학자 무라야마 지쥰村山智順이다. 1931년 그가 펴낸『조선의 풍수』에서였다. 지금으로부터 80여 년 전의 일이다. 그는 '풍수가 조선사회의 특질로서 멀리 삼국시대부터 신라·고려·조선이라고 하는 유구한 세월을 거쳐 왔으며 그 영향력은 미래에도 깊은 영향을 줄 것'이라고 예언하였다. 무라야마 지쥰은 누구인가?

"무라야마 지쥰은 1891년, 니가타현에서 태어나 어려서 어머니를 잃고 니치렌종日蓮宗 묘코지妙広寺로 들어가, 이곳의 주지승인 무라야마 지젠村山智全의 훈도를 받으며 성장한다. 동경제대에 입학하여 1919년 철학과를 졸업한다. 같은 해에 조선총독부 촉탁이 되어 조선으로 건너간다. 그때 나이가 28세였다. 조선에서 무라야마 지쥰은 20년에 걸쳐 조선 민속 관련 여러 저서를 남겼다. 1941년 나이 50세 때 일본으로 귀국하는데, 이때 그를 키워준 묘코지 주지를 이어받기 위해서였다. 귀국 후 고향에서 머물다가 얼마 후 다시 도쿄로 올라와 조선총독부의 지부인 조선장학회에 근무한다. 그러나 1945년 묘코지 주지 무라야마 지젠이 죽자 그 뒤를 이어서 묘코지로 돌아가 주지가 된다. 13년 후 도쿄로 되돌아가지만 그가 희망하였던 조선학 관련 활동을 하지 못하고 1968년 작고한다. 향년 77세였다."

아사쿠라 도시오·朝倉敏夫

조선학朝鮮學에 대한 그의 방대한 업적에도 불구하고 한국이나 일본에서 그에 대한 학적 평가는 이뤄지지 않고 있다. 그의 활동이 순수 학문적 동기에서가 아니라 조선에서의 일본총독부의 촉탁으로 이뤄진 업적이라는 이유에서다. 동기야 어쨌든 조선에서 활동하면서 남긴 조사보고서 및 연구서들은 한국학에 귀중한 자료로서 지금까지 다양하게 활용되고 있음은 부인할 수 없는 사실이다. 일제 시절이나 해방 이후 한국의 학자들이 그의 조사보고서를 수없이 인용·표절하면서도 학자로서 그를 평가한 이들이 없다. 일부러 무시하려 한다. 진지한 재평가가 필요하다.

조선 초기(1406) 국가에서는 십학을 설치한다. 이것은 당시 실세인 좌정승 하륜의 건의를 따른 것이었는데, 유학儒學, 무학武學, 이학吏學, 역학譯學, 음양풍수학陰陽風水學, 의학醫學, 자학字學, 율학律學, 산학算學, 악학樂學이 바로 그것들이다. 그 가운데 풍수지리는 '음양풍수학'이란 이름으로 관학으로 채택됨으로써 이후 500년 동안 조선의 사회에 깊은 영향을 끼쳤다. 조선이 몰락하고 풍수가 미신이라는 오명을 쓰고 지식인들에 의해 폐기되어 역사의 뒤안길로 흔적도 없이 사라질 뻔한 것을 무라야마 지준이 정리해놓은 것이다. 그렇기 때문에 비록 그것이 식민지 통치목적으로 조사·보고되었을지라도 그의 학적 진지함과 완벽함까지 폄훼되어서는 안 된다.

해방 이후 한국의 풍수는 서구중심주의(eurocentrism)와 오리엔탈리즘(orientalism)에 의해 철저히 무시되고 뒷골목으로 방치된다. 서구중심주의란 서구사회가 걸었던 역사과정을 정상적인 것으로 보고 그 밖의 것은 후진적으로 보는 것이다. 오리엔탈리즘이란 서구인의 우월적 관점에서 바라본 동양에 관한 지식체계를 말한다.

그런데 문화에 관한 한 어느 것이 더 우월하다고 말할 수 없다. 그 땅의 풍토와 역사 속에서 형성된 문화는 각각의 존재가치가 있다. 일찍이 시인 김지하 선생은 이를 통렬히 비판하였다.

> "풍수학에 대한 현대 한국 지식인들의 혐오감은 매우 뿌리 깊습니다. 이것은 첫째 그 지식인들의 서양 지향의 학문 체질에 달려있으며 유행하는 서양학의 지배력에 그 원인이 있을 것입니다. 이것은 반성해야만 합니다."
>
> 『생명학』

좌파들의 풍수 멸시와 무시는 당연하다. 그들의 원조는 마르크스주의라는 서구 학문체계이기 때문이다. 그들의 서구중심주의와 오리엔탈리즘 관점에서 보면 풍수는 분명 미신이다. 마르크스주의에 뿌리를 둔 북한도 풍수를 봉건 도배들의 미신으로 부정하는 것은 당연한 귀결이다. 그렇다고 우파 지식인들이 전통문화에 대해 따뜻한 애정을 갖는 것도 아니다. 서구중심주의와 오리엔탈리즘에 빠진 것은 좌파나 마찬가지이다.

이렇게 좌우 진영 지식인들에게 무시당하고 잊혀질 뻔했던 한국풍수의 전통 그 뿌리를 살려 놓은 학자가 이병도 교수(1896-1989)와 배종호 교수(1919-1990; 연세대 철학과 교수)이다. 특히 두계 이병도 박사의『고려시대의 연구』(1947)는 책의 부제 '특히 도참사상의 발전을 중심으로'가 말해주듯, 고려의 전 역사를 풍수를 바탕으로 서술한다. 고려는 국교가 불교였지만 동시에 풍수였다.『고려시대의 연구』는 '풍수로 보는 고려사'이지만, 단순히 문헌을 해석하고 정리해서 된 책이 아니다. 풍수지리에 대한 내재적 접근, 풍수에 대한 정확한 지식과 실천을 통해 집필되었다.

해방 후 한국풍수의 계승에 이바지한 또 한 명의 교수가 배종호 교수이다. 경성제대(서울대 전신)에서 서양철학(헤겔철학)을 전공하였으나 인연 따라 한국철학의 대가가 되었다. 배 교수는 풍수를 한국철학의 한 분야로 편입시킬 만큼 한국풍수에서도 중요한 업적을 남긴다. 1950년 피란 생활 중 남원의 이종구李鍾九에게 풍수를 배웠던 그는 심경명통心鏡明通(마음의 거울이 밝아 지리에 통달)의 경지에 오른다. 방학 중 제자들과 정기적으로 지방답사를 하면서 마을이나 무덤에 대한 감평을 하곤 하였는데, 그 적중률에 제자들이나 곁에서 이를 듣던 마을 사람들도 찬탄을 하였다고 한다(배종호 교수 아들 배선영 연세대 교수 증언).

그는 1969년 연세대학교 주관 '인문과학 심포지엄'에서 「풍수지리약설風水地理略說」이란 논문을 발표하고, 한태동·김열규·소홍렬 등 당대 석학들과 토론을 하였으며, 이튿날 이들과 함께 현장 답사를 통해 풍수의 본질을 보여주었다. 이 논문은 지금도 풍수공부의 고전이다.

그로부터 50여 년 후인 2017년 4월 대한민국 최고의 지식인들로 구성된 '자유포럼' 회원들이 풍수의 본질이 무엇인가에 대한 관심을 갖고 동작동 현충원을 현장으로 삼아 답사하고 토론하였다는 점에서 한국 풍수사에서 하나의 사건이었다.

"진정한 의미에서 인문학 답사였다."고 강철규 전 공정거래위원장의 총평으로 답사는 마무리되었다.

● 맺음말

2011년부터 2021년 현재까지 10년 넘게 조선일보에 '김두규의 국운풍수' 칼럼을 연재하고 있다. '국운풍수'가 암시하듯 개인·기업·공동체·국가의 흥망성쇠와 풍수와의 관계에 대한 이야기들이다. 국내뿐만 아니라 일본·중국 등 해외까지 답사를 하여 칼럼을 써왔다. 칼럼은 원고지 9매 분량이라 '기승전결'이 분명하며 군더더기가 없어야 했다.

5년마다 돌아오는 대통령 선거에 출마하는 잠룡들, 한·중·일 최고 권력자(아베 총리, 시진핑 주석, 박근혜·문재인 대통령)들의 선영과 생가, 부동산 업자 시절 트럼프의 풍수 활용도 알려지지 않은 취재내용이었다.

또 우리 역사 속에서 풍수에 대한 상반된 견해로 운명이 엇갈린 이성계 vs 정도전, 세종 vs 어효첨, 세조 vs 사림파 종장 김종직, 정조 vs 대사간 이현모, 흥선대원군 vs 명성황후의 이야기도 진지하다. 세계적 대기업들이 풍수 조경물을 통해 회사의 운을 살린 비보풍수, 산수화와 풍수, 보석과 풍수, 유명 건축가 안도 다다오·정기용 선생의 풍수관, 명당에 대한 현대인들의 궁금증 등도 또한 '김두규의 국운풍수'에서 소개하였으나 간결하여 독자들께서 아쉬워하였다.

못다 한 '남은 이야기'들을 틈틈이 『월간 조선』에 원고 100매 안팎으로 연재하였다. 이 책은 『월간 조선』에 연재한 원문을 최대한 살리되 주제별로 재구성하였다. 단순히 풍수를 통한 거인(기업인·정치인)들의 흥망성쇠를 논함에 머물지 않고, 독자 스스로가 풍수를 통해 자신의 운명을 바꿀 수 있는 내용을 제공하였다. 구체적으로 묘지·주택·사옥·도시건설·인테리어에 활용할 수 있는 것들이다. 독자 스스로 명풍수가 되게끔 하고자 하였다.

조선일보는 10년 넘게 풍수의 이치와 사연들을 독자들께 소개할 기회를 주고 있다. 진심으로 감사드린다. 기꺼이 추천사를 써주신 이종철 전 전통문화대학 총장, 그리고 이건무 전 문화재청 청장, 두 분 원로 고고학자께도 감사의 말씀을 올린다. 권혁재 전 한국출판협동조합 이사장께도 감사드린다.

이 책을 통해 독자들께서 풍수를 이해하고, 이제는 세계화된 풍수를 활용하여 스스로 운명을 바꿀 수 있기를 기원한다. 풍수의 최종 목적은 자신의 운명을 바꾸는 것이다.

어려운 시절일수록 풍수의 지혜가 필요하다.

2021년 10월

心齋 김두규

● 참고문헌

1. 사료 및 풍수 고전

『고려사』·『조선왕조실록』·『신증동국여지승람』·『春秋繁露』·『六壬指南』·『應天歌』·『袁天綱』·『朱子語類』·『불씨잡변』·『九天元女靑囊海角經』·『홍재전서』·『탁옥부』·『청오경』·『감룡경』·『명산론』·『지리신법』·『장서』·『청오경』·『지리정종』·『황제택경』·『양택십서』·『발미론』·「장설」·『作庭記』·『林泉高致』·「論風水疎」·「산릉의장」

2. 단행본

가오샤오(高曉), 『대륙의 리더 시진핑(하진이 옮김)』, 삼호미디어, 2012.

김기현, 『선비』, 민음사, 2009.

김기현, 『주역 상·하』, 민음사, 2016.

김두규, 『조선풍수학인의 생애와 논쟁』, 궁리출판사, 2000.

김두규, 『권력과 풍수』, 장락출판사, 2002.

김두규, 『풍수학사전』, 비봉출판사, 2006.

김두규, 『풍수강의』, 비봉출판사, 2007.

김두규, 『13마리 용의 비밀』, 랜덤하우스 코리아, 2007.

김두규, 『국운풍수』, 해냄출판사, 2016.

김두규, 『조선풍수, 일본을 논하다』, 드림넷, 2011.

김두규, 『사주의 탄생』, 홀리데이북스, 2017.

김상엽, 『소치 허련』, 돌베게, 2008.

김용옥, 『도올, 시진핑을 말한다』, 통나무, 2106.

김지하, 『생명학』, 화남, 2003.

동기창(董其昌), 『화안(변영섭 역)』, 시공사, 2012.

동기창(董其昌), 『화선실수필 서론(곽노봉 역)』, 다운샘, 2012.

딩시위안(丁義元), 『예술풍수(이화진 옮김)』, 일빛, 2010.

조지 로스 外, 『(도널드 트럼프의) 백만장자 수업(최승옥 외 옮김)』, 중앙일보 조인스랜드, 2008.

무라야마지준(村山智順),『조선의 풍수(최길성 역)』, 민음사, 1990.

문숙자,『조선시대 재산상속과 가족』, 경인문화사, 2004.

자이미 레르네르,『도시침술(황주영 옮김)』, 푸른 숲, 2017.

사회과학원 역사연구소,『조선통사』, 오월, 1998.

사회과학출판사,『력사사전 2』, 1971.

소린 밸브스,『공간의 위로(윤서인 옮김)』, 문예출판사, 2014.

손석우,『터』, 답게, 1993.

손세일,『이승만과 김구(1·2·3권)』, 조선뉴스프레스, 2015.

송규빈,『風泉遺響』, 국방부천사편찬위원회, 1990.

松葉一淸,『現代建築のトリセツ』, PHP研究所, 2016

쉬레이,『보석 사랑을 훔치다(이정은 옮김)』, 시그마북스, 2011

시진핑,『시진핑, 국정운영을 말하다(차혜정 옮김)』, 미래앤, 2015.

신채호,『조선상고사』, 비봉출판사, 2006.

아사쿠라 도시오((朝倉敏夫),『민박통신(民博通信)』, 1997.

안광복,『지리 시간에 철학하기』, 웅진주니어, 2010.

알요사 슈바르츠 외,『힐데가르트의 20가지 보석치료(유순옥 옮김)』, 하양인, 2017.

왕충,『논형(論衡)』, 소나무, 1996.

유검화,『중국도대화론유편』, 제4편 산수 1·2, 소명출판사, 2017.

원종옥,『그림에서 보석을 읽다』, 이다 미디어, 2009.

이병도,『고려시대의 연구』, 아세아문화사, 1979.

이송란,『신라 금속공예연구』, 일지사, 2004.

이종원,『한권으로 보는 마천루 건축의 역사』, 성균관대출판부, 2015.

이한우,『왜 조선은 정도전을 버렸는가』, 21세기북스, 2010.

이한우,『고려사로 고려를 읽다』, 21세기북스, 2012.

장성규·김혜정(역),『풍수경전』, 문예원, 2010.

장언원(외),『중국화론선집(김기주 역)』, 미술문화, 2012.

정승욱,『새로운 중국 시진핑 거버넌스』, 함께북스, 2013.

조용남,『중국의 꿈. 시진핑 리더십과 중국의 미래』, 민음사, 2013.

제프 말파스,『장소와 경험(김지혜 옮김)』, 에코리브르, 2014.

지창룡, 『하늘이여 땅이여 사람들이여』, 자유문학사, 1998.

최명희, 『魂불 3권』, 한길사, 1990.

천촨시(陳傳席), 『중국산수화사 1·2(김병식 역)』, 심포니, 2014.

채성우, 『명산론(김두규 역)』, 비봉출판사, 2002.

한국학중앙연구원, 『조선시대재산상속문서 분재기』, 한국학중앙연구원, 2014.

허련, 『소치실록(김영호 편)』, 서문당, 2000.

華寶世珠, 『다이아몬드 風水』, 主婦の友社, 2017.

도널드 트럼프, 『트럼프의 부자되는 법(이무열 옮김)』, 김영사, 2004.

도널드 트럼프, 『불구가 된 미국, 어떻게 미국을 다시 위대하게 만들 것인가?(김태훈 옮김)』, 이레미디어, 2015.

로버트 기요사키·도널드 트럼프, 『기요사키와 트럼프의 부자(김재영 외 옮김)』, 리더스북, 2006.

D. J. Trump, 『The Art of the Deal, Ballantinebooks』, New York, 1987.

D. J. Trump, 『Surviving at the Top』, New York, Randomhouse, 1990.

G. H. Ross, 『Trump Strategies for Real Estate』, John Wiley &Sons, Inc. 2005.

3. 논문

김두규, 「사주이론들의 사회사적 배경 연구 시론」, in. 『사회사상과 문화』, 동양사회사상학회, 2017.

고태우, 「백두산과 김일성가계 우상화 실태」, in. 『북한』, 1991년 1월호, 84-95.

남시욱, 「'백두혈통 3대'의 형성과정」, in. 『북한』, 북한 2011년 5월호, 117-125.

習近平, 「我是黃土地的儿子」.

배종호, 「풍수지리약설」, in. 『인문과학 22권』, 연세대학교 인문학연구원 , 1969년 12월, 139-166.

유기상, 「조선후기 호남과 실학자의 풍수인식과 풍수생활」, 전북대학교 박사학위논문, 2016.

정기호, 「한국의 景」(2017년 '한국전통조경학회' 주최 '한국의 전통조경 명사특강').

권력과 풍수

땅으로 읽는 과거 현재 미래

2021년 10월 21일 초판 1쇄 발행

지은이	김두규
펴낸이	권이지
편 집	권이지·이정아

인 쇄	성광인쇄
펴낸곳	홀리데이북스
등 록	2014년 11월 20일 제2014-000092호
주 소	서울시 금천구 가산디지털1로 168 우림라이온스밸리 B동 712호

전 화	02-2026-0545
팩 스	02-2026-0547
E-mail	editor@holidaybooks.co.kr

ISBN   979-11-91381-04-7   (03180)